U0894665

华中科技大学2014年985经费资助出版

中国特色社会主义视野下的改革与开放关系研究

吕洪良 著

ONGGUOTESESHEHUIZHUYI SHIYEXIA DE GAIGE YU KAIFANG GUANXI YANJIU

中国社会科学出版社

图书在版编目(CIP)数据

中国特色社会主义视野下的改革与开放关系研究/吕洪良著.—北京：中国社会科学出版社，2015.5

ISBN 978-7-5161-6145-6

Ⅰ.①中… Ⅱ.①吕… Ⅲ.①改革开放—研究—中国 Ⅳ.①D61

中国版本图书馆CIP数据核字(2015)第107017号

出 版 人 赵剑英
责任编辑 田 文
特约编辑 陈 琳
责任校对 张爱华
责任印制 王 超

出 版 中国社会科学出版社
社 址 北京鼓楼西大街甲158号
邮 编 100720
网 址 http://www.csspw.cn
发 行 部 010-84083685
门 市 部 010-84029450
经 销 新华书店及其他书店

印 刷 北京君升印刷有限公司
装 订 廊坊市广阳区广增装订厂
版 次 2015年5月第1版
印 次 2015年5月第1次印刷

开 本 710×1000 1/16
印 张 16.25
插 页 2
字 数 276千字
定 价 56.00元

目　　录

导　论

“改革”和“开放”并不是新词，“改革开放”却是中国共产党人首创的一个名词。改革和开放本身是密不可分的，但在实际运行中两者既不完全等同，也不会自动结合在一起。因此，如何处理好两者的关系就成为实践中一个无法回避的问题。发展中国家和发达国家频繁发生金融危机的事实也表明，正确处理好改革与开放的关系并非易事。2013 年 11 月 9 日至 12 日召开的十八届三中全会审议通过了《中共中央关于全面深化改革若干重大问题的决定》，是在改革开放进入新时期的背景下对全面深化改革作出的部署，其实质是对内、对外开放的新突破，有助于改革与开放关系的进一步理顺。

一　问题的提出及理论与实践意义

（一）问题的提出

1. 深入推进改革开放的需要

我国改革开放已经历了 30 多年。30 多年来，经济社会发展取得了巨大成就，也引起了国际社会的巨大反响。1978 年，我国国内生产总值为 3645 亿元，城镇居民人均可支配收入为 343 元，农村居民人均纯收入为 134 元，相当部分群众没有解决温饱问题。[①] 而到 2013 年，我国国内生产总值增长到 56. 8845 亿元；城镇居民人均可支配收入增加到 26955 元，全年农村居民人均纯收入增加到 8896 元。[②]

围绕中国改革开放成功的因素，国内外展开了大量研究，也得出了许

① 周建伟等：《坚持改革方向是当代中国的主旋律》，《光明日报》2012 年 5 月 7 日。

② 国家统计局：《2013 年国民经济和社会发展统计公报》，新华社 2014 年 2 月 24 日。

多重要结论，提出了许多有价值的见解。中国改革开放取得成功最主要的原因就是比较好地处理了改革与开放的关系。[①] 但是对于诸如为什么要把改革和开放放在一起，两者之间到底是什么关系，如何处理好两者之间的关系等问题，还有待理论界进行深入的思考和研究。同时，对改革开放也存在许多质疑的声音。这在一定程度上也反映出目前围绕中国成功所得出的一些结论还不够有充分的说服力，或者说还没有抓住中国改革成功的最重要因素。

而事实上，随着中国经济社会发展的深入，无论在国内还是国际上，都越来越变成进一步处理改革与开放的关系问题了。随着国内、国际形势的变化，对内开放的重要性更加突出。今天，扩大内需的问题，调整国内产业结构的问题，促进技术进步的问题，等等，都可以归结为对内开放的问题。

但是，中国改革开放越来越进入了一个攻坚阶段，在国际上遭遇到的挑战也越来越严峻。党的十三大明确提出了我国社会主义初级阶段的基本国情，并确立了以"一个中心、两个基本点"为核心的党在社会主义初级阶段的基本路线。此后理论界对党的基本路线进行了大量的深入研究，包括"一个中心"和"两个基本点"的关系、"两个基本点"之间的关系等。但是实事求是地说，理论界对改革与开放的关系的研究还远远不够，而实际上邓小平同志却在很多场合强调了要处理好改革与开放之间的关系。

中国经济越来越明显的一个问题是发展的失衡，城乡失衡、地区失衡、对内对外失衡，所有这些都可以归结为两个方面，即改革与开放的失衡、对内开放与对外开放的失衡。"中国面临的主要挑战将是在维持经济高速增长的同时解决地区不平等和贫困问题，以及内外部失衡问题。"[②] "正如在过去的10年中中国从融入世界经济中获益匪浅一样，在接下来的10年中，通过国内市场一体化我们会拥有提高效率产出和经济增长的更多机会。"[③]

2. 总结发达国家和发展中国家经验教训的需要

今天，改革和开放不仅是中国的主题，也是世界性的课题。从20世

---

① 财政部、国务院发展研究中心：《经济全球化与中国经济崛起》，中共中央党校出版社2006年版，第100页。

② 何帆、张斌：《寻找内外平衡的发展战略——未来10年的中国和全球经济》，上海财经大学出版社2006年版，第48页。

③ 同上书，第41页。

纪80年代以来，一大批发展中国家和发达国家都进行了改革与开放。并且正是通过各国的改革开放给世界经济发展带来了动力。此后的20年也是世界经济快速发展的时期，在发达国家中美国和欧洲的很多国家都实现了稳定增长；同时以中国、越南、印度为代表的发展中国家也取得了很好的发展成绩。

发达资本主义国家在经济上以市场经济和全面对内对外开放为其主要特点。这是这些国家经过几百年的发展逐渐形成的，许多已经成为国际社会公认的国际惯例，因此也成为发展中国家经济改革和开放的主要目标。中国2001年成功加入了世界贸易组织，成为世贸组织的正式成员。世贸组织就是以市场经济和开放经济为基础的经济组织。对经济文化比较落后的发展中国家而言，学习发达国家的市场经济和开放经济经验，是改革开放中的重要内容。

20世纪80年代以来，以韩国、新加坡为代表的一些发展中国家通过改革和开放，实现了国家和民众生活的全面升级，已完成了向发达国家的跨越。尽管国情不同，其中还是有许多值得我们汲取的宝贵经验。

但是，20世纪80年代中后期以来，一些发达国家和发展中国家及地区先后发生了金融危机。包括1989年日本金融危机、1994年墨西哥金融危机、1997年东南亚金融危机、1998年俄罗斯金融危机、2000年巴西金融危机、2008年美国金融危机、2009年欧洲主权债务危机等。这些金融危机尽管具体发生的原因各不相同，但都可以从改革与开放两个方面寻找原因。有的是开放过度、改革不够；有的是开放不够；也有的是改革和开放都不够。如果能够很好地去总结这些金融危机发生的原因，我们就可以从中吸取一些教训，从而使我们的改革开放能够更加顺利。不论是发达国家还是发展中国家的金融危机，深层次的原因都可以归结到改革和开放关系的处理方面。由美国次贷危机引发的2008年金融危机之后，人们的基本结论非常清楚，就是开放过头了。不仅这些国家的国内体制要改革，整个国际政治经济体制都需要改革。

（二）理论意义

1. 深化对改革开放的研究

首先是深化对改革开放基础理论的研究。“改革”和“开放”并不是中国的独创，但是将“改革”和“开放”连接在一起变成“改革开放”

却是中国人的发明。“改革”和“开放”字面很简单，大家也都在用。但是什么是真正的改革和开放，是有效的改革和开放，却是值得深入研究的问题。“只有那些进行改革的思想理论比较端正和明确，同时具有长期改革实践积累的国家，才具有改革成功的更大可能。那些骤起骤落、突发型的改革，没有一个是不遭受挫折的。缺乏改革的思想理论和实践准备，声势搞得越是热闹，做法越是离奇，领导人物越是自以为高明和得意，就失败得越惨。”① 我们一方面需要总结中国改革开放的经验教训，但更重要的是需要深入挖掘改革开放的内在因素。包括改革开放深层次的理论基础是什么？改革和开放能够并列在一起的内在机理是什么，其相互关系到底是什么，有没有内在必然性？需要我们进一步弄清楚。历史将证明，中国的改革会成为人类社会影响最深远的一次变革，将丰富人类改革史的内容。其对社会主义的影响，将丝毫不亚于十月革命。因此深化对改革开放的研究，不仅在国内有意义，将对人类历史发展产生深远影响。

其次是深化对改革与开放关系的研究。中国人把改革和开放连在一起使用，其内在根据是什么？有什么内在必然性？随着改革开放的深入，改革和开放的关联性越来越大。改革的问题越来越表现在开放上；开放的问题也越来越多地表现在改革上。改革开放进入到一个新阶段后，越来越发现两者之间的关联性。开放特别是对外开放中的问题越来越表现在改革方面，而改革的困难也越来越需要通过开放来解决，反映出两者的高度关联性。改革开放初期，曾经出现“一改就放，一放就乱，一乱就收，一收就死，一死又放”的怪圈，也引发了大家对改革开放的一些质疑。这也正是反映出了改革与开放关系的复杂性。

最后是深化改革开放的现实研究。一方面，改革开放是社会主义社会发展的根本动力。改革开放促进了中国经济社会的全面发展，促进了中国城市、农村的全面发展，也正在促进中国人的全面发展。另一方面，改革开放也伴随着很多问题。比如政府的作用一直比较强大，过分倚重经济增长，国有企业的地位和作用存在争议，收入分配存在严重不合理，对外资外贸的依赖性也过重，等等。原因是什么？是由于操作层面的问题，还是有其他方面的原因？深层次的问题是需要进一步弄清楚改革和开放动力作

---

① 刘书林：《试论社会主义国家改革的基本政治经验——中国与苏联东欧国家改革的比较研究》，《政治学研究》2008年第4期。

用的机理到底是什么？如何更好地发挥改革开放的作用？等等。仍然是需要进一步研究的问题。

2. 深化对中国特色社会主义的研究

党的十八大提出，中国特色社会主义包括道路、理论体系和制度三方面内容。中国特色社会主义道路的核心就是改革开放道路；中国特色社会主义理论体系是以改革开放理论为基础展开的中国化马克思主义创新理论；中国特色社会主义制度是改革开放的直接结果和目标。因此，研究中国特色社会主义必须以改革开放为中心。没有改革开放就没有中国特色社会主义。只有深入地研究改革开放，特别是改革与开放的关系理论，才能揭示出中国特色社会主义的深刻内涵和内在本质。

改革开放理论是中国特色社会主义理论的重要组成部分。而改革与开放关系的理论自然是其中不可缺少的部分。改革开放并不是社会主义的专利，更不是中国特色社会主义的专利。但是中国特色社会主义之下的改革开放取得了成功，这其中反映出了改革开放和中国特色社会主义具有某种天然吻合性。但是，改革开放和中国特色社会主义到底是什么关系？改革开放怎样促进中国特色社会主义的发展？需要深入对改革开放和社会主义关系的研究，深入对改革开放和中国特色社会主义关系的研究，同时进行改革开放和资本主义关系的研究。

改革与开放的关系，也是生产力与生产关系、经济基础与上层建筑的相互关系在现实中的体现。改革主要是针对生产关系和上层建筑而言的，开放主要体现的则是生产力和经济基础层面的内容。因为开放本身是生产力和经济的常态，没有开放就没有生产力的发展，就不可能建立强大的经济基础；没有改革，就难以消除影响开放的各种生产关系和上层建筑领域的障碍，也就不可能实现真正意义上的开放。否则这种开放就不可能真正为最广大民众服务。

3. 深化对全球化理论的研究

20 世纪 80 年代是全球化发展的一个重要节点。此后越来越多的国家加入到全球化的大潮之中，使全球化仿佛成为一股洪流，影响着世界的每一个角落。而其中的一个重要背景，正是包括发达国家和发展中国家在内的许多国家走上了改革和开放的道路。所以，这一轮全球化的命运也注定与“改革”和“开放”连在了一起。可以说，这一轮全球化就是各国“改革开放”的结果。各国改革和开放的方式不同，其最终效果和结果也不同。以中国为代表的一部分国家起到了非常正面的作用。但是包括东南亚、拉美甚至美国等一些国家和地区的作用就比较复杂。同时由于各国在全球化中的地位不同，其对全球化的影响也不同。

中国作为一个世界人口大国，通过改革开放实现了经济实力和综合国力的持续提升，因此其对全球化的影响也持续加深。中国改革开放是在全球化背景下展开的，中国改革开放又促进了全球化的发展。中国怎样进一步利用全球化的机遇促进自身发展，同时又通过自身发展推动全球化的发展，都是值得进一步深入研究的问题。改革、开放与全球化是什么关系？

同时，中国改革开放的目标就是实现中国的现代化。今天，改革开放、现代化、全球化已经密切联系在了一起。有一大批国家和地区利用早期的有利条件已经实现了现代化。这些国家和地区基本上都利用了全球化的条件，通过开展全球贸易，快速地积累了资本和财富，率先实现了现代化；当然改革和开放也是这些国家和地区利用全球化实现现代化的重要条件。日本是这方面的典型。20 世纪 70 年代之后的韩国、新加坡、中国香港也通过改革和开放实现了现代化。有些国家和地区由于改革和开放的方式不当，在全球化中受挫，甚至发生金融危机，拉美、东南亚一些国家都有这方面的深刻教训。中国通过社会主义改革开放方式，在不断融入全球化的过程中，朝着自己现代化的目标迈进。中国的实践无疑大大丰富了全球化和现代化的内涵，并引起了许多有识之士的关注。①

（三）实践意义

1. 回应改革开放中的困难和挑战

改革开放 30 多年取得了巨大成就，但是客观存在的问题也不容小视。无论是经济、政治、文化还是其中的任何一个小的方面，都必然存在这样或那样的问题。这些问题产生的原因，既有操作层面的问题，也有认识层面的问题。有些问题看似操作层面上的，仔细分析会发现是认识层面的。在认识层面当然也有各种不同情况。有一般层面的问题，也有深层次的问题。一般层面的认识问题肯定大量存在，并且一直会存在下去，但这并不可怕。但一些带有根本性的深层次认识问题，就绝对不可小视，否则会对

---

① 如［美］约翰·奈斯比特、［德］多丽丝·奈斯比特《中国大趋势》（中华工商联合出版社 2009 年版）等一批著作。

改革开放的结果带来十分可怕的后果。

改革开放30多年来，我们对改革开放的认识也经历了一个不断深化的过程。在开始的相当长一段时间，一直把开放作为改革的补充，并且对开放的理解也仅限于对外开放；此后，随着中国融入国际经济社会的程度越来越深，改革与开放密不可分的关系越来越深入，但是对两者的内在联系的认识并不是就没有问题了，一些地方仍然主要靠优惠政策来吸引外资就反映了这方面的问题；更为突出的问题是，国内把对内开放和对外开放分割开来，甚至对立起来，造成的后果是既不利于对外开放，也直接损害了国内经济的质量和经济水平的整体提高。

2. 促进中国经济与国际经济接轨

今天的世界是开放的世界，中国的发展离不开世界。[①] 中国改革开放的过程就是不断融入世界，和国际接轨的过程。通过改革完善国内各项体制，在坚持中国国情、中国文化基础上，学习公认的国际准则和惯例。通过对外开放，逐渐融入国际经济社会。也可以说，中国融入国际社会的过程，就是改革与开放、对内开放与对外开放互动的过程。

中国改革开放走的是一条渐进式发展道路。它反映出了从计划经济转向社会主义市场经济、从封闭半封闭经济转向开放经济的复杂性，也反映出了改革与开放关系的复杂性。入世是中国改革开放的一个“分水岭”。入世以前是“改革促开放”，其核心是“放权”；入世后是“开放促改革”，核心是“完善制度”。入世使中国经济全面融入世界。而中国经济越融入世界，改革开放两者的关联性就越高。“特别是在加入WTO以及完成了过渡期以后，中国实际上已经进入了全面建设开放型市场经济体系的阶段。中国应当进行的转变恰恰不是强化特殊政策和优惠政策，而是向统一、透明、规范的政策转变，从政策激励向制度规范的转变。这一转变是历史性的战略性转变。”[②]

3. 实质性地推动改革开放

经过35年之后的改革开放必然需要一些实质性改变。我国实行的是渐进式改革开放道路，越到后面，改革开放的压力越大。如果说前35年是以废除打破旧体制为主的话，以后将更多地要依靠建立新体制和一系列

---

① 《邓小平文选》第3卷，人民出版社1993年版，第78页。

② 张幼文：《新开放观——对外开放理论与战略再探索》，人民出版社2007年版，第5页。

具体的新制度；如果说前35年是以政府为主的话，此后更需要发挥个人、企业和社会的共同作用；如果说前35年是国内主导的化，此后更多地需要中国和国际社会的配合。

过去35年中国走的是一条以外资和外贸为中心的道路，现在到了应该以内资和内贸为中心的时候了。“科学发展观要求发展的全面协调。以这一观点来看对外开放，应当包括利用国外市场和利用国内市场的协调，利用外资与利用内资的协调。”①

二 概念的界定

（一）改革的含义

改革，顾名思义，就是改掉现存的、不合理的部分，使之更加合理和完善。“改革”一词在中国有着十分悠久的历史。公元前307年赵武灵王下令作战时改华夏传统长裙长袖服装为胡人紧凑短衣长裤，因为胡人服饰多为动物毛发皮革所制，故而有“改革”一词，意为变革，革新。此后这个词被延续下来。《后汉书·黄琼传》写道：“覆试之作，将以澄洗清浊，覆实虚滥，不宜改革。”；《梁书·武帝纪下》记载：“百官俸禄，本有定数，前代以来，皆多评准，顷者因循，未遑改革。”《元典章·户部三·分析》也有“自开刱以来，其汉人等别无定制，以致相争词讼纷扰如此，若依旧例卒难改革。”的句子。

可以说人类的文明史就是一部改革史。人类社会从来没有一成不变的制度。社会改革是指在维护根本制度的前提下，对旧的生产关系和上层建筑不适应生产力发展的方面和环节进行局部的改革。改革可以按照不同标准进行分类。对从内容看，有政治改革、经济改革、军事改革和文化改革；从性质看，有奴隶制度的改革、封建主义的改革、资本主义的改革和社会主义的改革。从历史上看，一切制度都是当时的统治者为了维持社会的正常运转而设计的行为规范。这些制度由于历史局限性总会存在这样或那样的缺陷。当这些缺陷造成很大社会影响、动摇统治秩序的时候，当政者可能自觉或被动地实行改革。总的来讲，历史上的重要政治改革的发生

---

① 张幼文：《新开放观——对外开放理论与战略再探索》，人民出版社2007年版，第12页。

都是由于旧的生产关系或上层建筑不适应新的生产力或经济基础的发展的需要。具体来讲，这些原因包括：旧的生产关系阻碍了社会生产力的发展，顺应历史发展潮流或社会发展趋势，统治阶级面临统治危机，旧制度、习俗、思想文化阻碍社会的发展，民族危机严重，等等。

从社会发展动力角度来说，改革是相对于革命而言的。人类社会的发展就是在革命和改革中交替进行的。在推动社会发展的作用方面，两者是相辅相成、相互作用的。两者的对象都是生产关系，改革是对生产关系中某些不适应生产力发展的方面和环节进行调整和完善；革命则是对不适应生产力发展的旧生产关系进行彻底变革。当然两者也存在重大区别。首先，革命是阶段性、短时的，而改革是持续性、长期的；其次，背景不同。改革往往发生在社会比较平和的时期；而革命则往往发生在社会比较动荡的时期。再次，方式、力量不同。改革是国家和政府主动采用的一种自上而下的和平的方式；而革命一般是由群众发动的自下而上的暴力的方式。复次，目的不同。改革是为了维护和巩固现存的社会制度；革命是推翻旧的社会制度，建立新的社会制度。最后，对社会的影响不同。改革由于采用的是主动、平和的方式，对社会的破坏性较小；而革命采取的是暴力、流血的手段，对生产力以至整个社会都会造成一定程度的破坏。“中国的改革是在宪法制度相对稳定的前提下进行的，旧体制在整体上并没有完全丧失其现实的合理性，新体制是在旧体制的基础上逐步生成的。”①

（二）开放的含义

广义来说，开放就是放开、张开、释放、解除限制的意思，包括个人、企业、国家等各个层面。比如个人思想、行为的开放，企业的经营理念和经营方式的开放，政府的开放政策、开放发展模式等。开放是人类社会的本质，也是实现经济和社会发展的重要手段。这里是从狭义上即国家层面说的开放，既包括对外开放，也包括对内开放；既包括经济开放，也包括政治文化社会等领域的开放；既包括经济政治等行为活动领域的开放，也包括思想观念等领域的开放。这里说的思想观念领域的开放就是邓小平同志反复强调的“解放思想”或“思想解放”。思想观念领域的开放是行为活动领域开放的前提。根据马克思主义的基本原理，经济是基础，

① 李新：《转型经济研究》，上海财经大学出版社2007年版，第51页。

经济发展程度决定经济开放程度，经济的开放程度决定政治文化社会的开放程度，而反过来，政治文化社会等领域的开放程度也反作用于经济的开放程度。随着我国经济开放度越来越大，政治、文化、社会领域的制约作用已越来越明显。因此不断扩大政治、文化、社会领域的对内对外开放已成为推动经济开放的重要组成部分，并且成为扩大开放的紧迫任务。其中的关键是政府。“从封闭社会到开放社会的过渡可以被描述为人类所经历的一场最深刻的革命。”①

从经济的角度来说，开放就是市场的一体化。因此与全球化密切相关。“据认为，‘全球化’这个词最早是由 T. 莱维于 1985 年提出的。法国科研中心研究员拉伊第甚至认为，早在公元前 200 年，古希腊历史学家波利比奥斯就已经提到全球化。但‘全球化’一词的真正流行还是在 20 世纪 90 年代。国际货币基金组织在 1997 年 5 月发表的一份报告称：‘全球化是指跨国商品与服务贸易及国际资本流动规模和形式的增加，以及技术的广泛迅速传播使世界各国经济的相互依赖性增强。’”②

从市场本身的角度来说，是没有对内对外、国内国外之分的，也就是包括所谓的对外开放和对内开放。并且对内开放是对外开放的基础；对外开放是对内开放的延伸。没有对内开放的对外开放，不是真正意义上的开放，不可能真正做到全方位开放。对内开放不仅可以形成开放的环境，壮大国内经济的实力，形成强大的国内企业和消费者，而且更重要的是有利于形成健全的市场制度。而这正是对外开放的前提和基础。因此没有对内开放的对外开放，注定是畸形的，也是不可能持续的。量子基金创始人乔治·索罗斯指出，“市场原教旨主义者信仰个人自由，这是开放社会的基石，但是他们过分夸大了市场机制的优越性。他们认为，有效率的市场可以保证资源的最优配置，任何干预，无论来自国家的，还是来自国际机构的，都是有害的。市场原教旨主义在当今世界盛行，它对开放社会的威胁极大。”③

---

① ［英］卡尔·波普尔：《开放社会及其敌人》第一卷，中国社会科学出版社 1999 年版，第 328 页。

② 唐海燕：《适度开放论》，江西人民出版社 2000 年版，第 15 页。

③ ［美］乔治·索罗斯：《开放社会：改革全球资本主义》，商务印书馆 2001 年版，第 15 页。

（三）改革与开放的关系概述

改革与开放是一对矛盾的统一体。在改革开放一开始，邓小平就明确指出："一个对外经济开放，一个对内经济搞活。改革就是搞活，对内搞活也就是对内开放，实际上都叫开放政策。"① 从另一方面说，"对外开放也是改革的内容之一，总的来说，都叫改革。"② "三十几年的经验教训告诉我们，关起门来搞建设是不行的，发展不起来。关起门有两种，一种是对国外；还有一种是对国内，就是一个地区对另外一个地区，一个部门对另外一个部门。两种关门都不行。"③

改革与开放都是经济社会发展的重要手段。其目的都是为了社会经济的发展。从改革与开放的关系来说，改革是基础，是前提，开放是结果。从对内开放的角度来说，开放本身就是改革的内涵。从对外开放的角度来说，改革是其前提。改革和开放虽然是一个问题的两个方面，但实现形式却有根本的区别。从实现机制上看，改革往往和政府联系在一起，表现为政府行为；而开放却以企业和个人为主体，主要通过企业和个人行为体现。前者追求的是整体利益和长远利益，后者追求的往往是局部利益和短期利益。相应地，改革主要是自上而下的行为，而开放主要是自下而上的行为。开放是社会的一种自发行为，是自下而上的；而改革本质上是自上而下的行为。可以说改革是手段、是基础，而开放是结果、是目的。改革是为了搞活，搞活就必须开放。经济改革带来的是经济开放，社会改革带来的社会开放。改革开放的最终结果应该是建成开放社会。当然，任何开放都不可能是无限度的，都需要规则，这正是改革的核心，也是改革与开放的深度统一。规则过细、过死，不利于开放；规则过松，开放又容易失控。"放和管是两个轮子，只有两个轮子都做圆了，车才能跑起来。"④ 欧盟的经验表明，跨国界的深度开放更不容易。关键同样是规则不容易制定，规则过严，可能限制主权；规则过松，又可能没有约束力。"问题的关键在于程度的把握。规则如果过于严厉和烦琐，就会阻碍经济活动。但

① 《邓小平文选》第3卷，人民出版社1993年版，第98页。

② 同上书，第256页。

③ 同上书，第64—65页。

④ 《李克强在国务院机构职能转变动员电视电话会议上的讲话》（2013年5月13日），《人民日报》2013年5月15日。

如果过于宽泛，又会纵容新的经济出轨。”① “东亚的一些国家，例如中国、印度尼西亚和菲律宾都面临着许多痛苦的抉择。在开放经济中，这些困难错综复杂，汇率波动就会给整个经济带来不利影响。”②

在现实层面，从主体上说，改革与开放的关系涉及个人、企业、政府；从内容上来说，改革与开放涉经济、政治、文化、社会等领域；从地域上说，改革与开放涉及城市和农村、东部和中西部、国内和国外；从时间上来说，改革与开放还涉及今天和未来。中国改革开放的成功，在一定程度上就是较好地处理了改革与开放的一系列关系，包括国家与社会，政府与市场、企业，经济与政治、文化、社会、生态，城乡之间，区域之间，国内与国际之间的关系等。

首先是国家与社会的关系。国家是一系列制度、规定的总和，社会则是一系列个人、企业的总和。国家与社会的关系是自国家成立以来就一直存在的命题。此后无论是革命、改革还是发展都无法回避。从国家的起源及其与社会的关系来看，一直都是社会的对立物。正如恩格斯在《家庭、私有制和国家的起源》一书中所说，国家是“从社会中产生但又自居于社会之上并且日益同社会脱离的力量”。③ 当然这是针对以私有制为基础的社会制度而言的。“资本主义只有与国家——真正意义上的国家——认同的时候，它才节节胜利。”④ 个人主义的代表人物哈耶克也认为，“真正的个人主义不是无政府主义。真正的个人主义不否认强制力量的必要性，但是都希望限制它，即把它约束在某些范围内，在这些范围内必须有其他人来制止强权，以便将其总量减少至最低限度。”⑤ “任何有效的个人主义秩序必须是非常有组织的，以至于不仅仅个人能预期到的其能力和资源的不同使用所产生的相对收益，和他努力的结果给其他人带来的相对效用相一致；而且这些收益也和他的努力的客观效果而不是他的主观评价相一致。”⑥ “有一种观点认为，让每一个人都自由地追求个人利益，公共利益就会因此而得到最大程度的满足。在 19 世纪，这种观点被称为‘自由放

① ［比利时］居伊·伏思达：《欧洲如何走出危机》，新星出版社 2010 年版，第 46 页。

② ［印尼］沙希德·尤素福：《东亚具有竞争力吗？应对全球市场竞争的创新法则》，中国财政经济出版社 2004 年版，第 22 页。

③ 《马克思恩格斯选集》第 1 卷，人民出版社 1995 年版，第 235 页。

④ ［意］杰奥瓦尼·阿瑞基：《漫长的 20 世纪》，江苏人民出版社 2011 年版，第 13 页。

⑤ ［奥］A. 哈耶克：《个人主义与经济秩序》，北京经济学院出版社 1989 年版，第 17 页。

⑥ 同上书，第 21 页。

任主义’。这是一种颇具诱惑力的观点，但它只对了一半。就对私人利益的追求而言，市场是最恰当不过的形式，但是，市场却没有被设计得可以用于维护公共利益。”①“在激进的自由主义思想看来，政府因而也就成了公民社会的对立面。”②

其次是政府与市场、企业的关系。从实现机制上看，改革往往和政府联系在一起，集中表现为政府行为；而开放却以企业和个人为主体，主要通过企业或个人行为体现。前者追求的是整体利益和长远利益，后者追求的往往是局部利益和短期利益。相应地，改革主要是自上而下的行为，而开放主要是自下而上的行为。因此又往往表现为“下放权力”和“规范管理”的关系。

改革就是开放，即开放权力、权利、机会。对外开放这样，对内开放同样如此。但是，开放不等于简单的“下放”，还具有“规范”和“管理”的内涵。制度经济学认为，企业和市场是有边界的，并且两者是可以相互替代的。开放的核心是“自由”，是无拘无束；改革的核心则是“制度”③，是去除旧制度，建立新制度，其中最规范最权威的制度就是法律。“现代市场经济作为一种有效运作的体制的条件是法治，而法治则是通过其两个经济作用来为市场经济提供制度保障的。法治的第一个经济作用是约束政府，约束的是政府对经济活动的任意干预。法治的第二个经济作用是约束经济人行为，其中包括产权界定和保护，合同和法律的执行，公平裁判，维护市场竞争。如果说法治的第一个经济作用往往意味着放松规制的话，那么其第二个经济作用往往意味着引入某些规制。”④ 事实上，这两者之间会常常存在矛盾：一方面，赋予政府过大的权力去约束经济人往往导致政府滥用其权力；另一方面，过度约束政府又可能会削弱其支持和增进市场的积极作用。这就是温加斯特所称的“经济体制的根本性两难问题”。因此，即使在法国和德国这样非常成熟的资本主义制度，由于清规戒律很多，也没有能够产生出硅谷来。

① ［美］乔治·索罗斯：《开放社会：改革全球资本主义》，商务印书馆2001年版，第4页。

② ［巴西］特奥托尼奥·多斯桑托斯：《新自由主义的兴衰》，社会科学文献出版社2012年版，第58页。

③ 这里所说的“制度”不是指社会制度，而是一定社会制度下的各项具体制度。

④ 钱颖一：《现代经济学与中国经济改革》，中国人民大学出版社2003年版，第27页。

现代经济学理论对政府的经济调节作用的研究已非常充分。一是在产业发展方面。“产业发展的机会通常要等基础发明、技术、战争、政治环境发展、国外市场需求等方面出现重大变革与突破。‘机会’通常非企业、甚至政府所能控制的。这些‘机会’因素可能调整产业结构，提供一国的企业超越另一国企业的机会，因此，机会条件在许多产业竞争优势上的影响力不容忽视。构成整个竞争力拼图的最后一片是政府。各层次的政府部门在这方面的影响力，最容易看到的就是政策对钻石体系造成的作用。比方说，反托拉斯法有助于国内竞争对手的崛起、法规可能改变国内市场的需求情形、教育发展可以改变生产要素、政府的保护收购更可能刺激相关产业兴起等等。漠视经济政策对国家优势的影响，正如过度夸大或过度贬抑国家与企业的关系，是不切实际的。”① 政府对产业的支持往往意味着更多的投入，不可避免地带来了沉重的财政负担。“美国2009年的预算赤字达17500亿美元，占GDP的比重超过12%，政府的负债率将提高到占GDP的85%。”② 欧洲一些国家更是陷入严重的主权债务危机之中。

二是在市场监管方面。人们都很清楚市场在生产、销售系统中的重要性，但将所有经济运行的任务都交由市场进行调节就有问题了。“自由主义起主导作用的20世纪80年代就是这样：失业率高。2200万失业人口表明：社会不能不对规则、社会生活的总体安排、经济生活等进行干预。因此，力图强制实行专家政治决策却无视全球发展进程、无视社会的整体利益、无视规则的必要性、无视民众集体需求的模式，现在陷入了全面危机。”③ 金融市场的特殊性对政府监管提出了更高要求。“金融市场存在着与生俱来的不稳定。完全竞争理论把需求和供给看作是给定不变的，当两条曲线相交时，均衡就实现了。但是，在现实世界中，均衡概念所赖以存在的假设条件很少得到满足。金融市场甚至不可能满足这些假设条件。金融市场试图把未来‘贴现’，而未来又反过来依赖于现在它如何被贴现。由于参与者的理解不完备，结果存在着内在的不确定性。因此，与自均衡

---

① ［美］迈克尔·波特：《国家竞争优势》，华夏出版社2002年版，第69页。

② ［比利时］居伊·伏思达：《欧洲如何走出危机》，新星出版社2010年版，第96页。

③ ［巴西］特奥托尼奥·多斯桑托斯：《新自由主义的兴衰》，社会科学文献出版社2012年版，第87页。

调节机制的观点相反，金融市场的稳定必须要由公共政策来保证。”①

政府所做的一切均在于给企业、个人和市场发展提供条件，而不是相反。所有针对政府的改革也必须着眼于和有助于开放。因此如果改革只是停留在政府内部，如果改革不能很好地和社会各界进行结合与配合，就达不到开放的目的。如果改革的方向不正确，也可能出现以改革的名义阻碍开放的情况。或者名义上改革力度很大，但实际上没有达到开放的目的，甚至阻碍开放。如果改革被少数利益集团控制，就完全可能出现这种情况。现实的情况看，打着开放的幌子谋私利或小集团利益的情况无论在发达国家还是发展中国家都大有存在。

最后是对内开放与对外开放的关系。从经济方面而言，开放的结果就是形成开放经济或叫开放型经济。“开放型经济是相对于封闭型经济而言的，二者之间的主要区别在于前者的生产要素在国际间流动，而后者的生产要素流动仅限于国内。保罗·A. 萨缪尔森和威廉·D. 诺德豪斯认为，‘当一国经济与其他国家交换物品或生产要素时，它就是开放的’。”② 开放经济由对内开放和对外开放两个方面构成，其实质是对内对外经济的一体化，即生产要素在国内和国外均实现自由流动，包括内涵一体化和外延一体化两个方面。内涵的一体化又包括商品的一体化、要素的一体化、政策一体化；外延上的一体化包括城乡一体化、地区一体化、产业一体化等。其中内涵的一体化是基础，外延一体化是标志。也有学者把前者叫做积极一体化，后者叫做消极一体化。③

国际竞争力理论认为，高素质的对内开放是提升国家对外竞争力的关键。20 世纪 80 年代以来，国际竞争力越来越多地进入人们的视野。波特认为，“在国际市场上，国家之间的竞争表现为各个国家的产业之间在国际市场上的实力较量。”④ 他进一步提出，影响一国产业国际竞争力的因素主要有四项，共同构成产业国际竞争力的“钻石体系”。国际竞争力这一概念的频繁使用，是从 20 世纪 70 年代末美国开始的。此后，英国也开

---

① ［美］乔治·索罗斯：《开放社会：改革全球资本主义》，商务印书馆 2001 年版，第 5 页。

② 张德修：《大接轨——走向全球化的中国开放型经济》，经济日报出版社 2000 年版，第 54 页。

③ 何帆、张斌：《寻找内外平衡的发展战略——未来 10 年的中国和全球经济》，上海财经大学出版社 2006 年版，第 276 页。

④ 林善浪：《中国核心竞争力问题报告》，中国发展出版社 2005 年版，第 26 页。

展了对国际竞争力的研究。在美英的带动下，国际竞争力问题迅速成为一个全球范围内普遍关注的焦点议题，日本、澳大利亚、德国、法国、韩国、新加坡、印度、巴西以及中国香港等国家和地区，都对这一问题展开研究，形成了一股世界性的热潮。最权威的国际竞争力研究机构是世界经济论坛和瑞士国际管理发展学院（IMD），它们对世界上主要国家的国际竞争力进行统计、分析和评价，并发布各年的主要国家国际竞争力报告。它根据八大指标要素来评价各国国际竞争力。这八个指标要素是：国内经济实力、国际化程度、政府作用、金融环境、基础设施、企业管理、科学技术、国民素质。2001 年，IMD 改变了评价体系，即以经济运行、政府效率、企业效率、基础设施和社会系统四大国际竞争力要素体系对国际竞争力进行统计、分析、评价。

改革与开放的结合，核心是制度，重点是对内，基础是民众，关键是政府。制度是改革与开放的结合点。改革就是完善制度的过程，开放就是以制度为基础的公平竞争、共同发展。改革的内容包括对内和对外的各项制度，对内显然是重点，因此涉内的各项制度也是重点，当然在全球化时代，后者也很重要，并且国内制度建设必须和国际社会的相关制度相衔接。改革或者开放都是为了民众，也必须依靠民众，离开了人民群众一切都无从谈起。之所以说关键是政府，因为制度作为一种“公共产品”，只能由政府提供。而这种制度的质量和数量会直接决定改革和开放的状况。

需要特别声明的一点是，正如上面的分析，改革和开放都涉及经济、政治、文化、社会等各领域的内容，是一个极为庞大的系统理论。本书主要讨论的是经济领域的改革开放。

三　国内外相关研究现状综述

改革开放 30 多年来，对改革的研究已经很多，对开放的研究也很多，但把两者结合起来的研究却比较少。

胡锦涛总书记在党的十七大报告中指出，改革开放是新时期最鲜明的特点，并总结了改革开放的十条基本经验。十八大报告重申并进一步深化了对改革开放经验的总结。改革开放在实践中取得的巨大成就也是与理论研究的不断深入密切联系在一起的。

自改革开放以来，对改革开放本身的研究一直就是社科理论界研究的重点。并形成了一支包括各级社科院、各级党校、政府直属的各类研究机构，以及高校的人文社科单位在内的庞大研究队伍。每年都出版和发表大量研究成果。在中国期刊全文数据库2003年以来的文献中，目前以“改革开放”作为篇名进行搜索，共有近2万篇；以“改革开放”作为关键词进行搜索，则超过10万篇。

理论界对改革开放的研究，是与改革开放的实践进程密切联系在一起的，具体可以划分为几个大的阶段：

从1978年党的十一届三中全会到1984年党的十二届三中全会。主要是围绕改革开放的必要性和改革开放的道路、模式进行研究。

从党的十二届三中全会到1992年初，随着十二届三中全会“有计划的商品经济”的提出，理论界围绕计划和市场的关系问题展开了深入研究研究，同时对公有制与非公有制、国有经济与非国有经济的关系进行了研究。

从1992年到2002年，随着社会主义市场经济改革目标的确立和对外开放力度的不断扩大，特别是随着中国加入世贸组织的步伐加快，理论界围绕社会主义市场经济和对外开放本身展开了大量研究。

从2003年至今，随着中国改革开放的不断深入，特别是中国正式加入世界贸易组织后，正确处理对内改革和对外关系的问题变得特别突出，这方面的研究也不断深入。同时随着对外开放步伐不断加快，围绕对外开放的研究也越来越多。

综合目前理论界围绕改革开放进行的研究，在以下两个方面取得了丰硕的成果：

一是对改革和开放的理论基础的研究。主要是围绕马克思列宁主义、毛泽东思想、邓小平理论、“三个代表”重要思想和科学发展观所包含的“改革开放”思想展开研究。中央和地方各级党校研究机构、国家和各级地方社科院，以及部队和高校的马克思主义理论研究机构是这方面研究的主力军。《马克思主义研究》、《毛泽东思想研究》、《毛泽东邓小平理论研究》等刊物发表了大量研究成果。

二是围绕改革开放的实践研究。大多数的研究成果都是对改革开放的经验、问题以及进一步推进的对策方面的研究。对改革开放各方面取得的成功经验展开了深入研究，同时对改革开放过程中出现的各种问题进行了深入剖析。特别是改革开放30年到来的2008年前后，对改革开放的研究更是理论界研究的重中之重。《中国社会科学》、《马克思主义研究》、《经济研究》、《新华文摘》以及《人民日报》、《光明日报》等权威报刊都发表了一系列高水平的研究论文。从中央到地方也都组织了大量理论研讨会，并形成了大量研究成果。许多研究机构都成立了高层次的课题组。国家发改委经济体制综合改革司和发改委经济体制与管理所联合成立了高层次的课题组《改革开放30年：从历史走向未来》从"综合"和"分领域"对改革开放的基本经验展开了深入研究，并由人民出版社出版了研究报告；原全国人大常委会副委员长、先后两次担任国家经济体制改革委员会主任的李铁映同志，倡导和提议由原国家体改委一些长期参与政策规划和改革开放理论探索与实践工作的同志及一些专家学者组成了"中国经济体制改革研究"课题组，集中对改革开放以来的重大理论和实践问题进行系统研究与总结，并由中国人民大学出版社出版了研究报告《中国经济体制改革基本经验》；由原中国社会科学院经济研究所所长张卓元教授担任主编的《中国经济学30年（1978—2008）》一书，从学术角度对改革开放30年来经济理论的创新进行了系统总结。

但如果具体到对改革开放本身的研究，也存在一些不足之处。

一是对改革开放的理论研究仍然有待进一步深入。特别是针对改革与开放关系的研究还不够深入。从目前所能找到的文献资料来看，绝大多数都是把改革开放作为一个整体进行研究。即使一些专门研究改革或开放的成果，也往往把改革和开放放在一起进行阐述，两者分开研究的很少。而对两者关系进行专门研究的则是少之又少。以"改革与开放的关系"作为关键词进行精确搜索，只有不到50篇文献。以"改革与开放的关系"作为篇名进行精确搜索，共有100篇左右，但真正的研究论文只有不到20篇，并且主要也并非专门研究改革与开放的关系。从能够找到的理论研究文献中，大多数也是围绕邓小平、江泽民、胡锦涛等领导人的改革开放思想的研究。而从学术角度对改革开放进一步展开的研究少之又少。

二是对改革和开放的研究存在较大的不均衡。在中国期刊全文数据库2003年以来的文献中，如果以"改革"作为关键词进行搜索，则有651307条信息；如果以"改革"作为篇名进行搜索，有255830条信息。如果以"开放"作为关键词进行搜索，共有156354条信息；如果以"开放"作为篇名，则有47494条信息。后者比前者明显要少得多。在"开放"的研究中，又侧重"对外开放"，对"对内开放"的研究少之又少。

输入“对内开放”作为关键词，共有307条信息；如果输入“对外开放”作为关键词，则有13736条信息。同样地，输入“对内开放”作为篇名，共有81条信息；如果输入“对外开放”作为篇名，也仅有307条信息。

应该说改革开放并不是中国人的独创。20世纪七八十年代，许多发展中国家和发达国家都开始改革开放，特别是70年代“亚洲四小龙”和80年代英美等国的改革开放引起了许多研究者的兴趣，包括世界银行在内的许多研究机构和个人都发表了高水平的研究成果。1997年的东南亚金融危机和2008年开始于美国的国际金融危机，也激起了各国研究人员对这些国家改革开放的深刻反思。

四 研究思路及研究方法

研究思路：改革开放是中国特色社会主义的核心，而正确处理好改革与开放的关系又是我国改革开放取得成功的重要前提和基础。改革开放的总设计师邓小平在一开始就明确地提出并深入阐述了两者关系。此后，以江泽民、胡锦涛为代表的中央领导集体又相继提出了一系列正确处理好改革与开放的思想，并为在实践中正确处理好两者关系提供了重要指导。总结一些发达国家和发展中国家近年来发生的金融危机和债务危机，也为我们进一步处理好改革与开放关系提供了经验教训。当前我国改革开放已进入攻坚阶段和关键时期，以习近平为总书记的新一届领导集体组织召开的党的十八届三中全会通过了《中共中央关于全面深化改革若干重大问题的决定》，为新时期正确处理好改革与开放的关系提供了新的目标和方向。也为新时期深入研究改革与开放的关系提供了新的方向和指导。

研究方法：以马克思主义唯物辩证法为基础，综合运用文献研究法、比较研究法、案例研究法等多种方法。

中国特色社会主义理论体系中的改革与开放关系思想

30多年的实践表明，正确处理好改革与开放的关系是改革开放取得成功的重要原因。十一届三中全会以来，以邓小平、江泽民、胡锦涛、习近平为主要代表的中国共产党人，在如何处理改革与开放关系方面进行了不懈探索，形成了一系列理论成果，这些思想成为邓小平理论、“三个代表”重要思想、科学发展观和新一届领导集体治国理政思想的重要组成部分。

一 马克思主义和中国化马克思主义关于社会发展动力的理论

（一）社会发展动力问题的提出

从自然界到人类社会，从无生命物体到生命体，只要有活动（运动），就需要动力。这种动力有的来自物体内部，有的来自外部，有的是外部和内部共同作用。以经济发展为例，现代经济学认为经济增长有四个基本要素，即资本、劳动、土地、技术。技术曾经被当作外部要素，现在已经被普遍承认是内部要素。而像政策、制度等就属于外部要素。

关于人类社会发展的动力问题，无疑是社会发展理论中的核心问题，但却一直是一个充满了争议的问题。在马克思主义的唯物史观创立之前，就存在各种不同观点。代表性的有自然动力论、神学决定论、人性或理性动力论等。自然动力论主要从自然界内部寻找社会发展动力，把社会发展的动力归咎于自然界存在的某种必然性；神学决定论是把某种超自然的力量，比如神或所谓上帝的意志作为决定一切事物（包括社会）产生发展的力量，黑格尔的绝对精神就是这样一种神秘力量；人性或理性动力论则从人的本性或理性出发去揭示社会发展的动力，认为人自身的精神因素是决定社会发展的最终力量。伏尔泰、维科、康德、孔德、费尔巴哈等人都有类似观点。这些观点归结起来又可以分为两类：一类是从外部寻找社会发展的动力，比如自然动力论和神学决定论；另一类是从社会内部寻找社会发展的动力，比如人性或理性动力论。但不论哪一类理论，都存在致命缺陷，最终都难以摆脱从精神因素上去寻找社会发展最终动力的历史命运。

（二）马克思、恩格斯的社会发展动力理论

马克思主义的社会发展动力理论是建立在辩证唯物主义基础上的全新理论，从根本上回答了人类社会发展动力问题。该理论认为，生产力和生产关系的矛盾、经济基础和上层建筑的矛盾，构成人类社会基本矛盾。生产力和生产关系的矛盾是最基本的矛盾，决定着经济基础和上层建筑的矛盾及其运动；经济基础和上层建筑的矛盾，反过来又制约着生产力和生产关系的矛盾及其解决。社会基本矛盾推动社会发展的一般过程，是在社会基本矛盾的相互作用及其辩证运动中实现的。两对基本矛盾及其所联结的三个方面，是以生产关系（一个社会生产关系的总和构成该社会的经济基础）为中介相互作用的两对基本矛盾的相互作用，其主要内容就是生产力、生产关系和上层建筑三个方面的相互作用。在这三个方面之中，生产力是起点和基础，是社会发展的最终决定力量；生产关系处于中间环节；上层建筑为逻辑终点，它们相互之间表现出层层决定作用和层层反作用的关系。当然，这里的决定作用是反作用的前提，反作用又制约着决定作用。社会基本矛盾就是由这种相互作用的网络构成的有机整体。两对基本矛盾，正是由于其内在的相互作用的网络系统，从而形成了整体的辩证运动，共同推动着社会的发展。社会基本矛盾的运动总是从生产力的发展开始的。生产力总是处于永恒的运动变化之中，总是不可遏制地向前发展的。当生产力发展到一定阶段，生产关系已经根本不适应生产力发展状况时，生产力的发展要求根本变革这种旧的生产关系，建立新的生产关系。随着构成经济基础的生产关系的改变，全部庞大的上层建筑也必然会或快或慢地发生变革。社会基本矛盾的运动，就是生产关系与生产力之间、上层建筑与经济基础之间由基本适合到基本不适合，经过矛盾的解决再到新的基本适合的循环往复、不断前进的运动过程。正是这种有规律的矛盾运

动，推动着人类社会的发展。这就是社会基本矛盾运动的一般过程，也是社会基本矛盾推动社会发展的辩证过程。“社会基本矛盾是社会发展的根本动力”的观点是马克思主义唯物史观的核心内容。

（三）列宁、斯大林的社会发展动力理论

列宁和斯大林的社会发展动力理论是第一个社会主义国家的领导人在社会主义建设不同历史时期从实践角度提出和形成的理论。作为苏联社会主义党和国家缔造者的列宁，始终坚信马克思主义关于社会基本矛盾运动构成社会发展动力的理论。但在具体实施这一科学理论的过程中，列宁采取了实事求是的原则，并且表现出了很大的灵活性，经历了一个由以政治信念、革命热情等精神因素为主向以利益引导和驱动为主的转变。

俄国十月革命胜利后，新生的苏维埃政权准备进行社会主义建设，但内外的敌对势力不甘心失败，它们联合起来，企图把第一个社会主义国家扼杀在摇篮里。1918 年夏，苏俄进入艰难困苦的国内战争时期。而对敌人的强大攻势，苏维埃政权为了集中全国的物力、财力，支持红军、战胜敌人，在经济领域采取了一系列非常措施，包括：实行余粮收集制、大中小工业企业全部实行国有化、取消自由贸易和实行普遍义务劳动制。这些措施兼有“战时”和“共产主义”两种特色，被称为“战时共产主义”政策。但此后的继续实施却遭遇了重大危机，并遭遇了一些工人农民的反抗。1921 年 3 月 21 日的俄共（布）第十次全国代表大会决议通过了新经济政策，代替了先前施行的“战时共产主义”政策。列宁认为，“在社会主义制度下，对抗将会消失，矛盾仍将存在。”① 新经济政策集中体现在苏联在俄共（布）十大上和后来的俄共（布）全国代表会议上列宁两次就粮食税问题作专题报告以及他随后出版的《论粮食税》上。其主要内容包括：实行粮食税，农民纳税后的余粮可以在市场上自由买卖；退还一部分收归国有的企业，让国内外资本经济经营；在一定范围内进行自由贸易，允许商品生产，恢复商品货币关系。列宁还提出“我们应该利用资本主义（特别是要把它纳入国家资本主义的轨道）作为小生产和社会主义之间的中间环节，作为提高生产力的手段、途径、方法和方式。”②

---

① 列宁：《对布哈林〈过渡时期的经济〉一书的评论》，人民出版社 1976 年版，第 12 页。

② 樊文娥：《邓小平动力体系理论对列宁思想的发展》，《中州学刊》2001 年第 6 期。

“战时共产主义”虽然是在特殊时期实行的一套经济管理办法和一系列经济政策制度，实际上也构成了苏联经济体制的初步轮廓。它对苏联在建国初期集中人力、物力、财力办大事作出了重要贡献，也成为后来各项建设的基础。但这毕竟是一个应急性的体制，只是社会主义体制建设的初步尝试，需要此后根据实际需要进行完善。后来列宁也确实是这样做的。在国家基本稳定之后，以“战时共产主义”为主要内容的生产关系和以“战时共产主义”为基础建立的上层建筑已出现和生产力、经济基础不相适应的情况。因为它们已不但不能促进生产力发展，而且越来越成了生产力发展的障碍。正是在此基础上，列宁提出用新经济政策取代“战时共产主义”政策。新经济政策实际上就是列宁对“战时共产主义”体制的改革的结果。从这个意义上说，列宁不仅是社会主义制度建设先驱，同样是社会主义改革先驱。因此列宁是马克思主义社会发展动力理论的忠实信徒，即始终以社会基本矛盾运动作为调整生产关系和上层建筑的依据，当旧的生产关系完全不能适应生产力发展要求时，他领导进行革命；当新确立的生产关系出现与生产力发展的局部不适应时，他又首先举起了改革的大旗。

斯大林继任苏联党和国家领导人后，一改之前列宁关于苏联社会主义社会矛盾发展特点的判断，认为苏联已是一个团结、统一和一致的社会。在 1936 年社会主义改造基本完成后，斯大林针对当时苏联社会所呈现出的一幅工人、农民、知识分子友好合作的图景得出结论：“在这种共同性的基础上，像苏联社会在道义上和政治上的一致、苏联各族人民的友谊以及苏维埃爱国主义这样一些动力也得到了发展。”进而得出结论认为，苏联社会的“生产关系同生产力状况完全适合”。进入晚年，斯大林虽然承认苏联社会主义的生产关系与生产力之间存在矛盾，但仍然不愿放弃所谓“完全适合”的观点。斯大林逝世以后，随着对斯大林思想和斯大林模式的重新评价，斯大林关于社会主义发展动力的理论也被重新评价，马克思列宁主义关于社会矛盾发展动力的思想得到恢复。从 20 世纪 50 年代中期到 60 年代，苏联理论界呈现着“一致动力说”和“矛盾动力说”对垒相持的状态。自 70 年代起，矛盾是社会主义社会发展动力的观点逐渐占据上风。80 年代以来，特别是安德罗波夫上任后明确地把矛盾看作是社会主义发展的动力和源泉为社会广泛接受。安德罗波夫不仅指出协调各方面的利益矛盾是苏联建设社会主义的动力，并且还在社会主义矛盾有可能从非对抗性状态演变为对抗性冲突的问题上留有余地，指出社会主义社会发展动力的复杂性。[①]

（四）毛泽东的社会发展动力理论

以毛泽东为代表的党的第一代领导集体，把马克思主义基本原理与中国具体实际相结合，形成了一系列理论成果。其中关于社会发展动力的理论是其中一项十分重要的成果。在历史唯物主义发展史上，毛泽东不仅首次把生产力与生产关系、经济基础与上层建筑的矛盾概括为“社会基本矛盾”，指出它贯穿于人类社会发展的始终，而且创造性地建立了社会主义基本矛盾学说，填补了历史唯物主义理论体系中的一个空白。[②] 从20世纪50年代中期生产资料私有制的社会主义改造基本完成起，毛泽东为代表的中国共产党人以马克思主义的矛盾观点和方法为基础，明确提出了社会主义社会在矛盾运动中发展、矛盾仍然是社会主义社会发展动力的思想。毛泽东对斯大林的理论与实践进行了比较全面的研究。他指出：“斯大林在一个长时期里不承认社会主义制度下生产关系和生产力之间的矛盾，上层建筑和经济基础之间的矛盾。直到他逝世前一年写的《苏联社会主义经济问题》，才吞吞吐吐地谈到了社会主义制度下生产关系和生产力之间的矛盾，说如政策不对，调节得不好，是要出问题的。但是，他还是没有把社会主义制度下生产关系和生产力之间的矛盾，上层建筑和经济基础之间的矛盾，当作全面性的问题提出来，他还是没有认识到这些矛盾是推动社会主义社会向前发展的基本矛盾。”毛泽东认为：“说精神上政治上的一致，是社会主义国家强大的社会发展动力，不说社会矛盾是社会发展的动力。这样一来，矛盾的普遍性这个规律，在他们那里被否定了，辩证法在他们那里就中断了。没有矛盾就没有运动，社会总是运动发展的。在社会主义时代，矛盾仍然是社会运动发展的动力。”[③] 标志性的成果包括毛泽东1956年4月25日在中央政治局扩大会议上的讲话，即《论十大关系》和1957年2月发表的《关于正确处理人民内部矛盾的问题》

---

① 参见中共中央党校徐伟新博士论文《社会主义社会发展动力理论》，中国博士学位论文全文数据库。

② 汪曙光：《从毛泽东到江泽民：社会主义发展动力理论》，《安徽工业大学学报》（社会科学版）2003年第2期。

③ 《毛泽东读苏联〈政治经济学（教科书）谈话记录〉（1959年12月—1960年2月）》，载《党的文献》1992年第1期。

讲话。前者以调查研究得来的大量资料为基础，提出了当时中国社会存在的十大主要矛盾关系，并联系苏联的经验教训进行了深入分析，制定了正确处理这些矛盾关系的方针、政策。后者明确提出了“社会主义社会的基本矛盾仍然是生产关系和生产力之间、上层建筑与经济基础之间的矛盾”；“我国社会还存在着两类不同性质的矛盾”；“人民内部矛盾是主要矛盾”等重要思想。[①] 遗憾的是，接下来的大规模社会主义建设实践并没有很好地贯彻这些正确思想。

（五）邓小平的社会发展动力理论

邓小平在坚持马克思、恩格斯、列宁、毛泽东的社会发展动力基础上，提出了系统的社会主义发展动力思想，即“改革开放是社会主义发展的基本动力”。并且提出了“改革开放也是一场革命”的新论断，从而和马克思主义关于“革命是社会发展动力”的观点不仅在形式上取得了一致，而且在逻辑上获得了实质一致。邓小平坚持了马克思主义关于社会基本矛盾的认识，也继承了毛泽东关于“社会主义的基本矛盾仍然是生产力和生产关系、经济基础和上层建筑的矛盾”和“社会主义的主要矛盾是人民内部矛盾”的观点，并在此继承上找到了解决社会主义社会主要矛盾的办法，即改革开放。邓小平首先明确区分了基本制度和具体体制两个层次，他认为，构成社会主义制度的生产关系和上层建筑包含基本制度和具体体制两个层次。他说，我们建立的社会主义制度是个好制度，必须坚持，但“社会主义制度并不等于建设社会主义的具体做法”[②]。他针对“党和国家现行的一些具体制度中，还存在不少的弊端，妨碍甚至严重妨碍社会主义优越性的发挥”[③]，提出必须多方面地改变生产关系，改变上层建筑，改变工农业企业的管理方式和国家对工农业企业的管理方式，从而使之适应生产力发展的要求。他对改革开放充满了紧迫感，“如果现在再不实行改革，我们的现代化事业和社会主义事业就会被葬送”[④]。邓小平同志关于社会发展动力的思想还有一个重要特点，就是他始终把改

---

① 参见中共中央党校徐伟新博士论文《社会主义社会发展动力理论》，中国博士学位论文全文数据库。

② 《邓小平文选》第2卷，人民出版社1994年版，第250页。

③ 同上书，第327页。

④ 同上书，第150页。

革和开放联系在一起。即改革是社会主义发展的动力，开放同样是社会主义发展的动力，两者密切联系在一起。关于这一点，导论部分已进行了充分介绍，这里就不再重复。

（六）江泽民、胡锦涛对马克思主义社会动力理论的发展

江泽民同志在担任党的总书记后，坚持邓小平“改革开放是社会主义发展强大动力”的理论，反复强调改革开放的重要性，并在实践上将改革开放全面推向了深入。不仅如此，他将改革开放和创新紧密联系在一起，把邓小平同志的“改革开放动力论”进一步提升到“创新动力论”的高度。他在1995年召开的全国科学技术大会上明确指出：“创新是一个民族进步的灵魂，是一个国家兴旺发达的不竭动力”，把创新提升到社会发展动力的高度。他明确提出了创新的内容并进行了科学界定。他说：“创新，包括理论创新、体制创新、科技创新及其他创新。”“我们进行体制创新，就是要不断完善适应发展社会主义市场经济、全面建设有中国特色社会主义要求的各方面的体制。”“我们进行科技创新，就是要使科学技术成为我国跨世纪发展的强大推动力量。”“我们进行理论创新，就是要使我们党的基本理论在继承的基础上不断吸取新的实践经验、新的思想而向前发展。”江泽民同志实际上就是要求把改革开放的动力进一步提升为创新的动力。即通过改革开放释放创新活力，通过创新，释放经济和社会发展活力。江泽民同志把体制创新、科技创新和理论创新密切联系在一起，也使得社会主义发展的动力体系更加完备。① 党的十六大以后，以胡锦涛为总书记的党中央提出了以人为本，全面协调发展的科学发展观，并且提出了建设社会主义和谐社会的重大战略构想。这一系列关于发展的重大战略思想，也是一个关于发展动力的系列新思想。从发展动力到科学发展、和谐发展动力，这是对发展动力认识的升华。

二　邓小平理论中的改革与开放关系思想

邓小平是中国改革开放的总设计师。邓小平理论是邓小平同志建设中

---

① 汪曙光：《从毛泽东到江泽民：社会主义发展动力理论》，《安徽工业大学学报》（社会科学版）2003年第2期。

国特色社会主义理论的简称，其核心是改革开放理论。而关于改革与开放关系的理论又是其中的基础部分。

（一）首次提出了改革与开放关系的思想

改革和开放作为社会发展的重要动力，两者密不可分。在改革开放一开始，邓小平同志就明确指出："一个对外经济开放，一个对内经济搞活。改革就是搞活，对内搞活也就是对内开放，实际上都叫开放政策。"① 从另一方面说，"对外开放也是改革的内容之一，总的来说，都叫改革。"② 在邓小平看来，改革就是通过下放权力，调动社会积极性，就是对内对外开放。

在邓小平同志看来，改革开放就是为了调动社会各界的积极性，"经济改革，概括一点说，就是对内搞活，对外开放。对内搞活，也是对内开放，通过开放调动全国人民的积极性。农村经济一开放，八亿农民的积极性就起来了。城市经济开放，同样要调动企业和社会各方面的积极性。"③ 并且从一开始他就提出，必须是全面的改革，不仅经济、政治，还包括科技、教育等各行各业。"企业下放，政企分开，是经济体制改革，也是政治体制改革。"④ "我国的经济管理体制权力过于集中，应该有计划地大胆下放，否则不利于充分发挥国家、地方、企业和劳动者个人四个方面的积极性，也不利于实行现代化的经济管理和提高劳动生产率。应该让地方和企业、生产队有更多的经营管理的自主权。我国有这么多省、市、自治区，一个中等的省相当于欧洲的一个大国，有必要在统一认识、统一政策、统一计划、统一指挥、统一行动之下，在经济计划和财政、外贸等方面给予更多的自主权。"⑤

邓小平同志把处理好改革与开放的关系上升到是否尊重社会经济发展规律的高度。他说，"要尊重社会经济发展规律，搞两个开放，一个对外开放，一个对内开放。对外开放具有重要意义。任何一个国家要发展，孤立起来，闭关自守是不可能的，不加强国际交往，不引进发达国家的先进

---

① 《邓小平文选》第 3 卷，人民出版社 1993 年版，第 98 页。

② 同上书，第 256 页。

③ 同上书，第 135 页。

④ 同上书，第 192 页。

⑤ 《邓小平文选》第 2 卷，人民出版社 1994 年版，第 145—146 页。

经验、先进科学技术和资金，是不可能的。对内开放就是改革。改革是全面的改革，不仅经济、政治，还包括科技、教育等各行各业。”[①]改革和开放从根本上说是为了调动社会的积极性。“对内搞活，也是对内开放，通过开放调动全国人民的积极性。农村经济一开放，八亿农民的积极性就起来了。城市经济开放，同样要调动企业和社会各方面的积极性。”[②] 同时，只有不断地改革和开放，才能赶上时代的步伐。“现在世界突飞猛进地发展，科技领域更是如此，中国有句老话叫‘日新月异’，真是这种情况。我们要赶上时代，这是改革要达到的目的。”[③]

（二）明确把解放思想作为处理改革与开放关系的重要前提

对一个实行了30年封闭半封闭计划经济的国家来说，改革、开放每向前迈出一步都异常艰难。而其中最难的是思想观念领域。正如邓小平所指出的，“只有思想解放了，我们才能正确地以马列主义、毛泽东思想为指导，解决过去遗留的问题，解决新出现的一系列问题，正确地改革同生产力迅速发展不相适应的生产关系和上层建筑，根据我国的实际情况，确定实现四个现代化的具体道路、方针、方法和措施。”[④] 改革就是开放，具体包括经济、政治、文化等各个领域的开放。其中经济领域的开放是基础，而思想领域的开放即解放思想是前提。只有首先解放思想，才能解放生产力。他还引用毛泽东同志在整风运动中反复讲过的话说：“一个党，一个国家，一个民族，如果一切从本本出发，思想僵化，迷信盛行，那它就不能前进，它的生机就停止了，就要亡党亡国。[⑤] 改革开放全面开始以后，围绕改革开放本身的争论还一直不断，比如“市场多了，是否意味着资本主义多了”；“发展非公有制经济，是否会冲击公有制经济的地位”；“建立经济特区，是否会威胁到国家的主权”；等等。1992年，邓小平再次吹响解放思想的号角：“改革开放胆子要大一些，敢于试验，不能像小脚女人一样。看准了的，就大胆地试，大胆地闯。”[⑥] 此后，改革开

---

① 《邓小平文选》第3卷，人民出版社1993年版，第117页。

② 同上书，第135页。

③ 同上书，第242页。

④ 《邓小平文选》第2卷，人民出版社1994年版，第141页。

⑤ 同上书，第143页。

⑥ 《邓小平文选》第3卷，人民出版社1993年版，第372页。

放每到一个新的关口，党中央都要发出解放思想的新动员令。

（三）以一场“大试验”应对改革与开放关系的复杂性

改革开放是当代中国的一场新的伟大革命，“是中国几千年来从未干过的事。这场改革不仅影响中国，而且会影响世界”①。既然是一项新的尝试，就有风险和挑战。改革开放初期，一度出现“一改就放，一放就乱，一乱就收，一收就死，一死又放”的怪圈，引发了大家对改革开放的一些质疑。而在国外，很长一段时期总有些人喜欢在中国划分所谓的“改革派”、“保守派”，把提倡“解放思想”、“放权让利”者称为“改革派”，而把强调加强管理、完善制度者称为“保守派”。这显然是对改革开放的极大误解。改革与开放是一对矛盾统一体。改革就是开放，但是开放不等于简单地放开，更不是放任。开放的核心是“自由”，是无拘无束；改革的核心则是“制度”，去除旧制度，建立新制度。如何做到两者的统一？显然没有现成的经验可以借鉴。邓小平同志从一开始就提出要把改革开放当作一场“大试验”来做。也就是所谓的“摸着石头过河”，走一步看一步。他说：“我们最大的试验是经济体制的改革……进行全面的经济体制改革需要有勇气，胆子要大，步子要稳。”② 但这场“大试验”绝不是“盲人摸象”，因为它的大目标、大方向一开始就是非常明确的。针对改革开放初期的出现一些问题和争论，邓小平明确指出：“问题要从全局看。每走一步都必定会有的收，有的放，这是很自然的事情。总的是要开放。我们的开放政策肯定要继续下去，现在是开放得不够。我们的开放、改革是很不容易的事情，胆子要大，要坚决。不开放不改革没有出路，国家现代化建设没有希望。但在具体事情上要小心，要及时总结经验。”③“开放是两个内容，一个对内开放，一个对外开放。我们首先开放农村，很快见效。”④

（四）以体现“社会主义本质”作为处理改革和开放关系的基本依据

20世纪80年代中后期，改革开放进入到了一个重要关口。其核心是

① 《邓小平文选》第3卷，人民出版社1993年版，第118页。

② 同上书，第130页。

③ 同上书，第218—219页。

④ 同上书，第224页。

围绕改革与开放、经济改革与政治改革等一系列重大关系展开，由于这些关系没有得到很好的处理，直接引发了一场政治风波。这也可以说是改革与开放关系的第一次激化。改革开放作为一场“大试验”，存在不同观点和意见是完全正常的，它恰恰是社会各方面积极性得到充分调动的体现。但有一个基本的前提，那就是社会主义的方向。改革就是开放，但绝不是无序开放，更不是向资本主义靠拢。否则改革开放的性质就发生了改变。但是，坚持社会主义首先要搞清楚什么是社会主义。整个80年代邓小平同志都在思考这个问题。他说：“社会主义是一个很好的名词，但是如果搞不好，不能正确理解，不能采取正确的政策，那就体现不出社会主义的本质。”① “我们是社会主义国家，社会主义制度优越性的根本表现，就是能够允许社会生产力以旧社会所没有的速度迅速发展，使人民不断增长的物质文化生活需要能够逐步得到满足。按照历史唯物主义的观点来讲，正确的政治领导的成果，归根结底要表现在社会生产力的发展上，人民物质文化生活的改善上。”②“坚持社会主义的发展方向，就要肯定社会主义的根本任务是发展生产力，逐步摆脱贫穷，使国家富强起来，使人民生活得到改善。”③ 在1992年初的“南方谈话”中，他提出了著名的“三个有利于”，即“是否有利于发展社会主义社会的生产力，是否有利于增强社会主义国家的综合国力，是否有利于提高人民的生活水平”④，成为判断改革开放是非得失的根本标准。“三个有利于”不仅是经济领域改革开放的标准，也同样是其他领域改革和开放的标准，比如在政治体制改革上，邓小平同志也曾明确提出，“我们评价一个国家的政治体制、政治结构和政策是否正确，关键看三条：第一是看国家的政局是否稳定；第二是看能否增进人民的团结，改善人民的生活；第三是看生产力能否得到持续发展。”⑤

随着改革开放的开始，党的十一届三中全会之后，邓小平同志一直在反复思考这个问题。经过长期思考，他逐渐理清了头绪，比如社会主义必须发展生产力，“社会主义发展生产力，成果是属于人民的。”⑥ 在此基础

---

① 《邓小平文选》第2卷，人民出版社1994年版，第313页。

② 同上书，第128页。

③ 《邓小平文选》第3卷，人民出版社1993年版，第264—265页。

④ 同上书，第372页。

⑤ 同上书，第213页。

⑥ 同上书，第255页。

上，他进一步提出："社会主义的本质，是解放生产力，发展生产力，消灭剥削，消除两极分化，最终达到共同富裕。"① 这一精辟概括，既回答了什么是社会主义的问题，也回答了为什么要进行改革开放的问题，也为如何处理好改革与开放的关系提供了基本依据。

有了对社会主义本质的把握，就能把握住改革开放。根据邓小平同志的思想，党的十三大提出了党在社会主义初级阶段的基本路线，即："领导和团结全国各族人民，以经济建设为中心，坚持四项基本原则，坚持改革开放，自力更生，艰苦创业，为把我国建设成为富强、民主、文明的社会主义现代化国家而奋斗。"（简称"一个中心，两个基本点"。）党的基本路线为坚持改革开放提供了明确道路。即经济建设是我国社会主义现代化建设的中心，改革开放和四项基本原则共同服务于经济建设这个中心；同时改革开放还必须处理好和四项基本原则的关系。因为没有四项基本原则，也就没有了社会主义的改革开放。我们说的改革开放就是在坚持四项基本原则基础上的改革开放。

三 "三个代表"重要思想中的改革与开放关系思想

江泽民同志担任党的总书记后，团结带领党的第三代中央领导集体，对新时期如何处理好改革与开放的关系，将改革开放事业不断推向深入，进行了新的探索和思考。他说："新时期最鲜明的特点是改革开放。改革开放从十一届三中全会起步，十二大以后全面展开。它经历了从农村改革到城市改革，从经济体制的改革到各方面体制的改革，从对内搞活到对外开放的波澜壮阔的历史进程。"② "三个代表"重要思想是江泽民建设中国特色社会主义理论的集中概括，其中也包含了正确处理改革与开放关系的一系列丰富内容。

（一）确立了改革与开放协调发展的体制基础

改革与开放的关系涉及国际国内众多不同主体、不同地域、不同领域，同时受到多种外部因素的影响。特别是对于我国这样一个有着五千年

① 《邓小平文选》第3卷，人民出版社1993年版，第373页。

② 《江泽民文选》第1卷，人民出版社2006年版，第214页。

封建历史，实行过30年计划经济，经济文化仍然比较落后的国家来说，其复杂性是可想而知的。1992年是我国改革与开放关系发展的一个分水岭。因为正是在这一年召开的党的十四大上，江泽民同志代表党中央明确提出了社会主义市场经济体制的改革目标，以此为基础，在所有制改革、市场体系建设、分配制度改革等方面作出了一系列重要决定。社会主义市场经济不仅为经济领域的改革与开放指明了方向，而且为社会主义政治、文化等领域的改革与开放铺平了道路；不仅为国内改革与开放的协调提供了基础，而且为国内经济和对外开放的协调创造了条件。在社会主义市场经济体制建设过程中，统一开放的市场体系是基础，也是改革与开放、对内开放与对外开放有机结合的基础。因此十四大报告特别强调“要加快国民经济市场化进程。继续发展各类市场，着重发展资本、劳动力、技术等生产要素市场，完善生产要素价格形成机制。改革流通体制，健全市场规则，加强市场管理，清除市场障碍，打破地区封锁、部门垄断，尽快建成统一开放、竞争有序的市场体系，进一步发挥市场对资源配置的基础性作用。”① 充分发挥市场机制的作用和加强宏观调控，都是建立社会主义市场经济体制的基本要求，两者缺一不可，决不能把它们割裂开来，甚至对立起来。单纯强调这一面、轻视或者忽视另一面，都不利于改革和发展大业。必须认识到，我国社会主义市场经济体制是同社会主义制度结合在一起的，既可以发挥市场经济的优势，又可以发挥社会主义制度的优越性，在处理市场机制和宏观调控、当前发展和长远发展、效率和公平关系方面，应该比西方国家做得更好、更有成效。②

（二）提出了改革与开放的“十二大关系”

改革与开放涉及社会的方方面面，主体涉及个人、企业、政府；内容涉及经济、政治、文化、社会等；地域涉及城市和农村、东部和中西部、国内和国外；时间涉及今天和未来。因此全面处理好改革与开放的关系意味着需要处理好一系列重大关系。江泽民在党的十四届五中全会上将其集中概括为“十二大关系”。即改革、发展、稳定的关系；速度和效益的关系；经济建设和人口、资源、环境的关系；第一、二、三产业的关系；东

① 《江泽民文选》第2卷，人民出版社2006年版，第23页。

② 同上书，第77页。

部地区和中西部地区的关系；市场机制和宏观调控的关系；公有制和其他经济成分的关系；收入分配中国家、企业和个人的关系；扩大对外开放和坚持自力更生的关系；中央和地方的关系；国防建设和经济建设的关系；物质文明建设和精神文明建设的关系。这“十二大关系”既是我国改革开放和现代化建设过程中面临的一系列重大关系，也是改革与开放的关系在现实中的反映。其中“改革、发展、稳定的关系”、“速度和效益的关系”、“市场机制和宏观调控的关系”、“扩大对外开放和坚持自力更生的关系”等直接反映了改革与开放本身要处理好的四大关系；“第一、二、三产业的关系”、“东部地区和中西部地区的关系”、“公有制和其他经济成分的关系”、“收入分配中国家、企业和个人的关系”等反映的是不同产业、地域、所有制、经济主体之间的改革与开放需要处理好的关系；“经济建设和人口、资源、环境的关系”、“中央和地方的关系”、“国防建设和经济建设的关系”、“物质文明建设和精神文明建设的关系”反映的是改革与开放中的一些配套关系。

（三）奠定了改革与开放协调推进的制度基础

改革与开放关系的基础是各类经济主体之间的关系，其中的关键是各类经济主体的定位。这个问题在党的十五大上得到了解决。江泽民同志在党的十五大报告中提出，“公有制为主体、多种所有制经济共同发展，是社会主义初级阶段的基本经济制度。”因为“只有坚持以公有制为主体、多种经济成分共同发展的方针，才能充分调动社会各方面的积极性、使我们的经济建设和社会各项事业协调发展，才能体现效益原则、实现社会公平、促进共同富裕，才能保持社会稳定，也才能成功地建设有中国特色的社会主义。”① 基本经济制度的确立，为社会主义与市场经济、公有制与非公有制、国有经济与非国有经济的结合，从而为改革与开放的结合提供了制度基础。这也就是改革与开放、对内开放与对外开放有机结合的主体基础。十五大报告还通过进一步明确公有制经济的含义，公有制主体地位的具体体现，以及鼓励公有制经济的实现形式可以而且应该多样化等，放开各类经济主体的手脚，实现它们在社会主义市场经济中公平竞争、自由发展。其根本目的是“要形成与社会主义初级阶段基本经济制度相适应

---

① 《江泽民文选》第1卷，人民出版社2006年版，第445页。

的思想观念和创业机制，营造人们干事业、支持人们干成实业的社会氛围，放手让一切劳动、知识、技术、管理和资本的活力竞相迸发，让一切创造社会财富的源泉充分涌流，以造福于人民。”① 实现了各经济主体的平等，建立起了公平、公正、公开的规则，改革与开放也就真正统一起来了。

（四）明确了统筹改革与开放协调推进的目标

江泽民同志明确提出，“对外开放是一项长期的基本国策。面对经济、科技全球化趋势，我们要以更加积极的姿态走向世界，完善全方位、多层次、宽领域的对外开放格局，发展开放型经济，增强国际竞争力，促进国际经济结构优化和国民经济素质提高。积极合理有效地利用外资。有步骤地推进服务业的对外开放。依法保护外商投资企业的权益，实行国民待遇，加强引导和监管。鼓励能够发挥我国比较优势的对外投资。更好地利用国内国外两个市场、两种资源。完善和实施涉外经济贸易的法律法规。”② 开放型经济又简称开放经济，是一种统筹国内发展和对外开放、统筹对内开放和对外开放的经济形态，也是改革与开放有机统一的目标经济形态。开放型经济的基础是国内经济实力和竞争力，在国际上的竞争力表现为对外贸易、对外投资和对外技术转让的水平和能力。为此，他提出要在扩大对外开放和对内开放两方面下功夫。在对外开放方面，“地域要扩大，形成多层次、多渠道、全方位开放的格局。继续办好经济特区、沿海开放城市和沿海经济开放区。扩大开放延边地区，加快内陆省、自治区对外开放的步伐。以上海浦东开发开放为龙头，进一步开放长江沿岸城市，尽快把上海建成国际经济、金融、贸易中心之一，带动长江三角洲和整个长江流域地区经济的新飞跃。加速广东、福建、海南、环渤海地区的开放和开发。力争经过二十年的努力，使广东及其他有条件的地方成为我国基本实现现代化的地区。”③ 特别是对进一步促进中部和西部地区的对外开放提出了明确要求。江泽民同志明确指出，我国是一个人口大国，又是一个发展中国家。在由温饱向小康、进而实现现代化的历史进程中，各

---

① 中共中央宣传部：《“三个代表”重要思想学习纲要》，学习出版社2003年版，第81页。

② 《江泽民文选》第1卷，人民出版社2006年版，第27页。

③ 同上书，第230页。

方面的需求潜力十分巨大，这是我们的优势所在。我们有必要也有条件把经济发展建立在主要依靠国内市场的基础上。这是我国经济发展的一项带根本性的方针。[①]“中部和西部地区资源丰富，沿边地区还有对外开放的地缘优势，发展潜力很大，国家要在统筹规划下给予支持。这些地方应当根据市场经济的要求，加快对内对外开放的步伐，加强基础设施建设，促进资源的开发和利用，努力发展优势产业和产品，有条件地也要积极发展外向型经济，以带动整个经济发展。各地都要从国家整体利益出发，树立全局观念，不应追求自成体系，竭力避免不合理的重复建设和重复引进。”[②]

但是，“在我们这样一个人口众多的发展中的社会主义大国，任何时候都不能依靠别人搞建设，必须始终把独立自主、自力更生作为自己发展的根本基点，必须把立足国内、扩大国内需求作为经济发展的长期战略方针。”[③] 要“积极促进合理交换和联合协作，形成地区之间互惠互利的经济循环新格局。要根据自然地理特点和经济的内在联系，充分发挥中心城市作用，努力发展各具特色的区域经济。”[④] 他还特别强调要充分发挥特区在对外开放和对内开放中的纽带作用。他说，“一说内联，往往是内地的资金和人才单方面向经济特区和沿海地区流动。”[⑤] 这显然是不对的。“经济特区要为继续发展外引内联，带动和促进全国其他地区共同发展、共同繁荣作出新的贡献。要坚持经济特区以及沿海比较发达地区同内地的横向联合，在发挥各自优势的基础上，做到分工协作、优势互补。”[⑥]

（五）提出了新时期处理改革与开放关系的一系列战略举措

其核心是包括科教兴国战略、西部大开发战略和可持续发展战略在内的三大战略。

在“科学技术是第一生产力”的新时期，改革与开放、对内开放与对外开放的结合首先都必须通过科学技术来体现。必须改革科技体制，建

---

① 《毛泽东邓小平江泽民论科学发展》，中央文献出版社、党建读物出版社 2008 年版，第 92 页。

② 《江泽民文选》第 1 卷，人民出版社 2006 年版，第 234 页。

③ 《江泽民文选》第 2 卷，人民出版社 2006 年版，第 255 页。

④ 《江泽民文选》第 1 卷，人民出版社 2006 年版，第 235 页。

⑤ 同上书，第 378 页。

⑥ 同上。

设对内对外开放的科技环境。“必须看到，在过去的科技体制中，比较普遍地存在科技与经济脱节，各地区各部门自成体系、分工过细、机构重复、力量分散的状况，这是一个严重弊端。”① “新的科技体制，应该是有利于经济发展的体制。在深化改革中，要形成科研机构、高等院校与企业相结合、研究开发与生产相结合的机制，推动科研院所面向市场，进入大型企业集团。在企业内部，要实行科研、设计、生产的有机结合，提高企业技术开发水平。要把建立技术创新机制作为建立社会主义市场经济体制的一个重要目标。”② 在历史发展的新时期，“要按照有利于技术创新和科技成果转化为现实生产力的目标，通过宏观调控和市场配置等手段，打破科研机构之间、企业之间以及科研机构与企业之间的界限，充分发挥各自的优势，搞大协作，形成合力。‘躲进小楼成一统’，自成体系，各立门户、山头，互相分割封闭，造成科技资源配置的很大浪费。”③

西部大开发战略是党中央在新时期推进对内开放和对外开放相结合的重大举措。在西部大开发战略一开始提出，中央就明确了这一对内开放和对外开放相结合的思路。“在发展社会主义市场经济的条件下，加快开发西部地区，要有新的思路。要适应建立社会主义市场经济体制的要求和新的对外开放环境，充分考虑国内外市场需求的新变化，用市场经济的办法，按客观经济规律办事。”④ “要加大东部地区与西部地区对口支援力度，鼓励东部地区的优势企业到西部地区投资办厂，参与开发。中部地区要充分发挥承东启西的区位优势，加快发展。西部各省区市要加强交流，搞好经济协作和联合建设，以利局部与全局正确结合，充分发挥西部开发的整体优势。要适应发展市场经济的新条件，努力形成我国东、中、西部地区相互支持、相互促进、协调发展的良好格局。”⑤

可持续发展战略从根本上回答改革开放的可持续性问题，它不仅关系到经济的可持续性，也关系到社会的可持续性，而且关系到地区之间的协调发展问题。20 世纪 90 年代初，以江泽民同志为核心的党中央审时度势，对中国经济发展的国情作出科学的分析，作出了走可持续发展道路的

---

① 《江泽民文选》第 2 卷，人民出版社 2006 年版，第 397 页。
② 《江泽民文选》第 1 卷，人民出版社 2006 年版，第 430 页。
③ 《江泽民文选》第 2 卷，人民出版社 2006 年版，第 397 页。
④ 《江泽民文选》第 3 卷，人民出版社 2006 年版，第 344 页。
⑤ 同上书，第 61 页。

决策。1992年在巴西举行的联合国环境与发展大会上，李鹏总理代表中国政府向世界庄严承诺：中国作为最大的发展中国家，将保持经济与环境保护协调发展，把《21世纪议程》付诸行动。1994年3月，国务院讨论通过了《中国21世纪议程——中国21世纪人口、环境与发展白皮书》，提出了促进中国经济、社会、资源和环境相互协调的可持续发展的战略目标。在1996年7月国务院召开的第四次全国环境保护会议上，江泽民同志明确指出，“保护环境的实质是保护生产力”。针对我国经济连年快速增长的现实，他说：“发展不仅要看经济指标，还要看人文指标、资源指标、环境指标。”①

四　科学发展观中的改革与开放关系思想

胡锦涛同志担任党的总书记以来，坚持以邓小平理论和“三个代表”重要思想为指导，又将改革开放和社会主义现代化建设推向了一个新的历史阶段。他明确指出，“我国正处于改革的攻坚阶段，必须以更大决心加快推进改革，使关系经济社会发展全局的重大体制改革取得突破性进展。以转变政府职能和深化企业、财税、金融等改革为重点，加快完善社会主义市场经济体制，形成有利于转变经济增长方式、促进全面协调可持续发展的机制。进一步扩大对外开放，以开放促改革、促发展。”② 他提出的科学发展观，和马列主义、毛泽东思想、邓小平理论、“三个代表”重要思想一道，是党和国家必须长期坚持的指导思想。科学发展观也是新时期正确处理改革与开放关系的根本指导思想。

（一）明确把继续坚持和深化改革开放作为正确处理改革与开放关系的前提

在党的十七大报告中，胡锦涛同志全面系统论述了改革开放的伟大历史意义和历史贡献。“改革开放是党在新的时代条件下带领人民进行的新的伟大革命，目的就是要解放和发展社会生产力，实现国家现代化，让中国人民富裕起来，振兴伟大的中华民族；就是要推动我国社会主义制度自

① 《江泽民文选》第3卷，人民出版社2006年版，第462页。

② 《科学发展观重要论述摘编》，中央文献出版社、党建读物出版社2009年版，第78页。

我完善和发展，赋予社会主义新的生机活力，建设和发展中国特色社会主义；就是要在引领当代中国发展进步中加强和改进党的建设，保持和发展党的先进性，确保党始终走在时代前列。新时期最鲜明的特点是改革开放。从农村到城市、从经济领域到其他各个领域，全面改革的进程势不可当地展开了；从沿海到沿江沿边，从东部到中西部，对外开放的大门毅然决然地打开了。这场历史上从未有过的大改革大开放，极大地调动了亿万人民的积极性，使我国成功实现了从高度集中的计划经济体制到充满活力的社会主义市场经济体制、从封闭半封闭到全方位开放的伟大历史转折。今天，一个面向现代化、面向世界、面向未来的社会主义中国巍然屹立在世界东方。”

经过新中国成立以来特别是改革开放以来的不懈努力，我国取得了举世瞩目的发展成就，从生产力到生产关系、从经济基础到上层建筑都发生了意义深远的重大变化，但我国仍处于并将长期处于社会主义初级阶段的基本国情没有变，人民日益增长的物质文化需要同落后的社会生产之间的矛盾这一社会主要矛盾没有变。深入贯彻落实科学发展观，要求我们继续深化改革开放。要把改革创新精神贯彻到治国理政各个环节，毫不动摇地坚持改革方向，提高改革决策的科学性，增强改革措施的协调性。要完善社会主义市场经济体制，推进各方面体制改革创新，加快重要领域和关键环节改革步伐，全面提高开放水平，着力构建充满活力、富有效率、更加开放、有利于科学发展的体制机制，为发展中国特色社会主义提供强大动力和体制保障。①

坚持对外开放的基本国策、奉行互利共赢的开放战略、发展开放型经济，是中国经济持续快速发展的一条成功经验。中国将继续坚持开放的发展，不断拓展对外开放广度和深度，深化沿海开放、加快内地开放、提升沿边开放，以开放促改革，以开放促发展，以开放惠民生。中国将通过持续的招商引资、引进人才，为现代化建设提供必要资金、先进技术、宝贵管理经验、优秀人力资源。中国将继续致力于营造开放透明的法律环境、公平竞争的市场环境、稳定有序的经营环境，为各方投资创造良好条件。继续坚持内外平衡发展。中国将加快经济发展方式转变和经济结构调整，

---

① 胡锦涛：《深入贯彻落实党的十七届五中全会精神　不断开创中国特色社会主义事业新局面》，《人民日报》2010年10月19日。

着力构建扩大内需特别是消费需求的长效机制。中国将通过促进居民收入和消费可持续增长、加快新农村建设、实施区域发展总体战略等措施进一步挖掘国内市场潜力，着力培育内需增长新动力。中国将坚持把促进国际收支平衡作为保持宏观经济稳定的重要任务，统筹利用国际国内两个市场、两种资源。①

2009 年 11 月 13 日在新加坡召开的亚太经合组织工商领导人峰会上演讲时，胡锦涛同志提出，我们通过大规模政府投资带动民间投资，重点用于民生工程、生态工程、技术创新等领域；改善消费环境，调整分配关系，增强消费能力，积极培育新的消费热点；实行结构性减税政策，减轻企业和居民负担，同时增加对企业信贷支持。通过这些措施，推动形成消费、投资、出口协调拉动经济增长的新格局。我们加快经济发展方式转变和经济结构调整，大范围实施产业调整振兴规划，加大科技创新力度，拓展国内市场特别是农村市场，控制污染物排放总量，促进自然生态系统和社会经济系统良性循环。一是深化改革、激发经济活力。我们加大重点领域和关键环节改革力度，推进资源型产品价格、财税体制、金融体制、国有企业等方面改革，增强全社会创造活力。二是扩大开放、寻求互利共赢发展。我们奉行互利共赢的开放战略，在努力稳定出口的同时，推进加工贸易升级转型，不断优化贸易结构；同时努力扩大进口，重点引进先进技术装备、关键零部件、重要能源资源和原材料；加快实施自由贸易区战略，积极推动区域经济一体化，同其他经济体共享扩大市场、深化分工带来的利益。②

（二）以科学发展作为统筹改革与开放的根本原则

进入新世纪新阶段，我国改革开放的主体、内容、环境等都发生了重大变化。特别是“资源环境约束强化，投资和消费关系失衡，收入分配差距较大，科技创新能力不强，产业结构不合理，城乡区域发展不协调，利益主体多元现象日益显现，社会矛盾明显增多。”③ 在新的历史时期，

---

① 胡锦涛：《共同发展　共享繁荣——在亚太经合组织工商领导人峰会上的演讲》，新华网 2011 年 10 月 17 日。

② 《人民日报》2009 年 11 月 14 日。

③ 胡锦涛：《深入贯彻落实党的十七届五中全会精神　不断开创中国特色社会主义事业新局面》，《人民日报》2010 年 10 月 19 日。

必须继续深化改革开放。胡锦涛同志明确指出："只有坚持深化改革、扩大开放，才能解决发展中的深层次矛盾和问题，才能为推动经济社会又好又快发展提供有力的体制保障和不竭的动力源泉。"[①] 在对外开放方面，要"坚持互利共赢的开放战略，提高对外开放水平。随着加入世贸组织过渡期的结束，我国对外开放面临新的形势。要在巩固和扩大已有开放成果的基础上，加快调整和完善对外经济发展模式，提高对外贸易和利用外资质量和水平，有效应对服务业扩大开放面临的新情况新问题，增强参与全球化和维护国家经济安全的能力，促进对外经济工作迈上新台阶。"[②] 在对外开放的具体内容上，对外贸易要"以优化进出口商品结构为重点，加快转变外贸增长方式；引进外资要以引进先进技术、先进管理和海外智力为重点，提高利用外资质量。"[③] 在率领全体十七届中央政治局常委与记者见面时，胡锦涛同志进一步表示，"我们一定奋力地推进改革开放，着力构建充满活力、富有效率、更加开放、有利于科学发展的体制机制，努力为发展中国特色社会主义提供强大动力和体制保障。"[④] 对外开放是我国的一项基本国策，必须长期坚持，毫不动摇。在国内市场和国际市场联系日益紧密的情况下，我们必须树立全球战略意识，实施互利共赢的开放战略，着力转变对外贸易增长方式，全面提高对外开放水平，扬长避短，趋利避害，在更大范围、更广领域、更高层次上参与国际经济技术合作和竞争，使对外开放更好地促进国内改革发展。[⑤] 科学发展观正是在此背景下应运而生。

科学发展观的第一要义是发展，核心是以人为本，基本要求是全面协调可持续，根本方法是统筹兼顾。改革开放是发展的根本动力，树立科学发展观，就必须树立科学改革观和科学开放观。这是一种国内改革和开放、对内开放和对外开放的深度协调的改革开放观。现实表明，实现科学发展，"关键要在加快转变经济发展方式等方面取得重大进展。"[⑥] 具体而言，就是要"坚持走中国特色新型工业化道路，坚持扩大国内需求特别

---

① 《科学发展观重要论述摘编》，中央文献出版社、党建读物出版社 2009 年版，第 82 页。
② 同上书，第 80 页。
③ 同上书，第 81 页。
④ 《人民日报》2007 年 10 月 23 日。
⑤ 《科学发展观重要论述摘编》，中央文献出版社、党建读物出版社 2009 年版，第 52 页。
⑥ 同上书，第 20 页。

是消费需求的方针，促进经济增长由主要依靠投资、出口拉动向依靠消费、投资、出口协调拉动转变，由主要依靠第二产业带动向依靠第一、第二、第三产业协同带动转变，由主要依靠增加物质资源消耗向主要依靠科技进步、劳动者素质提高、管理创新转变。”① 转变经济发展方式对改革开放，特别是对深入地扩大对内开放和对外开放提出了新的更高要求。因为“只有深化改革，扩大开放，才能解决发展中的深层次矛盾和问题，才能为推动经济社会又好又快发展提供有力的体制保障和不竭的动力源泉。”② 具体而言，只有在深化改革基础上通过不断扩大开放，才能更好地调动生产者、消费者的积极性；更好地调动提高三大产业从业人员的积极性；更好地调动科技人员、广大劳动者和管理人员的积极性；也才能更好地引进国外先进技术和优秀人才。因此胡锦涛指出，“形成更具活力更加开放的体制环境是实现科学发展的必然要求。”③ 也只有在改革基础上不断促进开放，才能让更多个人、更多地方获得发展机会并从中受益，真正实现我国的发展质量和国际竞争力较大幅度提升。

（三）把完善体制机制作为处理改革开放关系的根本保证

改革和开放的阻力主要来自体制机制障碍。“保持经济平稳运行，提高经济增长的质量和效益，必须标本兼治，加大改革力度，不失时机地推出有利于稳定增长、改善结构的改革措施，努力突破体制障碍，逐步形成科学发展的体制保障。”④ 改革的障碍消除了，开放的市场和发展环境自然就形成了。其中的关键是完善社会主义市场经济的各项制度，特别是要“完善现代企业制度和现代产权制度，建立反映市场供求状况和资源稀缺程度的价格形成机制，更大程度地发挥市场在资源配置中的基础性作用，提高资源配置效率，切实转变政府职能，健全国家宏观调控体系。统筹国内发展和对外开放，不断提高对外开放水平，增强在扩大开放条件下促进发展的能力。”⑤ 不断完善体制机制障碍也是改革开放实践证明的有效途径。“中国之所以能够发生这样巨大的变化，最关键的原因是我们始终坚

① 胡锦涛在党的第十七次全国代表大会上的报告。

② 《科学发展观重要论述摘编》，中央文献出版社、党建读物出版社2009年版，第83页。

③ 同上书，第78页。

④ 同上书，第79页。

⑤ 同上书，第78页。

持走中国特色社会主义道路，始终坚持改革开放，不断消除阻碍生产力发展的体制性障碍，激发了全体人民的创造性、积极性和主动性，有力地促进物质文明、政治文明和精神文明的协调发展。”①

改革是社会主义发展的强大动力，胡锦涛同志反复强调这一点。他说，“我们要始终把改革创新精神作为强大动力，不断激发全社会的创造活力。改革创新精神是改革开放培育造就的伟大精神，也是推进改革开放须臾不可缺少的奋斗精神。只有锐意改革、不懈创新，才能不断开拓事业发展的广阔前景，才能使我们的国家、我们的民族、我们的党不断增添发展进步的蓬勃活力。必须坚持解放思想、实事求是、与时俱进，大力培育改革创新意识、增强改革创新勇气，不断推进理论创新、制度创新、科技创新、文化创新以及其他各方面创新，努力使改革步伐持续迈进、创新成果不断涌现。我们要始终把深化科技体制改革作为重要保障，加快推进国家创新体系建设。完善而具有活力的科技体制，是推动科技进步和创新、加速科技成果向现实生产力转化、加强科技同经济社会发展结合的重要保障。必须围绕建设国家创新体系，深化科技体制改革和各项配套改革，充分发挥政府的主导作用、市场在科技资源配置中的基础性作用、企业在技术创新中的主体作用、国家科研机构的骨干和引领作用、大学的基础和生力军作用，使技术创新体系、知识创新体系、国防科技创新体系、区域创新体系、科技中介服务体系协调统一，形成科技创新的整体合力。必须进一步形成有利于科技发展的竞争机制，坚持国家科技计划对全社会开放，支持和鼓励国内有条件的各类机构平等参与承担国家重大计划和项目，鼓励企业主动研究开发具有自主知识产权的核心技术和产品，努力形成全社会踊跃参与、各方面共同推进科技创新的生动局面。”②

在改革方面，胡锦涛同志首先强调了要增强改革措施的协调性，全面推进经济体制、政治体制、文化体制、社会体制改革，努力在重要领域和关键环节改革上取得突破。包括“要坚持社会主义市场经济的改革方向，抓住制约科学发展的体制症结，推进财税体制、金融体制、投资体制、收入分配制度改革，尽快建立反映市场供求关系、资源稀缺程度、环境损害成本的生产要素和资源价格形成机制，从制度上更好发挥市场在资源配置

---

① 2004 年 1 月 27 日胡锦涛在法国国民议会演讲。

② 《胡锦涛在庆祝神舟七号载人航天飞行圆满成功大会上的讲话》，2008 年 11 月 7 日。

中的基础性作用，加快构建充满活力、富有效率、更加开放、有利于科学发展的体制机制。要坚持中国特色社会主义政治发展道路，加强社会主义政治文明建设，不断推进社会主义政治制度自我完善和发展，保证人民当家作主，增强党和国家活力，调动人民积极性。要扩大社会主义民主，加快建设社会主义法治国家，依法实行民主选举、民主决策、民主管理、民主监督，保障人民的知情权、参与权、表达权、监督权。要推进行政管理体制改革，进一步转变政府职能，建设服务型政府。要全面提升开放型经济水平，把‘引进来’和‘走出去’更好结合起来，扩大开放领域，提高开放质量，创新外贸增长方式、优化进出口结构，创新利用外资方式、优化利用外资结构，创新对外投资和合作方式、加大实施‘走出去’战略力度，形成经济全球化条件下参与国际经济合作和竞争新优势”①。

（四）以“十个统筹”作为改革与开放关系的中心内容

2003年胡锦涛同志在党的十六届三中全会上首次提出了“五个统筹”，即统筹城乡发展、统筹区域发展、统筹经济社会发展、统筹人与自然和谐发展、统筹国内发展和对外开放，作为科学发展的基本要求。2007年在党的十七大上他在既有“五个统筹”基础上进一步提出了另外五个新的“统筹”，即统筹中央和地方关系，统筹个人利益和集体利益、局部利益和整体利益、当前利益和长远利益，统筹国内国际两个大局。“十个统筹”使科学发展观的内容变得更加全面和完整。“十个统筹”是在江泽民同志“十二大关系”基础上，适应改革开放的新情况新变化，对改革与开放关系进一步总结提升的产物。前“五个统筹”是从改革开放的不同主体即城乡之间、区域之间、经济社会之间、人与自然之间、国内与国际之间的角度提出他们之间的相互关系。后“五个统筹”则是从改革开放的内容和保障的角度提出来的。发展的目的是为了实现好、发展好最广大人民群众的利益。“统筹发展”就是开放发展，共同发展、共同繁荣。在开放的经济社会中，利益也是开放的，但是在现实中又要反映在不同的层面上，包括个人利益和集体利益、局部利益和整体利益、当前利益和长远利益、部门利益和地方利益等。统筹各个方面的发展，统筹改革与开放

---

① 胡锦涛：《兴办经济特区是党和人民探索中国特色社会主义的伟大创举——2010年9月6日在深圳经济特区建立30周年庆祝大会上的讲话》。

的关系，核心都是统筹各个方面的利益。因此，“十个统筹”的实质是改革与开放的统筹，特别是统筹好各方面的利益。这是体现社会主义本质的内容，也能体现出社会主义的优越性。

（五）以和谐社会建设作为统筹国内改革与开放的基本目标

2005年，在省部级主要领导干部提高构建社会主义和谐社会能力专题研讨班上的讲话中，胡锦涛同志提出了社会主义和谐社会的重大构想。构建社会主义和谐社会，是我们党从中国特色社会主义事业总体布局和全面建设小康社会全局出发提出的重大战略任务，反映了建设富强民主文明和谐的社会主义现代化国家的内在要求，体现了全党全国各族人民的共同愿望。从国际上看，影响和平与发展的不稳定不确定因素增多，综合国力竞争日趋激烈，我们仍将长期面对发达国家在经济科技等方面占优势的压力。从国内来看，经济体制深刻变革，社会结构深刻变动，利益格局深刻调整，思想观念深刻变化，深层次矛盾逐步显现，影响社会和谐的问题明显增多，包括发展不平衡、部分群众生活困难、收入分配差距拉大、消极腐败现象滋长等。如果我们不重视、不抓紧应对这些挑战，不仅经济社会发展会受到干扰和制约，而且社会稳定也会受到影响。制度更带有根本性、全局性、稳定性和长期性。完善的体制机制和制度体系，是促进社会和谐、实现社会公平正义的重要保证。我们既要立足当前、着力解决影响社会和谐的突出矛盾和问题，又要着眼长远、在制度建设和创新上多下功夫。这次全会通过的决定，突出强调制度建设和创新对促进社会和谐的重大作用，从经济、政治、文化、社会等方面提出了明确要求和任务。落实好这些要求和任务，归根到底要靠深化改革。

建设和谐社会是改革开放发展到一定阶段的产物，是贯彻落实科学发展观的必然要求。正如胡锦涛同志所指出的，“社会和谐是中国特色社会主义的本质属性。科学发展和社会和谐是内在统一的。没有科学发展就没有社会和谐，没有社会和谐也难以实现科学发展。”[①] 建设社会主义和谐社会也是国内统筹改革和开放的基本目标。改革开放的过程既是社会各方面利益实现的过程，也是社会各方面问题和矛盾充分释放的过程。协调改革与开放的关系，就是一方面要让社会各方面利益得到最大限度的实现，

---

① 《科学发展观重要论述摘编》，中央文献出版社、党建读物出版社2009年版，第73页。

另一方面使社会各方面的问题和矛盾获得最大限度的解决。“改革——开放——发展——和谐”是改革开放的基本轨迹，也是科学发展的基本路径。开放经济和开放社会是改革开放的逻辑结论，是改革与开放有机结合的必然结果。和谐社会的前提是开放社会。“要完善社会主义市场经济体制，推进各方面体制改革创新，加快重要领域和关键环节改革步伐，全面提高开放水平，着力构建充满活力、富有效率、更加开放、更有利于科学发展的体制机制。”① 开放社会也是平等的社会，要求包括硬件和软件各方面的平等。首先要通过深入改革，促进建立包括国内开放和对外开放的全方位开放的体制机制，以建立起各方面公平公开公正的制度；同时要在城乡之间、地区之间的基础设施、公共设施、公共服务、社会保障等能逐步达到均等化，以建立起和谐社会的基础条件。

（六）以推动和谐世界建设作为统筹改革与开放的外部目标

当今世界正处在大发展大变革大调整时期。世界多极化、经济全球化深入发展，世界范围内各种思想文化交流更加频繁、更加活跃，开放合作、互利共赢成为国际社会广泛共识，国与国相互联系更加紧密。同时，国际金融危机影响仍在持续，发展不平衡更加突出，气候变化、粮食安全、能源资源安全等全球性问题进一步显现，恐怖主义、跨国有组织犯罪、重大传染性疾病等非传统安全威胁依然存在，局部冲突和热点问题此起彼伏，不稳定不确定因素增多，世界和平与发展面临诸多挑战。面对前所未有的机遇和挑战，需要世界各国各地区顺应时代发展潮流，携手并进，努力为建设持久和平、共同繁荣的和谐世界作出贡献。

2005 年，胡锦涛同志首次提出了和谐世界的概念。致力于建设一个持久和平、互利共赢的和谐世界，是国内建设和谐社会的必然延伸，也是中国改革与开放关系延伸到国际社会的必然结果和基本要求，是中国在世界范围内统筹改革与开放的目标取向。胡锦涛同志指出：“在世界多极化不可逆转、经济全球化深入发展、科技革命加速推进的世界大势之下，中国的前途命运日益紧密地同世界的前途命运联系在一起。中国将始终不渝走和平发展道路。这个战略抉择，立足中国国情，顺应时代潮流，体现了中国对内政策与对外政策的统一、中国人民根本利益与世界人民共同利益的统一，是实现中

① 《科学发展观重要论述摘编》，中央文献出版社、党建读物出版社 2009 年版，第 82 页。

华民族伟大复兴的必由之路。”① 因此，“中国的发展是和平的发展、开放的发展、合作的发展、和谐的发展。”② 随着中国改革开放的不断深入，早已变成了一场以国内十三亿多人口为主体，港澳台同胞、海外侨胞和世界友好人士共同参与的大发展、大变革运动。中国改革与开放关系的处理仅立足国内已远远不够，“中国将继续坚持开放的发展，不断拓展对外开放广度和深度，深化沿海开放、加快内地开放、提升沿边开放，以开放促改革，以开放促发展，以开放惠民生。中国将继续坚持内外平衡发展。将坚持把促进国际收支平衡作为保持宏观经济稳定的重要任务，统筹利用国际国内两个市场、两种资源”③。另外，坚持对外开放的基本国策、奉行互利共赢的开放战略、发展开放型经济，是中国经济持续快速发展的一条成功经验。

在博鳌亚洲论坛2008年4月12日召开的年会开幕式上，胡锦涛同志发表讲话指出：“在世界多极化不可逆转、经济全球化深入发展、科技革命加速推进的世界大势之下，中国的前途命运日益紧密地同世界的前途命运联系在一起。中国将始终不渝走和平发展道路。这是中国政府和人民作出的战略抉择。这个战略抉择，立足中国国情，顺应时代潮流，体现了中国对内政策与对外政策的统一、中国人民根本利益与世界人民共同利益的统一，是实现中华民族伟大复兴的必由之路。中国将始终不渝奉行互利共赢的开放战略。”④ 新形势下推进我国现代化，必须树立全球视野，准确把握世界经济发展的总态势和新特征，善于把握机遇、迎接挑战，坚持互利共赢的开放战略，统筹利用好国内国际两个市场、两种资源，统筹把握好国内产业发展和国际产业分工，统筹处理好不断完善我国社会主义市场经济体制和参与制定国际经济贸易规则，善于运用我国综合优势，为我国现代化拓展更加广阔的市场空间和提供持久可靠的资源保障，努力促进我国发展和各国共同发展的良性互动。⑤

---

① 胡锦涛：《坚持改革开放　推进合作共赢——在博鳌亚洲论坛二〇〇八年年会开幕式上的演讲》。

② 胡锦涛：《加强中非团结合作　推动建设和谐世界——在南非比勒陀利亚大学的演讲》，《人民日报》2007年2月8日。

③ 胡锦涛：《共同发展　共享繁荣——在亚太经合组织工商领导人峰会上的演讲》，新华网2011年10月17日。

④ 胡锦涛：《坚持改革开放　推进合作共赢——在博鳌亚洲论坛二〇〇八年年会开幕式上的演讲》。

⑤ 《科学发展观重要论述摘编》，中央文献出版社、党建读物出版社2009年版，第55页。

此后，无论是在国内还是在各种国际场合，胡锦涛同志始终以和谐世界理论指导中国对外关系。他说："中国的发展是和平的发展、开放的发展、合作的发展、和谐的发展。中国对内致力于构建和谐社会，对外愿同世界各国一道推动建设持久和平、共同繁荣的和谐世界。中国将坚定不移地高举和平、发展、合作的旗帜，奉行独立自主的和平外交政策，坚定不移地走和平发展道路，坚持互利共赢的开放战略。"[①] 在中印关系上，他说："两国应该在重大国际问题上加强沟通、协调立场，共同致力于维护发展中国家的整体利益，促进世界多极化和国际关系民主化，推动国际政治经济秩序朝着更加公正合理的方向发展。共同推动建设和谐亚洲。[②] 在中非关系上，致力于建立中非新型战略伙伴关系。因为这是中非合作的内在需要，也是促进世界和平与发展的必然要求。不仅有利于中国和非洲的发展进步，而且有利于推动建立公正合理的国际政治经济新秩序。[③]

特别是在国际金融危机发生后，胡锦涛同志更是反复强调改革、开放、合作的重要性。国际社会应该认真总结这场金融危机的教训，在所有利益攸关方充分协商的基础上，对国际金融体系进行必要的改革。国际金融体系改革，应该坚持建立公平、公正、包容、有序的国际金融新秩序的方向，努力营造有利于全球经济健康发展的制度环境。国际金融体系改革，应该坚持全面性、均衡性、渐进性、实效性的原则。全面性，就是要总体设计，既要完善国际金融体系、货币体系、金融组织，又要完善国际金融规则和程序，既要反映金融监管的普遍规律和原则，又要考虑不同经济体的发展阶段和特征。均衡性，就是要统筹兼顾，平衡体现各方利益，形成各方更广泛有效参与的决策和管理机制，尤其要体现新兴市场国家和发展中国家利益。渐进性，就是要循序渐进，在保持国际金融市场稳定的前提下，先易后难，分阶段实施，通过持续不断努力最终达到改革目标。实效性，就是要讲求效果，所有改革举措应该有利于维护国际金融稳定、促进世界经济发展，有利于增进世界各国人民福祉。

---

① 胡锦涛：《加强中非团结合作　推动建设和谐世界——在南非比勒陀利亚大学的演讲》，《人民日报》2007 年 2 月 8 日。

② 胡锦涛：《携手拓展合作　共创美好未来——在印度科学宫的演讲》，《人民日报》2006 年 11 月 22 日。

③ 《胡锦涛主席在中非合作论坛北京峰会开幕式上的讲话》，《人民日报》2006 年 11 月 4 日。

五 党的十八大以来对改革与开放关系的新探索

（一）党的十八大对改革与开放关系的论述

2012年11月召开的党的十八大，是在我国全面建设小康社会和改革开放进入关键时期召开的一次大会，报告对进一步推进改革开放做出了全面部署，也提出了进一步协调改革与开放的关系的一系列重要观点。其中最核心的就是把转变经济发展方式作为我国经济社会发展的一条主线，因而也成为新时期正确处理改革与开放关系的一条主线。即“要适应国内外经济形势新变化，加快形成新的经济发展方式，把推动发展的立足点转到提高质量和效益上来，着力激发各类市场主体发展新活力，着力增强创新驱动发展新动力，着力构建现代产业新体系，着力培育开放型经济新优势。”报告指出，经济体制改革的核心问题是处理好政府与市场的关系，必须更加尊重市场规律，更好发挥政府作用。报告同时对促进城乡一体化、区域一体化和对内对外经济一体化提出了新目标。因此党的十八大既是全面推进改革的总动员，也是全面扩大开放的总动员，为进一步处理好改革与开放的关系提供了新的指导方针。

（二）十八届三中全会对改革与开放关系的论述

党的十八届一中全会以来，以习近平同志为总书记的党中央，为深入贯彻落实十八大提出的奋斗目标，对全面深化改革开放问题进行了深入研究，提出了许多新的重要观点，并集中反映在党的十八届三中全会精神和会议审议通过的《中共中央关于全面深化改革若干重大问题的决定》之中。全会指出，全面深化改革的总目标是完善和发展中国特色社会主义制度，推进国家治理体系和治理能力现代化。会议提出，要紧紧围绕使市场在资源配置中起决定性作用，深化经济体制改革，坚持和完善基本经济制度，加快完善现代市场体系、宏观调控体系、开放经济体系，加快转变经济发展方式，加快建设创新型国家，推动经济更有效率、更加公平、更可持续发展。全会指出，适应经济全球化新趋势，必须推动对内对外开放相互促进、“引进来”和“走出去”更好结合，促进国际国内要素有序自由流动、资源高效配置、市场深度融合，加快培育参与和引领国际经济合作竞争新优势，以开放促改革。正如前面所言，改革与开放的关系中关键是开放，结合点是制度。十八届三中全会把建设和完善中国特色社会主义制度作为全面深化改革的目标，同时把全面扩大对内对外开放作为全面深化改革的内容，也就抓住了新时期进一步处理好改革与开放关系的核心和关键。

改革与开放都是社会发展的动力

根据马克思主义的基本原理，矛盾是事物发展的动力，社会基本矛盾是人类社会发展的根本动力。毛泽东同志提出社会主义社会的主要矛盾是人民日益增长的物质文化需要和社会生产力落后之间的矛盾，因而是人民内部矛盾。邓小平同志进一步提出改革是解决社会主义主要矛盾的根本手段，是社会主义发展的基本动力。实践表明，在新的历史时期，改革开放确实是社会主义发展的最重要动力，通过改革开放可以释放出社会发展的无穷动力。

一　改革是社会发展的重要动力

改革作为社会发展动力，是通过扫除生产力发展的各种障碍，通过激活各种生产要素，特别是通过调动人的积极性，达到促进生产力发展的目的。即通过解放生产力来发展生产力。著名竞争理论专家迈克尔·波特在谈到国家对形成企业的竞争优势时说："国家是企业最基本的竞争优势，原因是它创造并延续企业的竞争条件。国家不但影响企业所做的战略，也是创造并持续生产与技术发展的核心。通常，根据技术发展的复杂度，企业会在不同状况的国家进行不同性质的活动。……因此，一个国家能持续并提高本身生产力的关键在于，它是否有资格成为一种先进产业或重要产业环节的基地。……新的竞争优势理论必须从比较优势的观念提升到'国家'竞争优势层面。……我们必须了解，为什么企业在有些国家就是比在其他国家更能创造优势，并且能提高生产力。"① 中国正是通过改革，全面释放出了社会发展的动力。"包产到户、乡镇企业等不少成功的经济

① ［美］迈克尔·波特：《国家竞争优势》，华夏出版社2002年版，第18页。

改革做法，都是群众创造出来的；很多好的改革思路、好的改革措施，都是以群众的实践经验为基础的。在深化改革的过程中，要充分尊重群众在市场经济中的主体性，尊重群众的首创精神，保护群众的积极性、主动性；主动问计于民、问需于民，使群众能够更多地参与改革的决策过程，让群众智慧成为推进改革的重要力量。”①

（一）社会发展的基本路径

生产力和生产关系、经济基础和上层建筑的相互作用构成社会发展的基本路径。其中生产力决定生产关系，生产关系反作用于生产力；经济基础决定上层建筑，上层建筑反作用于经济基础。生产关系和上层建筑不断适应生产力和经济基础的过程，就是社会的发展过程。其中既有主动适应，也有被动适应，前者叫改革，后者叫革命。改革是在保持社会根本制度不变的前提下，对社会制度的实现形式或某些环节和方面进行的变革；革命指的是实现社会从低级形态向高级形态发生根本转变的社会活动，往往是革命阶级为改变旧的社会经济基础和政治上层建筑而进行的斗争过程。当然改革也可以分两种，一种是革命性的改革，即在坚持根本制度不变的前进下，对具体的社会体制进行全面、彻底的变革，这是社会发展中的部分质变；另一种是改良性的改革，也称社会改良，是对社会制度或体制的某些环节、方面进行局部调整，是一种量变。人类历史的发展过程，就是一部革命和改革交替进行的过程，两者互相补充，共同推动着社会的不断进步。

从某种意义上来说，新的社会制度不断巩固和不断完善的过程，也就是不断改革的过程，封建制度代替奴隶制度后是这样，资本主义制度代替封建制度后也是如此。正是从这个意义上说，改革是社会发展的重要动力。从历史上看，新的社会制度对旧的社会制度的取代，有的是通过革命实现的，有的则是通过改革实现的。在中国古代历史上，封建制度取代奴隶制度，就是通过改革来实现的。史学界一般认为，我国的奴隶社会向封建社会转变，是在春秋、战国之际。在这个时期，各诸侯国进行了一系列的废法即改革，使封建制度逐渐代替了奴隶制度。在世界近代历史上，有通过革命推翻封建主义或殖民主义统治，建立资产阶级统治的（如英国、

---

① 周建伟等：《坚持改革方向是当代中国的主旋律》，《光明日报》2012年5月7日。

美国、法国），也有通过改革，由封建专制国家逐渐变为资本主义国家的（如德国、奥地利、俄国）。通过这些改革，俄国在19世纪晚期从封建专制国家逐渐转变成为资本主义国家。德国、奥地利也是这样，通过改革，实现了封建制度向资本主义制度的转化。由此可见，改革在实现社会变革的过程中，是一种重要的方式或手段。①

从历史上看，越是在生产力发展的低级阶段，生产力、生产关系，经济基础和上层建筑的矛盾越尖锐，生产关系和上层建筑的被动性越明显，也越容易发生革命。随着生产力发展到一定阶段，社会经济和各项制度逐渐完善，生产力和生产关系、经济基础和上层建筑的关系更加和谐，之间的不适应也更多地表现为局部性的，因此往往可以通过改革进行完善。但自从国家和政府产生以来，就开始了改革的历程。比较有影响的包括古代欧洲的梭伦改革、克里斯提尼改革、伯利克里改革；中国春秋战国时期的管仲改革、李悝变法、吴起变法、商鞅变法；中国封建专制统治时期的王安石变法；1861年俄国农奴制改革；1868年日本明治维新；19世纪中后期中国的洋务运动与戊戌变法；1932年美国罗斯福新政等。特别是“二战”结束之后的60多年来，大多数国家总体上趋向稳定，政府对社会经济的控制作用越来越强，主动改革成为各国推动社会经济发展的主要手段。通过改革进一步促进了各国和国际社会的经济发展和社会稳定，又反过来刺激着各国推进改革的积极性。特别是20世纪70年代末开始的中国改革开放，全面改变了中国社会和中国人民的面貌，成为各国改革开放的一面旗帜。

当然各国改革的性质和效果也是由其社会制度的本质所决定的。资本主义的改革和之前所有的剥削制度所进行的改革一样，受到其阶级局限性的影响，其效果也必然大打折扣。在私有制范围内的改革不可能从根本上解决对抗性的社会基本矛盾，它只是走向革命的一个步骤、预兆和准备，最终还需要通过社会革命才能解放生产力。中国改革开放的成功根本上是由社会主义的本质所决定的。也正是从这个意义上说，改革能够成为社会主义发展的根本动力。恩格斯曾经明确指出，“所谓‘社会主义社会’不是一种一成不变的东西，而应当和任何其他社会制度一样，把它看成是经

① 许永璋：《简论改革对社会发展的推动作用》，《河南社会科学》1994年第2期。

常变化和改革的社会。”① 中国的社会主义改革，就其性质而言，是社会主义制度的自我完善和发展，不是根本制度的变革，而是对具体制度、体制和运行机制的调整、完善或革新；它依靠的是社会制度自身的力量，自觉地去兴利除弊；改革的根本任务是解放生产力和发展生产力。改革的目的在于，改变不利于生产力发展的旧体制，建立适合时代特点和国情的、充满生机活力的社会主义新体制，达到解放和发展生产力的根本目的。当然正确的改革策略也是成功的重要原因。中国的改革开放是在共产党领导下有秩序有步骤地进行的。它立足本国国情，总结实践经验，根据社会生产力的现实水平和进一步发展的客观要求，自觉调整生产关系中与生产力不相适应的部分，调整上层建筑中与经济基础不相适应的部分。

今天，随着中国的经济总量进入全球第二，中国的经济社会发展已站在了一个新的起点上。要想取得进一步的更大突破，必须转变经济发展方式。而转变发展方式的根本出路在于改革开放，其动力也在于改革开放。“没有体制的突破，就难以实现经济发展方式的根本性转变。每一个具体的转变，都要面对深刻的利益调整，也可能会带来新的矛盾问题，甚至暂时看不到明显的成效。加快转变，既是一场攻坚战，也是一场持久战，关键在于扎扎实实地贯彻科学发展观，出路在于坚定不移地推进改革开放。”②

（二）改革促进社会发展的基本实现机制

总结中国和其他国家的改革实践，改革的路径可以分为三种：即自上而下型；自下而上型；上下互动型。不管采取自上而下型还是自下而上型，改革要想最终取得成功，都必须转变成上下互动型，即自上而下和自下而上的结合。

所谓自上而下型改革，就是由政府提出并主导改革思路和改革内容，并逐渐得到社会广泛参与的改革。改革作为在现存体制下所作出的一种调整，从本质上都是自上而下，因为其最终的推动者必须是中央政府，否则不可能取得好的效果。历史上各种著名的改革，都属于自上而下型的改革，包括中国古代的“王安石变法”，近代俄罗斯的“彼得大帝改革”、

---

① 《马克思恩格斯全集》第37卷，人民出版社1971年版，第443页。

② 任仲平：《论加快经济发展方式转变》，《人民日报》2010年3月1日。

日本的“明治维新”以及20世纪30年代美国的“罗斯福新政”等。自上而下的改革能否取得成功首先取决于改革的内容是否反映了时代和人民的要求，也取决于改革者是否有足够威信，让人民对改革有信心，能够得到人民拥护。因为改革措施最终还是通过民众来实施的。

所谓自下而上的改革，就是指首先由基层民众提出改革诉求，并采取一些实质性行动，并在取得效果后引起中央政府和有关地方政府注意，并最终成为社会改革的行为。这是成功改革中常常包含的路径。因为基层和民众是社会的主体，也是社会发展的决定性力量，他们对发展的要求和希望，往往成为改革的最重要动力，也比较容易转变为行动。因此群众正确的改革意愿和改革行动往往代表了社会发展的趋势。在奴隶社会、封建社会，由于封建统治者的专制和顽固，这种改革难以转变为现实。群众改革意愿得不到支持和响应，就容易引发群众的革命。在现代社会，包括今天的资本主义社会和社会主义社会，自下而上的改革已越来越成为重要的改革方式。中国从安徽凤阳小岗村和东南沿海地区开始的改革和开放行动都充分证明了这一点。在发达资本主义国家，地方独立性较强，这种方式更容易变成现实。但是，自下而上的改革只能是局部性的改革。如果不能最终得到国家政府的认可从而转变为自上而下的改革，其效果可能就要大打折扣。

所谓上下互动型改革，是指自上而下改革和自下而上改革的结合。这种改革反映了政府和民众对改革的高度认同。成功的改革最后都必然需要这两方面的结合。而反过来，不成功的改革，最后的问题往往也就出在两者未能很好地结合上。上下互动型的改革在现实中就表现为政府与民间的互动、领导与群众的互动、政府调控与市场调节的互动。上下互动成功的关键在于，有一套成熟的、开放的政治经济体制。在这套体制中，以社会和民众为基础，充分尊重社会和民众的主动性、积极性和创造性，同时发挥好政府的引导作用，形成政府和民众相互信任、相互配合的良性运行机制。由于政府是社会的主导者、也是改革的主导者，因此改革成果与否的关键在政府，具体来说就在于政府是否能够最大限度地集中社会智慧，最大限度地调动起社会的积极性。

经过了30多年改革之后的我国，自上而下和自下而上的结合，已成为了改革的常态。正如著名未来学者约翰·奈斯比特所说，“中国的进步是在自上而下的管理与自下而上的参与的共同作用下逐步实现的。”① 其实这里所说的“自上而下与自下而上的结合”与中国党和政府一直倡导的“民主集中制”是完全一致的。在中国，中央主要负责设计推动事关国家整体发展的改革思路和改革道路；地方则从本地实际出发推出相应的改革思路和改革道路。中央自上而下的改革通过制定整体改革思路和战略为地方提供指导和帮助，地方则通过实施有针对性改革举措落实中央改革战略。我国不断推出的一个个“综合改革试验区”就完美体现了这种“自下而上改革”和“自上而下改革”的结合。因为它首先是地方探索的成果，是“自下而上的改革”；待它转变为国家战略后，就转变成了“自上而下的改革”。并且在这些“综合改革试验区”取得经验后逐渐转变为国家战略，推广到其他地区，从而成为名副其实的国家改革战略。

当然在全球化条件下，改革还应该包括国际事务的改革。国内改革只有与国际事务的改革相结合，才能取得好的效果。在金融危机发生的情况下，各国改革政策的协调变得尤为重要。

（三）影响改革的因素分析

改革能否取得成功，往往取决于多方面的因素。既包括有国内因素，也包括国际因素。当然改革能否成功首先取决于改革的必要性、重要性和紧迫性，然后取决于改革的内容，包括改革的目标、任务、指导思想、途径等，这些具有根本性。这些根本问题解决之后，改革能否顺利实施，就取决于政府、民众和外部世界（国外包括境外）的互动，因此这几个方面也就成为影响改革成功与否的重要因素。

首先是政府。正如前面所言，不论采取哪种改革路径，政府在其中都发挥着关键作用。没有政府的支持和配合，改革不可能成功。没有强有力的政府，改革也难以成功。与革命相比，改革看上去要容易一些，但正如邓小平同志所言，改革是一场自我革命，彻底的改革必然包括从上到下的各个环节，涉及各个方面的利益主体。改革的内容既包括“增量改革”，也包括“存量改革”。前者比较容易进行，往往能够受到社会的普遍欢迎，很多改革一开始都是这种情况；但后者就不同了，它要对现有利益进

---

① ［美］约翰·奈斯比特、［德］多丽丝·奈斯比特：《中国大趋势》，中华工商联合出版社2009年版，第45页。

行重新分配，容易受到一些“既得利益者”的抵制，改革最大的阻力也正在这里。在这种情况下，改革能否顺利推进，就取决于政府了。政府必须推行“善政”和“善治”，政府要对改革进行科学决策、民主决策、依法决策，在公开公平公正的基础上，制定和推进各项改革措施。在改革的问题上，政府不但不能存有私利，而且首先要接受改革挑战，做改革坚定的促进派。政府作为改革的领导者，只有身体力行，才能对社会产生影响力和号召力。能否做到这一点，关键是要有一套完善的法律措施。在现代社会，法律是保障改革成功和改革成果的根本武器。

其次是民众。改革是社会发展的基本动力，而民众是改革的根本动力。改革能否取得成功根本上取决于改革者能否受到民众的支持和拥护；而能否受到民众的支持和拥护，又取决于改革者能否制定出有利于民众根本利益的政策措施，是否真正反映了民众呼声，解决了民众最关心的现实问题。民众的支持首先表现在态度上支持改革，不给改革制造麻烦和障碍；然后是在行动上支持改革，帮助改革措施变成现实；最后是在思想上支持改革，为改革出谋献策、贡献智慧。改革能否取得民众支持，还取决于政府是否营造了一个官民平等的和谐环境，即不是把民众当作改革的被动接受者。政府是改革的推动者，但绝不应该高高在上，不能对民众发号施令。因此应该虚心听取群众意见，在改革的每一个环节都应该让群众参与。只有这样，群众才会把改革当作自己的事，而不仅是政府和领导的事。

再次是环境。改革和革命最大的不同就是它是在和平的环境下进行的。从这个意义上说，和平的环境是改革的基本前提。并且这里的和平环境既包括国内的和平也包括国际的和平。无论是从历史还是现实的情况来看，成功的改革都只能发生在和平时代。和平是改革成功的最重要的外部条件。正是因为20世纪70年代末80年代初开始的国际和平环境，促成了包括发达国家和发展中国家在内的一系列改革行动。但对改革能否顺利推行，国际和平只是外部环境，国内的和平环境是基础。但是更进一步说，和平的环境并不等于稳定的环境。因为看似平静的水面下面也可能“暗流涌动”。当然稳定并不等于没有矛盾和冲突，但应该没有大的动荡和冲突。因为全面深入的改革，需要全社会的全面深入参与，因此只有政府和民间上下齐心配合才能达成改革目标的实现。

最后是社会心态。这里说的心态，既包括社会民众的心态，也包括政府的心态。对待改革，既不能急于求成，也不能无动于衷。对改革成功，既要充满期待，充满信心，也要保持宽容心态。因为改革可能意味着一场又一场的“攻坚战”，但它必然也是一场“持久战”。并且从改革是发展动力这一点来说，改革可能只有起点而没有终点。无论是“攻坚战”还是“持久战”，都包含很多的不确定性。正如邓小平所说“改革是一场大试验”，并且这场“大试验”本身又是由许许多多的“小试验”构成，因此要激励成功，也要宽容失败。改革本身也包括心态的调整，并且随着改革的进程的推进，社会的心态也会随之发生变化。改革越是进入到深层次，即所谓的“深水区”，社会心态的变化就越是激烈。这就需要建立调整和缓和社会心态的机制。除了要做好改革的宣传和发动工作，也要建立一系列心理调适辅导机构和人员，及时舒缓社会情绪。

从根本上说，改革要想获得成功，必须代表生产力发展的要求，体现大多数人的愿望和利益，从而得到广泛的拥护和有力的支持；必须把握好时机，特别要讲究改革的策略和步骤。

（四）改革促进社会发展的两面性

改革作为一种社会变革运动，是对现有社会秩序的打破，必然引起强烈的社会震动。这种震动也表现在两个方面。一方面，改革促进社会发展。前面所说的“改革是社会发展的基本动力”就是从改革对社会的促进作用来说的。改革是对一种社会制度的自我完善和发展，将给一个社会带来革命性的变化。中国的实践已经充分证明了这一点。已经带来了中国社会从宏观到微观，从经济、政治、文化到社会，从生产方式、行为方式到生活方式的全方位变化。也正是从这个意义上说，“改革是中国的第二次革命”。

但另一方面，改革也可能引发社会的不稳定，甚至造成社会动荡。任何改革都不可能是一帆风顺的。改革带来的动荡包括政府和社会两个方面。首先受冲击的是政府本身。任何改革都需要对政府做出调整，越是深入的改革，政府调整的幅度越大。包括政府机构的调整、政府官员的数量的调整，政府官员职务的调整等。这既需要政府的决心，也需要巨大勇气，甚至还要有牺牲的精神。日本明治维新初期，一位首相被暗杀。任何改革越往深处，矛头就越会指向政府。当然改革冲击最大的面是社会。因为民众和社会是主体，而社会又是由无数的细胞和“毛细血管”构成的，并且“牵一发而动全身”。稍有不慎就可能引发改革的失败。典型的例子就是苏联戈尔巴乔夫的改革，最终引发了苏联社会主义制度的失败和国家的分裂。一些国家的政府为了防止遭到社会抵制引发动荡，从而失去执政机会，不敢轻易进行改革，延缓了改革的进程。比如美国和欧洲一些国家的社会保障制度改革缓慢，使得社会负担过重，国家负债运行，最终引发金融危机和主权债务危机。

中国在改革过程中始终坚持把改革、发展和稳定结合起来，坚持“一切依靠人民群众，一切为了人民群众”，始终把政府改革和社会改革结合在一起，保证了改革持续30多年的顺利进行，创造了人类改革史上的奇迹。

二 开放是社会发展的根本动力

我们过去说改革是社会发展的动力，对外开放是改革的重要组成部分。这是对的，但有时容易忽视和低估开放特别是对内开放的作用。开放可以缩小个人、企业和地方之间的差距。开放是社会经济发展的根本动力，前面已在理论上进行了充分论述，发达国家也用事实证明了这一点。正如邓小平所言“现在的世界是开放的世界。”中国所有成就的取得也正是来自于由改革创造的对内对外开放环境。“正如中国在过去从融入世界经济中获益匪浅一样，国内市场一体化也将带来巨大的效率增加和经济增长。”①

（一）开放推动社会发展的实现机制

开放是一种状态，是一种社会存在方式，也是一个过程，在这个过程中推动着社会的不断向前发展。

首先是合作机制。开放作为社会发展动力，就是通过社会成员之间的合作竞争、优势互补达到成员之间共同发展、共同进步的目的。具体来说是通过个人之间、企业之间、地区之间、国家之间的合作与竞争，最终达到共同发展。开放是人的本性，开放也是社会进步的标志。从开放的内容上来说，又包括经济开放、政治开放、文化开放进而深入到社会全方位的

① 何帆、张斌：《寻找内外平衡的发展战略——未来10年的中国和全球经济》，上海财经大学出版社2006年版，第7页。

开放。其中经济开放是基础，在经济开放的基础上，推动政治和文化、社会等各个领域的开放。而经济开放的过程也自然会带动政治、文化、社会和人自身的开放。因此人类社会不断发展的过程，就是不断扩大开放的过程。具体来说，开放促进经济社会发展，是通过社会各生产要素之间的相互作用实现的。对内开放使得每一个社会成员能够尽情施展自己的聪明才智；对外开放为所有愿意到中国投资兴业的人提供了舞台，在实现他们自身价值的同时帮助更多的中国人实现价值。不仅如此，内部的自由化使得各个地区能够面对进口的竞争，并提供给它们出口到国际市场以及国内其他省份的机会。这些无论是对于中国总体而言还是各个省份自己来说都是一份巨大的收益，尽管这一过程可能会带来调整成本和一定的（适度的）风险。

其次是竞争机制。开放最直接的作用就是带来竞争。通过全面的对内开放和对外开放，可以带来全方位的竞争。开放首先是提供机会，把所有生产要素放到一个平台上进行竞争，实现最大的效率，这也就是生产力发展的过程。开放程度越大，各种生产要素竞争和合作的可能性就越大，就越可以带来规模效应，即降低成本、提高收益。现在我们越来越多地将“开放”和“开发”放在一起使用，同样反映了开放和改革的深层次关系。一位地方领导在讲到两者关系时说：“全面提升开发开放水平是加快经济发展的重要引擎，也是发达地区的成功经验。开放是一种思想、一种胸怀、一种眼界、一种境界，开发是一种思路、一种战略，是扩大开放的重要载体和支撑。”① 因此改革对生产力的促进作用正是通过开放来实现的。也正是从这个意义上说，开放本来是不应该有对内对外之分的。开放是全方位的，基础是经济开放，最终结果应该是社会开放。“实行对外开放就是将我国经济与国际经济全面接轨，就是使我国经济成为国际分工体系的一个组成部分，而国际分工的格局则是在国际竞争中形成的，所以，实行对外开放的真正含义实际上就是参与国际竞争，而不是获得来自国外的恩惠。可以说，对外开放和国际竞争根本就是同一枚硬币的两面。1993年11月《中共中央关于建立社会主义市场经济体制若干问题的决定》指出：‘积极参与国际竞争与国际经济合作，发挥我国经济的比较优势，发展开放型经济，使国内经济与国际经济实现互接互补。依照我国国情和国

① 见 http：//www. mxwz. com/city/view. aspx？ID＝990794&CID＝13。

际经济活动的一般准则，规范对外经济活动，正确处理对外经济关系，不断提高国际竞争能力。’”①

再次是激励机制。通过合作，可以激励更多的地方、企业和个人去发挥创造力。“计划经济的失败，不仅仅是因为资源配置上的无效率。市场经济的重要特点是分散的决策过程，而这一过程的背后是每一个人都可以充分地利用他所观察到的信息。世界上没有任何一个计划者——不管他能力多么强，不管他多么勤奋，也不管他多么廉洁——可以有效地利用经济中的全部信息。而人们之所以愿意去发现信息，利用获得的信息，是因为他可以从中得到回报，这就是市场经济背后的激励。……这里讲的信息，绝大部分并不是‘专家知识’，这是非常重要的一点。我们平常一讲到知识，往往就理解为专家知识——大学教育、博士教育，博士们、院士们的知识都是专家知识。专家知识非常重要，它是人类对规律性东西的总结。但是最重要的知识（尤其在经济活动中），是那种分散在大众中的、非专业的、非常本地化的知识，哈耶克称之为‘本地信息’。大众包括民工、家庭妇女、地方官员等等，他们的知识是关于当地、当时、变化万千的各种知识。而这种知识是创造财富的重要源泉。即使在高科技领域，也是分散在各个工程师那里，而不仅仅是几个得诺贝尔奖的人或几个院士。计划经济的失败证明了哈耶克论点的正确。就是在法国和德国这样的非常成熟的资本主义国家，由于清规戒律很多，所以那里也没有产生出硅谷来。在美国，正是在市场经济的激励机制下，涌现了无数的人才和财富。”②

通过合作，还可以激励相对落后地区赶超先进地区，也就是所谓的后发优势。对外开放除了和对内开放一样可以繁荣市场、带动市场活力，还可以引进新的生产要素，以弥补国内生产要素的不足。具体而言，可以引进资金、技术、人才、先进管理方法和管理理念。特别是可以通过优质生产要素进一步提升国内生产要素的价值，进一步繁荣国内市场。加入世界贸易组织之前，国内最担心国外产品和企业对本土竞争力较弱的产业带来的冲击，大家最为担心的是两个产业：汽车和金融。后来的结果表明，中国汽车业不仅没有因为受到冲击而被击垮，反而成为世界第一大汽车产销

---

① 白树强：《全球竞争论——经济全球化下国际竞争理论与政策研究》，中国社会科学出版社2000年版，第245—246页。

② 钱颖一：《现代经济学与中国经济改革》，中国人民大学出版社2003年版，第58页。

国。金融业也取得了飞速发展，成功经受住了最新一轮国际金融危机的冲击。“当一体化使得低工资地区能够自由进入相对富裕的市场时，一部分地区经历了工资率的快速增长。这方面最好的例证来自于欧盟。特别是爱尔兰、西班牙、葡萄牙和希腊则经历了相对缓和的增长。东欧经济体的快速增长也证明了这一点：向高工资市场出口的增加导致了投资上升，而投资上升可能导致工资上涨。在北美自由贸易协定下，墨西哥（尤其是北部地区）因服务于美国市场经历了快速的就业增长，同时，工资率也有比较适度的上升，但是墨西哥南部的严重滞后导致了区域间不平等的进一步加大。落后区域对于欧盟来说也依然是个问题。在很大程度上，这是一个次国际层面上的问题，例如英国北部和意大利南部。这个问题可分为几个层面。在国家内部，工资的弹性并不足以吸引内部的投资。地区间有限的工资差异也会阻碍人员流动的积极性，尤其是与优越的福利系统和住宅限制相结合的时候。如果存在人员流动的话，又多为具有更熟练的人，而这更进一步降低了落后地区的技术水平。在南方共同市场（阿根廷、巴西、乌拉圭、巴拉圭）内部，有人担心一体化进一步促进了已有中心地区（如阿根廷北部和圣保罗地区）的发展，而乌拉圭和巴拉圭却吸引不到投资。宏观经济的不稳定性使得这一现象难以解释，但是有一点可以指出，已发展较好的大型地区确实存在着集聚效益。而对于乌拉圭和巴拉圭来说，则有必要发展特定领域产品的出口，并在非制造业方面发挥自己的比较优势。”①

最后是协调机制。开放还是减少社会动荡和解决社会经济危机的重要途径。有开放、有交往，就必然有摩擦。而开放中的摩擦也只有通过开放才能解决。“内部壁垒和基础设施障碍有可能是造成出口活动在中国沿海地区聚集的一大要素。具体而言，对于那些出口成品、进口中间产品的部门来说，较小的壁垒、贸易成本会对本地价值增量有着非常大的影响。例如，如果产品总成本的50%是进口的中间产品，然后100%用于出口，那么相当货物价值量1%（无论相对于产出还是投入）贸易成本的增加，会使得本地价值增量减少3%（价值增加量被更高的进口成本和较低的出口收价挤轧了）。而如果一半的价值增量由可移动要素获得（例如，资本在

① 何帆、张斌：《寻找内外平衡的发展战略——未来10年的中国和全球经济》，上海财经大学出版社2006年版，第269页。

不同的地区具有同样的价格），那么固定要素（例如非技术工人）的收益就会降低6%。以上的计算过程解释了两个问题：出口活动为什么在沿海地区集中和工资水平为什么从沿海到内地呈陡峭的斜坡式分布。它还指出了巨大的乘数效应的存在，即降低内部的壁垒会使得欠发达地区参加到出口贸易中来，从而提高其工资水平。然而，尽管降低内部壁垒会使更多的省份参与向世界市场的出口，仍然会有一些省份由于天然的贸易成本过高而不能有效地参与进来。"① 一些国家的案例表明，"只有借助于民间社会，国际机构才能较好地发挥作用。也许国家没有原则，但民主国家要尊重其公民的意愿。如果公民是有原则的，他们就能够要求他们的政府遵从这些原则"② "防范危机的最好方法是推进开放社会的发展。通过创建开放社会，可以大大减少那些必须从外部进行干预的危机的发生概率。"③

（二）开放的不同类型

当然，开放的实现是一个过程，不同国家实现开放的路径和机制也不一样。总结不同国家的实践，大体可以分为三种：即内力推动型；外力推动型；内外力共同推动型。一个国家要建成开放经济和开放社会，最后都必须走向内外力的共同推动，实现两者的平衡协调。

所谓内力推动型，就是一个国家或地区内部因素促成开放道路的选择，进而实现开放的道路。内力推动型也是一种典型的主动型开放模式。一些早期走上开放道路的国家都是属于这种方式。开放在一定程度上是资产阶级革命的产物。封建制度在本质上是一种封闭的制度，而资本主义由于要获得市场和原料产地，因此从一开始就选择了开放道路。这种内力推动型又可以分为政府推动型和社会推动型两种。社会推动型往往由国内向国外，是一种比较均衡、渐进的开放；而政府推动型则往往是一种先对外开放，先城市开放，是一种典型的不均衡开放道路。资产阶级国家早期的开放主要都是社会推动型的，因此开放比较彻底。从经济到政治、社会，从国内到国外开放度都比较高。当然战后也有一些国家主动走上开放道

① 何帆、张斌：《寻找内外平衡的发展战略——未来10年的中国和全球经济》，上海财经大学出版社2006年版，第270页。

② ［美］乔治·索罗斯：《开放社会：改革全球资本主义》，商务印书馆2001年版，第8页。

③ 同上书，第9页。

路，比如拉美和东南亚一些国家。这些国家主要采取的是政府推动型方式。开放不彻底、不均衡、不全面，开放质量和开放水平不高。但社会推动型方式也会带来一些问题，比如手段强硬、国内社会分化严重、国际控制等。

所谓外力推动型，就是主要通过外部力量促使一个国家或地区走上开放道路。近代日本走上开放道路就是通过这种方式。“二战”前大多数殖民地半殖民地走上开放道路的国家都是这种开放模式。这种被动式的开放问题是显而易见的。首先，开放的主动权控制在殖民者手里，这种开放短期内似乎能得到一定的发展，但会给经济长期发展带来致命打击，造成经济结构畸形，成为宗主国的经济附庸。其次，这些国家所谓的开放主要是与宗主国之间，其他方面甚至国内都没有真正建立起开放经济，从而使得国内的经济发展水平和效率长期处于极其低下的状态。更严重的是国家的主动权丧失，甚至丧失对政治和国家主权的控制权。当然如果殖民地国家和地区能变被动为主动，逐渐掌握经济发展主动权，调整经济结构，就能获得新的发展。比如新加坡和中国香港，就是这方面成功的典范。到今天，虽然殖民体系已经瓦解，但仍有许多国家和地区深陷其中，深受其害。

所谓内外力协同推动型，就是在一国或地区内部和外部双重力量作用下实现的开放。战后特别是 20 世纪 70 年代末 80 年代初以来许多国家走上开放道路基本上都属于这种类型。简单说，就是既受到外部开放经济的影响，也源自本国经济自身发展的需要。这种开放能够较好地兼顾国内经济和外部经济的联系，根据国内经济发展的需要选择对外开放的内容和进程。战后的日本和德国都是这方面比较成功的国家。中国的开放经济也属于典型的内外力协同推动型模式，70 年代末中国党和政府正是根据国内经济现实和国际新形势，选择了改革开放或者说对内对外开放的道路。这种开放的成功取决于政府和市场、国内和国际等多方面的结合，因此对一个国家政府的要求很高。政府不仅要有很高威信，有很强的资源组织和动员能力，而且要有很强的国际协调能力，能够协调好国内和国际各方面的关系。进入 20 世纪 90 年代以后的日本就是由于政府的变故导致了开放经济出现问题。我国的开放经济中也存在一些比较严重的问题，后面有关章节将展开详细论述。

（三）开放的层次性与对社会发展的促进

包括思想的开放、实践的开放、结果的开放等。思想的开放是前提，经济的开放是基础。思想的开放也就是通称的解放思想。1978 年 12 月 13 日，邓小平同志在中央工作会议闭幕会的讲话中曾强调指出：解放思想是当前的一个重大政治问题，“只有思想解放了，我们才能正确地以马列主义、毛泽东思想为指导，解决过去遗留的问题，解决新出现的一系列问题，正确地改革同生产力迅速发展不相适应的生产关系和上层建筑，根据我国的实际情况，确定四个现代化的具体道路、方针、方法和措施。”① 经济社会的开放，前提是人的思想的开放。在 2012 年博鳌亚洲论坛年会上，凤凰卫视董事局主席、行政总裁刘长乐表示，思想的开放是创新的最重要前提。

对一个国家来说，开放经济是有层次性的。具体表现在地域之间的层次性、方式上的层次性、内容上的层次性等。能否处理好各个层次的关系是开放经济能否成功和真正带来对社会经济的促进作用的重要方面。

首先是地域的层次性。开放包括对外开放和对内开放。对内开放在经济上就是要实现商品和生产要素的完全自由流动。对一个大国来说，对内开放的复杂性并不亚于对外开放。对内开放是对外开放的基础。看上去一个国家内部的开放不会存在问题，但大多数发展中国家特别是发展中大国开放经济的问题却往往是因对内开放而起的。对内开放也包括国内特定区域内部的开放，以及特定区域和国内其他地区之间的开放。对外开放则包括双边之间的开放、多边之间的开放以及区域之间的开放等。

其次是内容的层次性，包括贸易、金融和投资的开放等。三者的关系有一定的递进性，即一般是循着从贸易开放到金融开放再到投资开放的路径发展。通过贸易的开放推动金融的开放再到投资的开放，然后再反过来由投资开放推动金融开放和贸易开放。包括中国在内的大多数发展中国家一直停留在贸易主导的阶段，大多数发达国家是处在以投资为主导的阶段。对外贸易一直是中国经济最为活跃、增长最快的部分之一。2001 年中国加入世界贸易组织以后，对外贸易的活力进一步增强。改革开放 30 年来的经验表明，外贸对拉动经济增长、扩大社会就业、推动产业升级、

① 《邓小平文选》第 2 卷，人民出版社 1994 年版，第 141 页。

促进体制机制创新等方面的作用日益突出，对国民经济发展发挥着越来越重要的作用。同时，中国对外贸易发展也使中国经济成为世界经济一部分，促进了经济全球化向有利于世界各国和地区共同繁荣的方向发展。但是如果中国一直停留在贸易阶段，就说明我们的开放层次是不高的。真正的开放经济应该是贸易、金融、投资均衡的开放。

最后是方式的层次性。包括“引进来”和“走出去”两个方面。在贸易上表现为出口和进口、在投资上表现为“引进外资”和“对外投资”。理想的开放经济应该是保持两者的基本均衡。在“引进来”和“走出去”的关系上，“引进来”是目的，“走出去”是手段。因为只有“走出去”了，才能真正知道外面世界“有什么”，才知道“引进什么”；并且只有“走出去”才能积累“引进来”的资本。但是在现实中处理好“引进来”和“走出去”的关系却不是一件容易的事。两者的关系本身很复杂，其中的关键在于实现好两者的相互转化。即通过“引进来”积蓄“走出去”的能力；而通过“走出去”满足“引进来”的需求。片面强调其中的任何一方面，都会产生很不好的影响。一些发展中国家由于过分强调“引进来”，民族企业失去了竞争力；有些发达国家或地区则由于过度强调“走出去”而导致了国内产业的空心化。

（四）影响开放的因素分析

由于开放包括对内和对外两个方面，因此影响开放的因素也要从对内和对外两个方面来进行分析。

1. 影响对内开放的因素：包括政治经济体制、市场经济、国内各项具体制度等

政治经济体制是影响对内开放的首要因素。它是一个国家政治经济等的综合架构。只有这种体制是开放的，才能谈其他方面的具体开放。当然这种体制也需要一个不断完善的过程，这也就是改革的内容。所以在这里也体现出了开放与改革的密不可分。

市场经济发展状况。就当前人类所处发展阶段而言，市场经济仍然是开放的基础。因此市场经济的发展状况决定了开放经济的状况。市场经济包括市场主体、市场体系、市场规则等。完善市场经济的过程就是建立和完善合格的市场主体，建立健全开放统一有序的市场体系，以及建立完善的市场规则的过程，这个过程也就是建立国内和发展开放经济

的过程。

国内各项具体制度。这是在一定的政治经济体制之下的各项具体制度。包括政府管理制度、企业制度、分配制度、社会保障制度等。开放经济和开放社会也是制度经济或制度社会。开放社会应该是公平、公开、公正的社会，而制度是基础。

2. 影响对外开放的因素：包括政府、企业、各种国际制度、国际国内经济环境等

政府是影响对外开放的首要因素。又包括政府的政策、政府制定的各种国内制度、政府人员的素质等。因为在今天以民族国家为单元的时代，一国的开放首先是由政府所主导的。因此政府实行开放政策是对外开放的前提。“为什么有些企业具备国际竞争优势？决定条件在于企业所处的国家能否在特定领域中创造或保持比较优势，这也就是一个国家的竞争优势。”① 20世纪80年代之前的社会主义国家都实行相对封闭的政策，有些不发达资本主义国家也是如此，发达资本主义国家基本上实行的是开放政策。“经济体制对产业国际竞争力的成长具有重要的影响，因为在不同的经济体制下，产业经济活动的决策主体、信息传递方式、动力机制、调节方式不同。”②“根据传统比较优势理论，政府在促进产业竞争力提升方面的主要作用在于维护市场的竞争性和规则性，其经济职能包括：建立市场规则和实施反垄断法；采取独立的货币政策和财政政策降低经济发展过程中的过度波动；参与建设和投资于具有外部性的产业，以及需要较大规模初始投资和需要较长建设周期的项目，例如教育、卫生、交通运输和能源等基础设施部门。”③“按照动态比较优势理论，则会得出与上述传统比较优势理论完全不同的政策建议，这一理论认为一国不应完全遵循现有的比较优势发展，而应积极主动地制定和实施适当的产业政策，有选择性地培育新的比较优势产业，尽快实现本国比较优势的高级化和主导产业的转换。”④ 其次是政府制定的各项国内制度。因为制度本身有两面性，好的制度可以降低开放中的交易成本，反之则相反。就关系到对外开放的制度而言，一是要完整和

① ［美］迈克尔·波特：《国家竞争优势》，华夏出版社2002年版，第17页。

② 林善浪：《中国核心竞争力问题报告》，中国发展出版社2005年版，第77页。

③ 胡昭玲：《经济全球化与中国产业国际竞争力提升》，中国财政经济出版社2006年版，第82页。

④ 同上书，第83页。

完善；二是要和国际接轨。最后是政府人员的素质。好的政策和制度如果没有高素质的政府人员的配合也不可能产生好的开放效果。这里的高素质包括，一是要熟悉与对外开放相关的各种事务；二是要有好的工作和服务态度。

企业是影响对外开放的基础性因素。“国家优势的核心是‘发明’和‘企业家’。”[①] 对外开放说到底是企业的开放，就是企业“走出去”或“引进来”，即国内企业让自己的产品、资金、技术等“走出去”，或者国内企业把国外的产品、资金、技术等“引进来”。因此企业自身的素质就成为关键。无论是“引进来”还是“走出去”，对企业都有很高的要求。这样的企业也就是所谓的“国际化”企业。这种企业要有能力、有素质，要熟悉各种国际国内事务。现在在国际上承担这种职能的主要是一大批跨国公司，其中很多都是经历了长期摸爬滚打的百年老企业。对发展中国家而言，对外开放最大的考验是企业。

各种国际制度是影响对外开放的外部因素。包括一系列国际政治、经济制度，它们共同构成了国际政治经济秩序。这些制度都是经历了一段比较时间逐渐形成和发展起来的，也是已经成为共识的制度。因此通过对外开放参与国际经济技术交流的国家都必须接受这些制度。当前的各种国际制度主要是“二战”结束之后在美国等西方国家主导下建立和发展起来的一系列制度。这些制度促成了“二战”结束以来世界经济的发展和繁荣，反映了一定的历史必然性。当然“二战”结束至今已近70年，各国情况和世界格局已发生了重大变化，这些制度以及以这些制度为基础形成的国际秩序已具有越来越多的不合理成分。

国际国内经济环境给对外开放带来最直接和现实的影响。“‘十二五’时期，世界经济将处于后国际金融危机时代。短期来看，全球经济、贸易、投资等将会保持较低增长水平，在原有框架背景下的复苏也将呈现缓慢、曲折的过程；中长期看，随着危机后有关各国结构、体制和政策调整的深入，全球产业分工格局、贸易格局、经济力量对比和全球治理结构等都有可能发生重大调整和变化，既会增加我国面临的外部环境的复杂性和不确定性，也蕴含着进一步发展的重要机遇。总体来讲，稳定和有利的因素是主要的，不确定、不稳定的因素是从属性的，机遇大于挑战。1. 经

① ［美］迈克尔·波特：《国家竞争优势》，华夏出版社2002年版，第117页。

济全球化和区域一体化将在新的基础上继续发展。2. 全球新一轮技术革命正处于启动期，若干重要领域正在酝酿新的突破。为应对气候变化和金融危机，发达国家大幅度增加了科技投入，抢占未来竞争的战略制高点。在新能源技术、节能减排技术、信息技术（比如传感网、物联网、智慧地球、云计算）等若干重要领域，正在酝酿新的突破。3. 应对气候变化，减少温室气体排放的压力将不断增大。随着全球减排责任体系和制度安排的逐步形成，以及相关领域技术进步的迅速发展，低碳经济有可能成为今后一个时期重要的发展趋势或发展模式。4. 国际产业分工和贸易格局将在新的背景和条件下出现较大幅度调整。新技术、新产业的发展，将会改变各国的比较优势和国家之间的竞争关系，并对全球产业分工及贸易格局产生影响。5. 全球治理结构将会出现调整和重构。"①

（五）开放的两面性

开放为个人和社会的发展提供了条件和机会，这只是一种可能性，它也是有代价和风险的。当然从社会发展角度来说，开放也同样充满了挑战，并伴随各种问题的出现。无论是对内开放还是对外开放，都是对强者更有利。强者获得了更大舞台，获得了更多发展机会，在国内是这样在国际上也是这样。这是由开放的特点所决定的：

1. 自发性

开放是社会和社会每一个个体的自发行为。这种以个体为单位的活动，源自于原始性的冲动，是以自我为中心的，因此其结果并不是以社会为目的的。但另一方面，人又是社会动物，而社会是一个集体，社会是有一定目的性的。其中首要的目的就是生存，继而是追求好的生存。源自于个体的自发行为，最终可能让人类没法进行好的生存。人类从原始社会到封建社会的发展，都是这样的轨迹。因此人类要获得很好的生活仅靠开放这种人的本性是不够的。或者说必须对开放有所限制和约束。

2. 趋利性

在完全开放的情况下，无论是个人、企业还是国家，都首先以对自己是否有利作为行动的选择标准。首先是经济上的趋利，然后政治、文化上也会有这种趋势。延伸到国际领域，同样会是这种趋势。在国内，越是开

① 国务院发展研究中心课题组：《"十二五"发展十二题》，中国发展出版社2010年版，第2页。

放的地区，对利益的追逐就越明显。人类社会对资源和市场的争夺是十分残酷的。在早期，在生存条件极其恶劣的情况下，人与人之间的残杀在各种历史书中都有非常详细的记载。马克思在《资本论》中对资本主义的残酷竞争进行了深刻而彻底的分析。19 世纪末 20 世纪初资本主义列强对殖民地的争夺，列宁在《帝国主义论》中也有详细分析。今天，一些国家都是打着全球化的开放旗号继续追逐着它们的利益。

3. 无序性

无序性是由开放的自发性决定的。包括个人选择的无序、经济社会发展的无序等。开放意味着自由，是与约束、管制相对应的。因此单纯从开放的角度来说，追求的是没有任何管制的自由。无数的个人和企业在追逐着自身的最大利益，其状况是可想而知的。这种无序的竞争带来的也是低层次的竞争。人类社会经历了很长一段这样的历史时期。当然在人类社会发展初期，在资源、市场还足够大的时候，这种无序对人们的生产生活不会带来很大的冲击。

以上这些特点决定了开放对社会有严重的负面影响：

第一，导致社会分化和国家分化。纯粹自由开放的结果必然是社会的两极分化。包括个人之间、企业之间、地区之间、国家之间的两极分化。20 世纪 90 年代被称为是全球化发展最快的时期，也是分化最严重的时期。“从 1989 年至 1998 年之间，全世界最穷的 1/5 的人口占全球收入的份额已经从 2.3% 下降到 1.4%。另一方面，最富的 1/5 人口所占的比例却上升了。在撒哈拉南部非洲，20 个国家人均收入比 20 世纪 70 年代晚期还要低。”①

第二，经济社会风险。无论是经济、政治还是文化的开放，都潜伏着巨大风险。今天更是越来越表现出全局性的社会风险。经济风险已通过一次次经济危机反映出来。从 18 世纪初以来资本主义每隔几年就发生一次经济危机。到 2008 年从美国开始的全球金融危机，给各国的开放再次敲响了警钟。一些国家政治的开放，导致了社会的失控和无序状态，已经引发人们对西方民主越来越多的反思。文化开放导致一些国家民族精神的丢失甚至民族特征的丧失。

第三，对社会安全和国家安全的冲击。“有证据表明，缺乏权威与缺

---

① ［英］安东尼·吉登斯：《失控的世界》，江西人民出版社 2001 年版，第 11 页。

乏社会凝聚力一样，都能使社会变得虚弱无力。苏联的解体表明，一个虚弱的政府也是对自由的威胁。”① 今天全球化和国际范围内开放的发展，人们的安全感在弱化。不均衡（主要表现为资产阶级和无产阶级之间）的国内开放已经造成了资本主义国家一次又一次的经济危机。进入到20世纪80年代末之后，随着金融全球化的发展，资本主义的经济危机演变成金融危机特别是全球性的金融危机。“目前世界经济中几乎以光速运转的现代金融业，使得金融资产的力量成十倍、百倍地剧增。金融全球化无疑有益于世界经济的发展；然而虚拟金融资产的过度膨胀和运行的无节制，也会给世界经济和国际金融体系带来很大的负面影响和冲击。特别是在这样一种情况下，负面影响尤显突出——指导和主导国际金融体系的西方金融理论、西方发达国家和IMF（国际货币基金组织）一股劲地推行无节制的金融自由化，要求各国、特别是发展中国家开放金融市场，而拒绝在防范金融风险、抑制过度投机等方面相应做点事。”②

为了克服或者尽量减少开放的负面影响，现代国家建立了一系列制度，特别是通过立法的方式，强制推行一系列制度。政府通过这些制度，让尽量多的人有机会和可能参与到竞争中去。对依靠自身力量难以参与进去的个人来说，政府必须给他们提供帮助。在国际上，政府则应该在遵守国际开放规则的前提下，为国内企业参与国际竞争创造条件，提供必要的支持。因此需要通过改革，不断完善和充实政府职能。这也反映了开放必须和改革相结合，开放的程度有多深，政府改革和调整的程度就需要有多深。并且随着国际国内社会经济环境的变化，通过改革的方式不断完善着这些制度。主要资本主义国家从“自由竞争资本主义”到“垄断资本主义”再到“国家垄断资本主义”的发展，一方面反映了资本主义开放内容和形式的变化；另一方面也反映了资本主义进行局部改革的历程。但是资本主义的本质决定了资本主义制度范围内的改革存在着“天然缺陷”，即无法从根本上触动大资本的利益，因此开放的负面影响不可能得到根本解决。2008年以来美国和欧洲相继发生的金融危机就充分反映了这一点。

---

① ［美］乔治·索罗斯：《开放社会：改革全球资本主义》，商务印书馆2001年版，第13页。

② 康绍邦：《金融危机后中国的政策选择》，现代出版社1999年版，第14页。

三 改革与开放推动社会发展的不同类型

以上分析表明，改革和开放在推动社会发展中的作用是密切联系在一起的。上面分析的“自上而下和自下而上相结合的改革”以及“内外力协同推进的开放”都反映了改革和开放的高度相关性。在现代开放经济和开放社会条件下，政府只有不断对自身和各项社会管理制度进行改革，才能适应开放的新变化和新要求。当然在不同国家和在同一国家的不同时期，两者结合的情况也会有所不同。概括起来，可以分为三种类型，即改革主导型、开放主导型和共同推动型。

第一，改革主导型。所谓改革主导型就是首先通过改革扫清各种影响发展的障碍，为发展创造条件。实际上就是政府通过对社会中存在各种影响发展的障碍进行清理的方式，让开放能够顺利实现。这种方式的有利方面是能够在比较短的时间内促成开放条件和开放环境的形成。这种方式实际上也是政府主导型开放，其不利的方面是容易在政府部门中形成利益集团，使得开放的利益为利益集团所控制，从而影响到开放利益的社会最大化。

第二，开放主导型。所谓开放主导型就是社会和民众主导社会发展。早期资本主义国家基本上都是采取这种方式。也是从《国富论》开始的西方经济学说一直倡导的观点。直到1929年大萧条发生后罗斯福新政和后来的凯恩斯主义的出现，提出了国家干预经济思想，要求政府完善一些经济和社会管理体制。但是即使如此，主要资本主义国家还是强调市场和社会开放的作用，特别是20世纪80年代之后所谓“新自由主义”的出现，再次全面回归到开放的主导作用之中。这种方式有利的一面是能够较好地发挥每一个个人和企业的积极性，实现个人和企业利益的最大化；不利的一面是容易导致市场和社会秩序的混乱，从而引发经济和社会危机。

第三，共同推动型。就是同时注意发挥改革和开放的作用，将改革和开放进行有机结合。这种类型能够最大限度地发挥政府和市场两方面的作用。但是不利的一面是两者结合的度不好拿捏。如果处理不好，以上两方面的问题就可能在这里交替出现。即出现所谓的“一放就乱，一收就死”的矛盾局面之中。今天中国实行的社会主义市场经济正在尝试将两者进行较好的结合，并已经取得了初步的效果。

中国在过去多年的改革开放走的是一条高度外向型的经济发展道路，外资外贸对国内经济的牵引作用十分显著。“据商务部统计资料显示，2004 年外商投资企业对中国外贸的贡献率为 57.4%。事实上，从 1981—2004 年中国进出口贸易的数据来看，加工贸易在中国整个对外贸易中占据了很大比例，而外商投资企业在我国加工贸易出口中的比重在 2004 年占到将近 80%。”① “面对外国直接投资客观上为我国带来的一些短期利益，我们必须保持清醒的认识：外资企业终究与民族企业有着本质的区别，这种区别是不会被经济全球化进程所淡化和抹杀的；相反，在经济全球化的浪潮中，我们更应该明确‘民族产业’的概念及其重要性。从国家安全出发，我们不能放弃国家对基础性的、关系国民经济命脉产业的控制权，也不能满足于仅仅充当跨国公司劳动力密集环节的附属国，放弃在高技术产业领域中进行技术超越的追求。只有培育起强大的民族产业，才能为我国国际竞争力的提升提供坚强的后盾，为我国国民经济的长期持续发展提供保障，才能使我国在经济全球化进程中掌握主动权。因此，我国要提升国家核心竞争力，关键是培育出具有强大竞争力的企业，构筑我国的产业核心竞争力。”②

---

① 张幼文：《新开放观——对外开放理论与战略再探索》，人民出版社 2007 年版，第 289 页。

② 胡昭玲：《经济全球化与中国产业国际竞争力提升》，中国财政经济出版社 2006 年版，第 44 页。

改革与开放的相互促进

改革与开放的高度关联性表现在，一方面，改革是开放的基础，开放是改革的延伸；另一方面，开放是改革的结果和重要组成部分。所以一句话，改革促开放，开放也促改革，两者表现出高度的相关性。改革与开放的相互促进在发达地区表现得尤为明显。特别是以深圳为代表的经济特区，既是改革的特区，也是开放的特区；既是对外开放的特区，也是对内开放的特区。

一　改革促进开放

开放是人类的本性，社会发展进步的标志，但是开放是一个不断向前推进的过程。马克思所说的未来社会是全面发展的社会，当然也是全面开放的社会。人类社会向前发展的过程，是不断开放的过程，也是不断遭遇到麻烦的过程。政府的出现通过建立各种制度，为开放创造条件。当然制度不是一天完善起来的，这就需要不断进行调整，也就是改革。无论是对发达国家还是发展中国家，建立和完善制度的过程本身就是一个改革的过程。开放、发展没有止境，改革也没有止境。在一定程度上，经常使用到的“改革促发展”，应该改为“改革促开放，开放促发展”。改革只是为开放、为发展创造条件。

第一，改革提出开放的内容和要求。人类社会在本质上是开放的，在现代社会的开放都是政府主导下进行的，一定程度上是政府设计出来的。开放的内容、形式、结果，政府都发挥着重要作用。越是进入现代，开放的程度在加深，对开放内容、规则、程序等的要求也更高。所以政府不断完善这些内容、规则、程序的过程，实际上也就是改革的过程。正是从这个意义上来说，是改革提出开放的内容和要求。改革向前推进的过程就是开放不断向前推进的过程。改革的进程决定开放的进程。因此也可以说改革是对社会现有秩序和规则的调整和改善，是为了进一步发展生产力。对现有秩序的调整本身就要求对构成现有社会的各个组成部分的重构和重组，而这个过程也就是开放的过程。不开放就意味着各主体依然保持原有的状态和运行方式，各主体均以自我为中心，按照原有秩序和规则运行，那就不可能发生任何改变，即不可能真正进行改革。

在今天的大多数发展中国家，绝大多数是资本主义国家，形式上看都是开放国家，但无论对内开放还是对外开放都远不能说已经很彻底。原因当然有多方面，但政府方面的因素无疑是首要的。尽管社会的本质是开放，但影响社会开放程度的各种有形因素和无形因素很多，而政府在整合这些有形因素和无形因素方面起着关键作用。政府通过不断调整和完善现有制度和各种规范来实现开放的推进。发展中国家无论是在制定这些制度还是完善制度方面都存在许多欠缺，并且常常跟不上社会开放的需要。发达国家经过长期开放实践，总体上开放程度比较高。但是同样存在不断完善的问题。一方面，发达国家长期以来形成的许多制度有的本身就存在缺陷；另一方面，即便再完善的制度，随着人、社会和时代的向前发展，也需要不断调整。而大多数发达国家政府在这方面做得很少。具体说就是普遍不愿意进行改革。即使改革，也只愿意小打小闹地进行。这次美国次贷危机和欧洲债务危机实质上都是开放中的危机，与其说是市场的危机不如说是政府的危机。不改革这一套开放体制，经济危机就不可能避免。中国自经济体制改革以来，经济体制改革每向前推进一步，开放经济和开放社会就向前推进一步，社会发展就向前推进一步。特别是自20世纪90年代以来，“深化改革，扩大开放，促进发展”已成为中国特色社会主义密不可分的三个方面。

第二，改革为开放创造条件。从改革和开放的根本关系可以看出，改革是手段，开放是结果，发展是目的。不改革就不能开放，也就不可能发展。因为如果不改革，不对现有的制度和秩序进行改变，就不可能促进开放。因此改革是基础，是前提，开放是结果。开放的程度很大程度上取决于改革的程度。也许有人会说，不用政府不就行了，也不需要改革了。这种说法也是错误的。人类社会总是以一定的制度存在的，不论是正式制度还是非正式制度。并且人类社会不断现代化的过程，就是正式制度取代非正式制度的过程，也是不断改革和开放的过程。正式制度取代非正式制度和正式制度的不断完善过程，就是改革的过程。所以改革为开放的展开和不断深入创造条件。比如，“美国和日本自二战（第二次世界大战）以来建立了富强国力，是因为它们用法律和规范，将市场力量导向正途。市场资本主义就像任何游戏一样，参与者必须清楚规则，而且切实遵守，才能发挥效用。”①

应该说影响开放的因素有很多，早期主要是由于自然因素的限制，到了近现代则主要是受到人为因素的影响。人类在古代漫长时期开放的进程很慢，主要是受到交通、通信等客观条件的限制。有的人一辈子翻不过一座山，一辈子蹚不过一条河，就是这方面的原因导致的。但越往后面自然因素就退居其次，人为因素特别是政府成为阻碍开放的主要因素。比如在奴隶社会、封建社会，奴隶主和封建地主为了自身利益，给社会流动设置了种种障碍，从而让社会完全成了封闭社会。封闭社会有利于奴隶主和封建地主对奴隶和农民的管理，有利于对利益的垄断。进入资本主义社会，资本家为了获取更广阔的市场和原料来源，举起了开放的旗帜。但是资本主义的开放同样有着巨大的局限性。首先在资产阶级国家内部，资产阶级和无产阶级的不平等地位，天然形成了他们利益上的分化。资产阶级开放本质上是资本家主导的，从经济、政治、文化到社会的各个具体方面，资本家阶级都处在绝对的控制地位。在国际上，也形成了资本主义主导的全球化开放模式。资本主义的基本矛盾决定了它在开放方面的天然局限性。一次次经济危机和金融危机的发生就充分说明了这一点。当然，与本质上封闭的奴隶社会、封建社会相比，资本主义社会在社会开放方面有了巨大进步，无论在单个资本主义国家内部还是整个国际社会，都从客观和主观两方面为促进社会开放创造了更广阔的条件，为更多的个人和国家提供了更多的参与机会。社会主义作为人类社会的一种先进社会制度，开放是其内在的本质属性，其最终目的是实现每一个人的全面发展。当然现实的社会主义在实现开放经济和开放社会方面还存在很大差距。社会主义还是一种很年轻的社会制度，在建设开放经济和开放社会方面还缺乏经验，并走过了一段比较长的弯路。加上现实中仍然以资本主义为主导的世界经济，进一步给社会主义开放经济的实现制造了许多障碍。今天，不论资本主义

① ［美］理查德·隆沃思：《全球经济自由化的危机》，生活·读书·新知三联书店2002年版，第7页。

国家还是社会主义国家，都在开放方面继续不懈探索，特别是通过对原有体制进行改革为开放创造条件方面做了许多努力。中国更是通过20世纪70年代末以来的生动实践让我们进一步认识到改革对开放的促进作用。

第三，改革为开放提供动力。我们常说的一句话是“改革开放为发展提供动力”。实际上准确的说法应该是“改革为开放提供动力，开放为发展提供动力”；或者“改革促进开放，开放促进发展”。改革是创造开放的环境，开放的环境能够激发活力和创造力。改革不仅通过完善制度促进开放，而且为改革提供直接动力。改革通过调动政府、企业和消费者的积极性，通过完善市场，使各种生产要素得到最佳配置，为开放提供动力。改革就是解放生产力，首先是解放人；其次是解放其他各种生产要素，而这些正是开放的重要动力。只有劳动者和各种生产要素解放出来了，市场开放的活力才能充分体现出来。事实表明，一种社会制度建立之后，只有通过不断改革，才能展现最大活力。不论是封建社会、资本主义社会还是后来的社会主义社会，都是如此。因此一个社会的开放程度取决于改革程度。

如果不是通过开放而实现的发展，绝对不可能是一种健康的发展。我们确实可以看到很多这种情况，表面上看是改革，也实现了发展，但没有开放。这绝对是有问题的发展。开放和发展应该是同步的。也正是从这个意义上来说，当今世界上的发展，不论是来自发达国家，还是来自发展中国家的发展，都是存在问题的。资本主义两极分化的发展，发展中国家存在严重结构失衡的发展，都是开放不够的问题。而开放不够的问题，根本上又是改革不够的问题，或者改革与开放配合不够的问题。中国在改革开放初期，邓小平同志就把解放思想放在最重要的位置上。开放最根本的是调动每一个经济主体的积极性，包括政府的积极性、企业积极性、个人的积极性，具体说就是给每一个地方、企业和个人以机会，尽可能给每一个人以发展的条件。发达市场经济国家在这方面总体上做得比发展中国家好一些。发展中国家最大的问题是不平衡。表面上看是发展不平衡，实际上是开放不平衡，是改革没有带来平衡开放。当然对发展中国家来说，平衡开放的实现需要一个循序渐进的过程。中国的渐进改革和渐进开放道路正是体现了这一点。

第四，改革为开放提供保障。实践已经越来越表明，开放经济和开放社会作为一个由无数的个人、企业、地方甚至国家组成的大集体，它有着极高的要求。经济开放如此，政治、文化、社会等领域的开放也是如此。需要每一个活动主体具备很高的素质，还要求有一套极其完善的规章制度。这一套规章制度的建立需要很高的智慧，规章制度的管理和完善同样需要智慧。其中也包括政府和社会要不断进行磨合。其主要途径就是改革。包括前一章所说的“自上而下”和“自下而上”两个方面。只有持续不断的改革，才能保证持续不断地为开放提供保障。也正是从这个意义上说，开放的过程也必须是改革的过程。所以对一个社会而言，改革必须是常态化的，必须是全民参与的，并且必须是从宏观到微观，从涉内到涉外的全方位过程，只有全方位、全民参与的改革才能保证高质量的开放。因此开放社会也必然是民主社会，它需要充分调动每一个社会成员的积极性。但是现在很多所谓的民主国家并不一定是真正意义上的民主社会，更不是真正意义上的开放社会，因为没有为每一个社会主体构筑一条真正的开放通道。今天资本主义的民主政治其实是一种典型的寡头政治，所谓的民主充其量是少数政客的民主，对大多数民众而言，只是在投票时享受了所谓的“民主”。但当选者成功当选之后和投票人就没有太多关系，投票者把自己的命运实际上寄托在了少数政客身上了。对世界而言更是如此。正如索罗斯所言：“我们生活在一个以产品和劳务的自由贸易、尤其是资本自由流动为标志的世界经济中。因此，各个国家的利率、汇率和股票价格之间有着密切的互动关系，国际金融市场的变化对每一个地方的经济状况都会产生重大影响。金融资本享有优越的地位，因为资本较其他生产要素更具流动性，而金融资本则又比其他形式的资本更具流动性。金融市场的全球化已经削弱了单个国家对资本征税和管制的能力，因为它可以轻易的转移到其他地方。”①

相比较而言，中国的人民代表大会制度尽管也存在这样或那样不完善的地方，但在保持代表和民众的联系方面比西方议会制度好得多，这些代表大多数也身处民众中间，民众可以通过各种渠道表达自己的呼声和关切。

第五，为开放的不断完善开辟道路。市场化、全球化确实在一定程度上反映了人类社会经济发展的一定规律，是人类社会开放的必然产物。但

① ［美］乔治·索罗斯：《开放社会：改革全球资本主义》，商务印书馆2001年版，第2页。

是它只是一种手段，一个过程。在纯粹的市场化和全球化中，利益或“利润”就是全部，在资本主义制度中，更是如此。如果把市场化和全球化当作目的就大错特错了。因为它们最终是来为人服务的。并且不应该是为少数人服务，相反，应该是为越来越多人服务的，所以需要国家政府和国际社会去不断完善国内市场运行的规则和国际经济运行的规则。这种规则不应该以某一部分人的利益为基础来制定，并且随着各方面条件的变化需要不断完善，也就是改革的内容。著名全球化问题专家安东尼·吉登斯说：“我们中许多人都感受到许多我们无法控制的力量的控制。我们所体验到的那种无能为力并不是个人失败的标志，而是反映出我们的制度无能为力。我们需要重构我们曾经有过的这些制度，或者建立全新的制度。”① 由美国次贷危机引发的2008年金融危机之后，人们的基本结论非常清楚，就是开放过头了。不仅这些国家的国内体制要改革，整个国际政治经济体制都需要改革。但是，曾经是联合国二号人物的马克·马洛克·布朗曾经热情地在他的书中探讨过全球治理，但是世界的现实状况让他失望而苦闷。在一本与人合著的书中，他哀叹道：“国际合作已经陷入泥潭，从气候变化到全球贸易，从防止核扩散到联合国改革，从宏观经济调整到发展基金，还有很多其他领域，总之几乎在新世纪面临的每个重大问题的初始阶段都陷入了裹足不前的境地。”②

开放的目标是建立开放社会，而现代社会都是在政府管理下的，因而开放社会建设成什么样和什么程度，都是政府不断改革完善的结果。改革对开放的促进作用，从根本上反映了生产关系和上层建筑对生产力和经济基础的能动作用。只有持续不断并且不断深入的改革才有持续不断而深入的开放。因此现在对大多数国家而言，开放的问题其实背后都是改革的问题。对发展中国家如此，对发达国家同样是这样。这就是为什么无论在20世纪90年代拉美、东南亚一些发展中国家发生金融危机之后，还是最近几年美国、欧洲的金融危机之后，最后都是一片改革的呼声。但对中国而言，改革一直就是主题。无论金融危机发生与否，中国都始终坚持走以改革促开放的道路。改革一直就是中国社会的常态性工作。在中国的改革

---

① ［英］安东尼·吉登斯：《失控的世界》，江西人民出版社2001年版，第15页。

② ［美］吉迪恩·拉赫曼：《世界30年—— 全球政治、权力和繁荣的演变》，中信出版社2012年版，第280页。

开放道路上，一直采取的就是通过改革促开放促发展的。很多人认为中国在加入世贸组织之前，是以改革为主导的。因此在改革与开放的关系上，主要是“改革促开放”。这种说法有一定道理。但这里的开放不能进行狭隘理解，即仅指对外开放。这样的话就显然低估了改革的价值，也对改革和开放的关系进行了狭隘理解。真正意义上的“改革促开放”应该是指政府通过不断完善体制达到实现社会开放进而促进发展的目的。

我国改革开放总体上遵循的是“改革促开放，开放促发展”的路径。这也是由当时的特殊背景决定的。30 年计划经济的发展已经在全社会形成了一整套完整而且顽固的自上而下的封闭半封闭的管理制度。地方、企业、个人都被这些制度严严地束缚着。因此不改革这些制度，就不可能将地方、企业、个人解放出来，就谈不上开放。正如邓小平所说，“三十几年的经验教训告诉我们，关起门来搞建设是不行的，发展不起来。关起门有两种，一种是对国外；还有一种是对国内，就是一个地区对另外一个地区，一个部门对另外一个部门。两种关门都不行。”① 在邓小平看来，改革就是通过下放权力，调动社会积极性，就是对内对外开放。“经济改革，概括一点说，就是对内搞活，对外开放。对内搞活，也是对内开放，通过开放调动全国人民的积极性。农村经济一开放，八亿农民的积极性就起来了。城市经济开放，同样要调动企业和社会各方面的积极性。”② 改革这些制度的过程就是开放的过程。国有企业作为中国计划经济的集中体现，其改革的过程也集中体现了改革开放的历程。

二　开放促进改革

开放对改革的促进作用实质上是反映了社会自身进步的一种要求和反映，也是生产力和经济基础对生产关系和上层建筑的决定作用的现实反映。这种促进作用既反映在对内开放方面，也反映在对外开放方面。对内开放反映了国内经济社会一体化的要求，对外开放则反映全球化和世界经济一体化的要求。这两方面都对社会改革提出要求。换句话说，开放对改

① 《邓小平文选》第 3 卷，人民出版社 1993 年版，第 64 页。
② 同上书，第 135 页。

革的促进作用也表现在对内开放促改革和对外开放促改革两个方面。国内在谈到加入世贸组织后的改革开放时，说得最多的一句话是“开放促改革”。这里主要针对“对外开放促改革”。这显然是不全面的。似乎只有对外开放才促改革。实际上对内开放的要求同样促进着改革的深入。在某种程度上国内改革的开展首先恰恰是起因于国内的开放需要。开放首先针对的是权利。20 世纪 70 年代末 80 年代初，无论是安徽凤阳小岗村的农民，广东深圳的渔民，还是当时一些国有企业的干部职工，都强烈地需要获得一些自由经营的权利，需要政府下放一些自主权。所以从这一个意义上来说，是开放内在需求促进了改革。当然在国际上，无论是发达国家还是发展中国家在发生金融危机后都强烈地提出了改革要求，这也是典型的“开放促改革”。开放对改革的促进作用也表现在多个方面。

首先，为改革提供动力。2013 年 3 月 17 日上午，国家主席习近平在十二届全国人大一次会议闭幕发表讲话时指出：“面对浩浩荡荡的时代潮流，面对人民群众过上更好生活的殷切期待，我们不能有丝毫自满，不能有丝毫懈怠，必须再接再厉、一往无前，继续把中国特色社会主义事业推向前进，继续为实现中华民族伟大复兴的中国梦而努力奋斗。”随后，国务院总理李克强在与中外记者见面时表示：“我们将忠诚于宪法，忠实于人民，以民之所望为施政所向。把努力实现人民对未来生活的期盼作为神圣使命，以对法律的敬畏、对人民的敬重、敢于担当、勇于作为的政府，去造福全体人民，建设强盛国家。”这正是反映了日渐开放的中国改革开放的新走向。改革是社会主义发展的动力，但是改革什么？在封闭条件下，是由政府和领导人说了算。但是在开放条件下，人民才拥有最终发言权。

根据马克思主义的基本原理，人的本质是一切社会关系的总和，社会的本质是开放而不是封闭。正是这种开放交流促进了人和社会的发展，人类正是在开放交流中不断成长和发展壮大，因此开放是人和社会发展的根本动力。正是因为有了开放，才有科技革命和产业革命的发生；也是因为开放，“二战”后加速了科技革命和产业革命开始的进程。在一个封闭社会，通过改革促进社会的开放；随着一个社会逐渐走向开放状态，开放则会成为改革的推动力。民众是社会主体，是社会发展的根本动力。这也是马克思主义的基本观点。而怎样让民众真正成为社会主体，其唯一的渠道就是开放，放手让社会和民众去选择自己的发展道路和生活方式，充分相信民众的智慧。当然开放不是一蹴而就的，对一个社会而言，开放本身就是一项浩大的工程，因此需要社会形成各方面的配套制度和政策，这就是对改革提出的要求。改革的任务就是去听取和满足民众要求，为实现民众的最大利益提供条件。一项成功的改革就是能够最好地满足民众利益诉求的改革。改革者绝不应该有自己的私利，否则改革就不是社会需要的改革，就必然发生变形。而一些不成功的改革首先就可能因为没有很好地反映社会民众要求。开放既是改革的结果，也为改革的继续制造压力。社会的开放度越高，对政府和各种管理者提出的要求就越高，改革的需求也就越强烈。因此一个社会要开放得好，就必须不断改革完善，通过改革促进开放上新台阶，而新的开放又对改革提出新的要求，形成新的压力。因此，开放—改革—开放—改革……就成为现代社会进步的轨迹。

其次，为改革提供方向。开放不仅为改革提供需求，而且提供具体的途径和方向。换句话说不仅告诉政府“必须改”，而且要告诉政府“改什么”。也就是我们通常说的“集思广益”。开放说到底就给更多人提供参与的机会，包括提供思想。有一句话叫作“众人拾柴火焰高”。改革的目的是促进社会发展，但真正对社会最了解的是基层民众，开放作为改革的结果和继续，必然会对改革提出新的要求和方向。

中国通过人民代表大会制度和中国共产党领导下的多党合作和政治协商制度为中国社会各界人士提供了充分表达愿望的机会。中国最近几年每年“两会”召开前，各级政府和广大人大代表、政协委员都通过各种渠道向社会征集意见和建议，有力地推动了改革的深入。现在中央政府和地方政府通过各种媒体征集民众意见，已成为推进改革的一条重要途径。中国最近几年农村改革、教育改革、社会保障制度改革等的快速推动，都离不开广大民众的参与。最近几年一些重要法律法规的出台，也广泛征集民众意见，使得最后出来的法律条文能更好地反映民意。《物权法》、《婚姻法》、《刑法》等都在征集民众意见过程中一波三折。这典型体现了开放对改革的促进和帮助。因为改革作为自上而下的行为，依靠的主要是少数管理者的智慧。改革越往深处推进，越进入到微观的改革，而微观的改革只有基层最了解。因此改革越往深处走，越需要发挥基层民众的力量。很多人都认为，经过几十年之后，改革已越来越难，其实这种说法存在一定问题。因为如果仅靠上层力量确实会越来越难，如果能充分调动和运用地方民众的力量，就不会有这种感觉了。说到底也说明，改革越往深处，越需要开放。把下层的积极性进行充分调动，民众积极性被充分调动之后，再反过来进一步对上层管理者提出要求，产生一种改革的倒逼机制。从而形成“自上而下”和“自下而上”的结合。

一些资本主义国家号称是最民主的国家，但是大多数百姓除了拥有几年一次的“投票”权利外，根本没有更多的机会向国家或政府提出自身的要求或愿望。接着国家事务就变成少数政府官员和议员的事。加之这些官员和议员主要代表的都是大资产阶级的利益。这些国家号称“开放社会”，实际上只是少部分利益群体内部的“开放”而已。“根据责任政治中心提供的数据，2008 年成功当选众议员所需资金是近 110 万美元，而获得一个参议院的席位需要近 650 万美元，总统竞选则耗资更大。该中心调查表明，2008 年总统选举中所有候选人花费的资金高达 130 亿美元。根据 2008 年选举后责任政治中心所进行的分析，94% 的参议员选举和 93% 的众议员选举结果在投票截止时间的 24 小时内就可分出胜负，结果就是花钱更多的候选人获胜。”① 在这种情况下，即使这些国家进行所谓的“改革”，也只能是围绕着大资产阶级的利益展开，不可能反映到广大基层民众的诉求。因此，“资本主义很容易发生危机，充满不确定性。为了生存，这一体系需要依靠政府的支持，但是该体系也必须认识到，政府决策饱受官僚冲突之苦，常常成为顽固的游说团体的牺牲品，受到政治利益而非公众利益的驱动。”②

再次，为改革营造氛围。之所以有“开放出盛世”的说法，就是因为开放能够更好地调动社会各方面积极性，更有利于调动社会的参与热情。在封闭环境下，改革只是少数人的事，可能只是少数领导的事；只有在开放的环境下，改革发展这些事关社会每一个人命运的事真正变成大家的事，才会引起更多的关注，有更多的人出谋献策。因为改革的效果必须通过开放体现出来，改革的各种思路、政策，也必须有开放的配合，才能真正变成现实。改革所调动的国内各方面的积极性，就是对内开放；改革所调动的国外有关方面的积极性，就是对外开放。开放的社会环境是最有

---

① ［美］杰里米·里夫金：《第三次工业革命——新经济模式如何改变世界》，中信出版社 2012 年版，第 134 页。

② ［英］阿纳托莱·卡列茨基：《资本主义 4.0—— 一种新经济的诞生》，中信出版社 2011 年版，第 14 页。

利于改革的。越是开放的环境，越容易发现经济和社会发展中的问题，因为这些问题都能暴露在“阳光之下”，也越能赢得社会的理解和支持。改革如果只是少数人的事，得不到社会的支持，是很难成功的。发展归根结底是国内外各种积极性被充分调动的结果，就是各种资源被充分激活，具体来说就是人力资源和财力资源、物力资源得到充分使用，为改革提供各种实际支持。所以，没有开放，就没有改革。

当然有人可能会提出不同看法，认为开放之后，意见太多不容易形成共识。其实只要是代表大多数人利益和社会长远发展方向的改革，最终是会受到大家欢迎的。即使有的人一时转不过弯来，经过耐心的解释说服工作，是会发生改观的。从另一个方面说，即使存在一些质疑甚至反对的声音也并不可怕，因为“建设性的质疑、批判甚至抵触”同样是改革的动力，可以促使改革者考虑更加周全，因而同样是会促进改革的。中国在改革初期，社会的支持度很高，因为改革正反映了社会的要求。事实的情况也是，改革越往后推进，难度越大，除了改革本身的复杂性不断增强外，改革在内容上不能很好地体现社会呼声，甚至开始离开了民众诉求，也是重要原因。也就是要真正体现出中国政府一直倡导的“想群众之所想”，“急群众之所急”。如果今天民众的支持率在下降，改革的社会氛围越来越差，改革者就要好好地反思改革本身了。通俗地说，改革是不是越来越脱离群众了。不管领导者对改革设计得多么完美，只要离开了民众，改革终将是不会成功的。

最后，为改革提供监督。改革在本质上是一种政府行为，也就容易受到政府和政府人员的左右。一个高素质的政府可能能够提出高质量的改革方案，取得高质量的改革成果；而相反就可能使改革出现转折。历史上的许多改革案例都印证了这一点。所有成功的改革都有一个共同点，就是有一位英明的改革者。一旦这位英明的改革者离开，改革也就意味着结束了。今天很多国家的改革还在重复着这样的历史。其实，即使再英明的政府和领导人，其智慧、能力和精力也是有限的。因此把改革寄托在少数人身上是靠不住的，并且是很危险的。中国 30 多年的改革之所以能够坚持不断，除了每一届的领导人都是改革者外，就是充分发挥了广大人民群众的作用。邓小平曾经明确说过，改革开放的最大发明者是广大人民群众。江泽民同志提出“三个代表”重要思想，就是为了最大限度地团结最广大人民群众，充分发挥最广大人民群众的智慧。胡锦涛同志在担任党的总书记后也反复强调人民群众在改革开放中的重要作用，改革开放是为了人民群众，改革开放也必须依靠人民群众。这也正是科学发展观的核心和实质之所在。

以上说到的开放，既包括对外开放，也包括对内开放。两者都在以上几个方面促进改革。当然两者在促进改革的方式、手段、力度、广度、持久度等方面都是不一样的。总体而言，由于国内民众是主体，因而对内开放是促进改革的根本动力。但是由于国内民众和政府的特殊关系，又容易使其作用受到一定程度的抑制。而相反，在对外开放中，一些外国政府、企业和个人比国内社会更容易发现其中的一些根本性问题，特别是在与国外类似状况相比较的过程中容易发现并指出国内存在的问题，并给国内政府施加压力，所以有时对促进改革的作用反而显得更重要。中国加入世贸组织后，这种情况表现得更为明显。说到底，作为改革主要推动者的政府，要充分听取社会民众意见。因为毕竟“对外开放促改革”代表的更多的是国外的利益，是外方在国内争取利益。比如关于“国民待遇”问题。实际上国内很多企业和机构并没有享受到国民待遇。在这种情况下，就必然出现利益外流的情况。因此，与其由国外势力来促我们的改革，还不如充分发挥国内开放的优势来促进我们的改革。

我国改革开放的排头兵广东快速发展的实践最好诠释了开放对改革的促进作用。广东由于地处祖国最南端，远离计划经济的中心——北京。加上其历史上就有一定的市场化和开放的基础，因此与内地以改革为先导不同，开放在这里发挥了重要的先导作用。“广东在改革开放当中，首先把开放作为先导。在上世纪 80 年代，广东有两个最重要的贡献：一是价格放开，按照市场供求关系来实现价格波动；另一个是引进港资，三来一补，使投资主体多元化，带来了我们所有制的结构变化，市场结构两个最主要的基石就奠定了，没有开放的先导，很难有这样的改革。在改革开放当中，广东有四条基本经验：一是开放作为先导推动改革发展和经济发展。二是以开放作为一种前提，为改革和经济的发展提供了一个良好的环境。三是广东在经济发展的整个过程当中，利用市场手段来调控经济，以政府的宏观调控，对经济进行引导，做得比较好。四是今后广东仍要以开放为主导，走国际化的道路，如果广东不走开放和经济全球化道路，要全面协调可持续发展就很难，因为广东经济外向度达 85%，资源特别缺乏的时候，不走开放这条路，不行。”① 开放的推行使得改革必须紧紧跟上。因此广东在开放的过程中在实现从传统计划经济向社会主义市场经济的改革中也先行了一步。“率先探索价格改革，建立市场经济调节机制；探索分配制度改革，建立社会主义市场经济的分配制度，让一部分人先富起来；探索企业和产权制度，构建社会主义市场经济的微观基础。正是这些经济体制改革和创新空前调动了广东人民的积极性，解放了生产力，导致广东经济的持续高速发展。”②

中国加入世贸的过程，就是加速扩大对内对外开放的过程，并且通过开放的扩大，推动了国内改革的深入进行，因此可以说是“开放促改革”。

三 改革与开放的相互促进

通过以上的分析研究，我们可以更深刻地领会到邓小平同志为什么把“改革”和“开放”始终放在一起使用了。因为它们本身就是密切联系在一起的，需要相互支持、相互配合，最终达到相互促进的目的。改革对开放的促进作用和开放对改革的促进作用是密切联系在一起的。

第一，在理论上，改革与开放正是反映了生产力和生产关系、经济基础和上层建筑的相互联系、相互作用，两者本身就是不断发展变化的，都要随着生产力和各种社会条件的变化而进行变化，因而两者本身就是一个问题的两个不同方面。其最终目的都是促进社会生产力的发展和民生的改善。改革与开放都是社会发展的动力，它们本质上不是两种动力，而是一种动力。因为开放是改革的一部分。也可以从另一个角度说，改革也是开放的一部分，是开放的内在要求。开放是社会存在的正常状态，开放也是一个不断发展和深入的过程，这就需要通过改革来实现。正如前面的分析所说，改革必须开放，开放也必须改革。因此，离开了改革对开放的促进作用，就没有开放对改革的促进作用；同样，离开了开放对改革的促进作用，也不可能有改革对开放的促进作用。

但是事实上，对改革和开放关系的认识确实存在误区。最大的误区就

---

① 刘延英等：《改革开放是广东的魂》，《南方》2008 年 1 月 2 日。

② 同上。

是把改革主要定位为对内，把开放主要定位为对外。如果认为对内的问题主要是改革的问题，对外的问题主要是开放的问题。一个直接的后果就是出现对内对外管理方式上的重大差别。对内主要用权力进行管理，对外主要用市场管理；就是对内收权，对外放权。形成一种国内自上而下的管理和国外自下而上的管理。其直接的结果就是利益被权力部门和国外力量控制。我国改革开放过程中所谓的"国强民弱"、"外强内弱"实际上就反映了这种问题。这种问题也反映在政治、文化的改革开放关系处理上。现实中普遍存在本末倒置的情况，把改革置于开放之上，必然会影响到改革的效果。改革首先应该是促进开放，然后规范开放。

第二，在实践上，两者也只有相互配合、共同作用，才能取得效果。两者应该是一套机制，而不是两套机制。无论是历史上还是近现代以来，也无论是什么社会制度的国家，凡是成功的改革都必然伴随着开放；而成功的开放也都必然伴随着政府管理制度的完善。从社会发展的角度来说，改革与开放都是人类的实践活动。它们始终也是联系在一起的。实践已经证明，在现代社会，只改革而不开放，那不是真正意义上的改革，也不可能达到改革的目的，充其量只是改革者的一种游戏，不可能对社会和民众产生有多少实质意义的影响；同样地，只有开放而没有改革，这种开放迟早会出问题。因为没有管理的开放，就是放任，放任是不可能持续的。因此，两者统一得好，社会经济就发展得好，社会也会比较稳定，人民也安居乐业。改革开放统一得好，经济、政治、文化、社会等各项事业也就能发展得比较好。两者的统一也说明一个国家的改革和开放是没有止境的。总体而言，发达国家比发展中国家两者的统一要做得更好。

当然，两者的统一又是具体的、历史的。

首先，在发达国家和发展中国家，两者的关系就完全不同。

发达国家经过长期的建设，各项制度已经比较完善，已经具备了比较好的开放条件，因此其重心往往在开放，不仅国内全方位开放，而且希望国外也全方位开放。但是正如前面所说，开放每向前发展，都会对改革提出要求。而实际上许多国家并未充分注意这一点，从而使得在开放中出现许多问题，其一次又一次周期性发生的金融危机也在一定程度上反映了这一点。随着发达国家推动的国际化和全球化的深入发展，对国际事务的改革和国际各项制度建设提出新要求。而现实的情况是无论发达国家内部还是国际政治经济体制改革都十分缓慢，各种问题和危机的爆发也就可想而知了。所以今天所有发达资本主义国家都很清楚，其必须进行深入改革。但是一方面是现在根本不知从何处改起。因为它们向来认为自己的制度是最完善的，不可能有大的问题。而金融危机的发生，它们已经不能自欺欺人了，但却不知道该从何处改起。另一方面，受制度的局限性，即使发现了问题，在怎么解决问题上也难以达成共识。不用说长期的改革，就是金融危机发生后进行短期“救市”，不同利益群体之间都争执不下，因此其改革根本不可能深入，也就不可能真正建成让人人受益的开放经济和开放社会。总体而言，因为发达国家本身就是开放社会①，因此在改革与开放两者关系上，开放处于更为主动的地位，是典型的“开放促改革”。

而在发展中国家，由于政治经济文化发展比较落后，相对应的是开放水平不高。无论是对外开放还是对内开放水平都很低。而影响开放的主要是体制。发展中国家普遍缺乏完善的体制。但是受发达国家的影响，加上国内社会各方面的压力，又常常出现匆忙进行开放的情况。不仅开放一般贸易，而且开放资本市场，结果表面上获得一定收益，特别是短期内往往能获得一定利益，但是长期内往往得不偿失，并且使国内社会出现扭曲。许多发展中国家由于过早过度开放导致经济危机或金融危机，然后陷入“中等收入陷阱”。因此建立完善的政治经济体制的任务更为繁重，而这就需要通过改革来实现，是典型的“改革促开放”。而现实的情况是，相当多的发展中国家在各项体制尚不完善的情况下匆忙实行对外开放政策，最后酿成灾难。20 世纪 90 年代发生在拉美和东南亚国家的金融危机，都充分印证了这一点。

“新自由主义的特点之一是全盘否定国家干预和无限夸大自由市场的功能，被称为‘市场原教旨主义’。这种观点同样对拉美产生误导。一些拉美国家曾一度以‘自由化’、‘私有化’和非调控化进行得快速、彻底而出名，受到西方舆论赞誉。而这些国家后来都发生了严重问题，使许多人认为在所谓市场化改革中受到欺骗。美国学者斯蒂格利茨认为，拉美国家第一代改革之所以失败，是因为‘这场改革是以如何使市场经济发挥功能的错误观念和对政府功能的错误分析为基础的’。美洲开发银行行长

① 本书中所说的“开放社会”不等同于一些西方学者如卡尔·波普尔在《开放社会及其敌人》中所表明的含义，他们主要从生产关系和上层建筑角度解释，而这里主要从生产力角度进行定义的。

伊格莱西亚斯也指出：‘市场经济本身变成了目的！为了实现这个目的什么都可以牺牲。’”[①] 这种思想实际上就是以开放为目的代替改革。最后结果是市场开放了，但改革的目的并没有达到，或者改革的成果被少数人窃取了。“在东南亚金融危机发生之后，1997 年 9 月 27 日，在世界银行和国际货币基金组织年会上，针对马来西亚总理马哈蒂尔对他的指责，索罗斯说：‘马哈蒂尔先生昨天建议禁止货币交易是不合适的，这不值得认真考虑，干预资本的瞬间转换将带来灾难。’‘金融市场的不稳定性可能导致严重的经济、社会混乱。他提出的问题是如何才能保护金融体系的稳定。’他认为，之所以投机商能够得逞是因为各国的金融体制有毛病。他不来投机，别人也会来投机的。索罗斯嘲笑人们过度相信自由放任，在不具有抗击外部力量的条件下开放金融市场短期资本市场的步伐太快、过急，缺乏管理和控制的手段。”[②]

其次，在一个国家发展的不同阶段，两者作用的形式不同。改革与开放要伴随一个国家发展的全过程和各个阶段。在经济起步阶段和低水平阶段，往往是一些旧的制度、管理方式和具体的生产生活方式阻碍着经济社会的开放，社会的对内对外开放度都低，需要政府创造各种更为有利的条件，因此改革旧制度的任务十分繁重。几乎所有国家在一个新的社会制度建立之后，都需要经历一个“改革的过程”，近代的俄国、日本是这方面的典型；通过改革，一些制度开始建立起来之后，开放社会的基本要素建立起来了，“开放”开始逐渐实质性发挥作用，并且逐渐地实现“改革”与“开放”相互配合、相互作用，促成社会的发展；等到各项制度越来越完善，或者说支持“开放”的相应制度基本建立起来以后，“开放”将发挥主导作用。随着社会开放度的提高，会形成“倒逼机制”，对政府改革提出新要求，当然改革仍需要继续进行。因而开放度越高的地区，对改革的要求越强烈，也越有利于制度的完善。这三个阶段的改革与开放的关系可以分别概括为“改革促开放”、“改革与开放相互促进”以及“开放促改革”。大多数发展中国家仍然处在第一阶段。中国经过 30 多年的改革，应该已初步进入第二阶段。发达国家基本上是处在第三阶段。

---

① 苏振兴：《改革与发展失调——对拉美国家经济改革的整体评估》，《中国党政干部论坛》2004 年第 3 期。

② 康绍邦：《金融危机后中国的政策选择》，现代出版社 1999 年版，第 174 页。

最后，在一个国家发展的不同地区，两者作用的形式也不同。这里主要是针对发展中的大国而言的。如果是小国，地区之间的差距本身就不会很大，例如新加坡和我国的香港地区，只需分阶段安排改革和开放就行了。对于一个发展中大国来说，情况就要复杂得多。一个大国的发达地区和落后地区的改革与开放的关系，和前面讨论的发达国家与发展中国家的情况十分相似。所不同的是，它可以通过中央政府和地方政府的共同努力，因此又不能简单等同于发达国家和发展中国家的关系。地区之间的差距既可以通过相互之间的开放来缩小，也可以通过中央政府推出一系列强有力的改革举措来达到。但是不论采取何种方式，都不可能一步到位。传统西方经济理论往往实行的是一步到位的方式，认为只要通过市场方式进行放开，差距就会自然消失，事实证明这是错误的。许多国家长期处在“二元经济”的分隔之中，出现地区之间、城乡之间的两极分化。我国通过“先试点、后推广”的渐进方式，正在逐步缩小城乡之间、地区之间的差距。

改革与开放的相互冲击

改革与开放尽管目的和主要内容一致，但它们之间也并不意味着没有任何冲突和矛盾。这本身也体现了马克思主义的矛盾理论。改革与开放的相互促进也正是在相互冲突中实现的。既相互冲突，又相互促进，这就是改革开放关系的现实体现。如果说在改革开放初期，改革与开放的冲突还表现得不是那么明显的话；随着改革开放进入到攻坚阶段，两者的冲突越来越激烈，这也使得继续推进改革开放的难度越来越大。

一　改革与开放相互冲击的具体表现

（一）改革对开放的冲击

开放是社会的一种秩序和状态，改革是对现有秩序和状态的打破和调整，引进或建立一种新的开放秩序。因此从这个意义上来说，改革本身就是对开放的冲击。改革的步伐越快，对开放的冲击就越大。当然改革对开放造成的冲击包括正向冲击和逆向冲击。改革并不必然促进开放。如果改革的内容、措施、方法不得当，也可能阻碍开放。改革会对开放的内容、形式、过程等方面带来冲击。因为改革总体上是一种自上而下的行为，是政府主导的行为。因此，从这个意义上说，这种冲击就变成一种政府对社会的冲击，具体表现为改革对国内外社会的冲击。改革对国内开放的冲击，也可以称为改革的对内冲击；改革对外部开放的冲击，也可以称为改革的对外冲击。

1. 改革的对内冲击

不管从哪个角度理解，社会本身都可以看成是一个开放系统，因为任何社会都有一个自己的结构，一种独特的开放结构。这种结构包括经济、政治、文化、社会等各个领域。开放是社会的存在状态，也是社会的本质体现。只是在人类发展的不同阶段，社会开放的广度和深度不同。社会越往前发展，其开放的广度和深度越大。由于自然条件和社会条件的变化，特别是现代互联网通信系统的发展，今天的主要资本主义国家和社会主义国家都已经是全方位开放的社会。这也是不以任何个人的意志为转移的客观事实。而改革就意味着对这种开放结构的调整甚至打破。越是改革改到深处，对这些内容的冲击就越大。在经济改革过程中，打破和重建的主要是经济结构；而如果深入到政治、文化、社会领域的改革，其冲击力就会越来越强大。改革就意味着重建、重组，重建一系列制度，重组一系列主体和结构，包括经济结构、行政管理结构、社会结构等，实际就是重建秩序。因此从这个意义上说，改革就是两种开放结构和开放秩序的碰撞。就我国而言，改革开放一开始，就进行了行政机构的重组，从国务院部委的调整到乡镇的重建，党的十五大又全面拉开了所有制重组的序幕。各国实践表明，旧开放结构存在天然的保守性和顽固性，并且有很强的惯性，从而必然影响新秩序的建立。改革主要是对国内经济社会原有结构内部而言，开放则主要是对原有结构外部而言，特别是对国外经济社会而言。作为主要服务于国内经济社会发展的改革，对开放造成冲击是必然的。从社会角度来说，政治经济文化内在结构本身就是一种开放的结构，尽管其开放结构有自身特点，但不一定符合其他社会主体包括政府部门的要求。

（1）对开放主体的冲击

首先，对民众的冲击。改革对开放的冲击首先是对开放主体的冲击。而民众又是主体中的主体。改革是对现有社会的改变和调整，因此首先冲击的是社会上的每一个人和单位（包括各种企事业单位）。“随着经济体制改革的深化，我国出现了经济组织多样化的深刻社会变革，计划经济的‘单位人’日渐转变为市场经济的‘社会人’。”① 就是这种现实的体现。改革就是改变现有开放状态，对长期生活在一种既有生活状态的个人和单位来说，改革意味着形成一种新的开放状态，其必然有一个调适、接受和逐渐习惯的过程。改革实际上意味着开放主体的思维方式、行为方式、生活方式发生改变。这种冲击还会随着改革的不断推进而不断深入。在改革初期，这种冲击比较小，并且由于带来的冲击往往是正向的，社会主体往

① 中国（海南）改革发展研究院：《未来10年的中国：中国如何跨越中等收入陷阱》，中国经济出版社2012年版，第57页。

往能够较好地配合；但随着改革的深入，对原有开放结构的影响越来越深，并且这种冲击也不再简单地表现为正向冲击。虽然对整个社会来说，这种冲击更多的是正面的，但对个体而言，则意味着一种全新的改变，特别是对原有结构下的受益者而言，这种冲击就更大了。我国虽然已经经历了 30 多年的改革，人民生活发生了巨大变化，但是在某种程度上改革的冲击远未结束。今天大量存在于社会和民众中的所谓“郁闷”、“困惑”等都是这方面的反映。而随着改革的进一步深入，这种冲击也将不断继续。这实际上反映了存在于民众中的一种心理，即改革就是要变得越来越好，并且是在自己没有任何代价情况下的越来越好。而这显然是不符合常识的。这里对开放主体的冲击既包括对国内的冲击也包括对国外的冲击。但是两种冲击在内容和形式上都是不一样的。对国内而言，是改变的冲击；而对国外而言，则是一种不确定性的冲击。

其次，对企业的冲击。企业是社会经济的基础，是社会生产的直接承担者，是连接生产和消费的桥梁。一个社会的经济结构，基本部分就是“政府 + 企业 + 消费者”，这也就是一个初始的开放结构。就拿中国计划经济时期的对内对外经济来说，虽然我们按市场经济的标准来判断的话，它肯定不符合开放的标准。但是从计划经济本身来说，它也有其内在的开放性。比如，在国内，尽管企业之间、地区之间似乎它是封闭的，但它采取的是一种纵向开放的方式，政府之间是开放的，特别是下级政府对上级政府是开放的。如今按照市场经济的开放要求，纵向开放将要转向横向开放，政府之间就不适应了。随着改革的推进，重心越来越向市场转移，传统企业必须适应这一点。“如果比较优势不足以解释产业强国的大多数产业现象，那么运用政策来影响比较优势只会使得产业发展更无效率。”① 过去那种通过政府办企业支持产业发展的做法必须做出改变。我国在过去 30 多年的改革过程中，一直以国有企业的改革作为中心环节。到今天国企改革取得了巨大成就，但是中间也经历了巨大的困难。在这个过程中，大量国有企业改制甚至破产倒闭，并且这个任务仍在进行之中。特别是随着大量私营企业、外资企业的发展，国有企业的压力更大。但是，“国际经验同时也表明，随着一个国家走向富足，计划和市场之间的天平会逐步倾向于市场。市场机遇和企业原动力将推动结构的变革，促进经济的增

① ［美］迈克尔·波特：《国家竞争优势》，华夏出版社 2002 年版，第 15 页。

长，而这种增长模式需要创建大量的企业来支持。”[①]我国从20世纪90年代以来通过大力发展高新技术企业促进产业和整个国民经济升级也已经证明了这一点。

最后，对政府的冲击。改革就是开放，或者说是放开。对政府来说，第一含义就是放权。因此应该说改革受到最直接冲击的正是政府。从现实情况看，尽管改革开放已经30多年了，社会经济的开放度已经很大了，特别是对外开放度甚至已经可以和一些发达国家相提并论了，但是政府的开放还远远不够。无论是政府机构本身还是政府官员都还是相对封闭的。政府作为开放经济和开放社会的一部分，既是改革的推动者，也同样是改革的对象之一。从这个意义上来说，改革对政府的冲击力更大。改革能否彻底，能否真正建立一种新的经济秩序和经济环境，关键都在政府。改革对政府造成的冲击主要包括两个方面：一是对政府机构的冲击；二是对政府人员的冲击。对政府机构的冲击可能意味着机构本身的调整，机构职能的调整，机构工作方式的调整等。比如，计划经济时期对外开放主要是以政府间开放为主要内容的开放形式，主要国际经济活动都通过政府来进行协调。而市场经济要求的国际经济交流，则主要是企业之间的横向交流，政府显然就一下子适应不过来了。实际上，尽管中国转向发展市场经济已经20年了，但是这一冲击仍严重存在。我国的开放无论在国内经济活动还是国际经济活动中，政府主导的色彩都还很浓。如果一些政府官员仍然带着计划经济甚至封建时代官员的思维，现代开放经济怎么能建立得起来呢？因此说“改革也是一场革命”，主要就是针对政府而言的。“国际经验表明，来自公民、企业和社会组织及时的反馈信息将有助于政府发现问题并加以解决，从而提高政府的服务和运营水平”。[②]

改革对政府的冲击从根本上还是要反映在对政府人员的冲击。改革的目标是开放，因此首先是政府自身必须开放。政府官员和各类管理人员首先要有开放的心态、开放的精神和开放的思想，才能真正建立开放型政府，制定出开放型政策，发展开放型经济，建设开放型社会。我国提出了建设和谐社会目标，和谐社会必须是开放型社会。而这显然与我国现有的

---

① 张玉台：《中国发展高层论坛2011——经济发展方式转变中的中国》，人民出版社2012年版，第37页。

② 同上书，第38页。

政府机构和政府官员存在比较大的差距。在我国传统思想中，政府和社会是上下级关系；在传统计划经济体制下，政府和社会是管理者和被管理者之间的关系。总之，它们都不是一种平等关系。我国社会主义制度的建立，虽然从根本上废除了人与人之间的不平等关系，但是中国社会长期以来形成的官民关系并不是在短时期内能够改变的。然而没有开放的官民关系就不可能真正建立开放的经济和开放的社会。今天，政府不但不能像过去那样随意对企业和社会成员发号施令，而且还需要放下身段，虚心听取企业和社会成员的诉求，为企业和社会成员提供服务。

改革对国内主体的冲击。这是主要的改革冲击。改革作为对一种旧的体制或方式的打破，必然会对社会造成巨大冲击。改革的成功源于社会的支持，而社会对改革的支持又很大程度上源于社会对改革的良好期待。但实际上任何事物都是两面的，更何况对改革这样一种改变现有社会秩序的重大社会变革而言。但是民众的个人性、自我性往往只愿意接受改革的正效应，而难以接受改革的负冲击，哪怕只有一点点。这就是为什么不论什么样的改革总会在社会上听到反对的声音的缘故，因为民众和政府站的位置不同，思考问题的角度不同，对改革的判断当然也会不同。民众欢迎十全十美的改革，而现实本来就不可能十全十美。改革家必然是战略家，既要考虑现实，也要考虑未来；而民众是现实主义者，主要考虑现实。改革者不可能不考虑现实，但也不可能只考虑现实。两者之间发生冲突也就是必然的了。这是对改革者的考验。因此也是从这个角度来说，尽管改革在今天还有一些阻力，但绝不是全局性的，只是局部而已。一些认为国内关于改革的共识正在被打破的观点，或需要重建改革共识的观点，是不全面的。现在一些对改革提出异议的主体，并不能简单地认为是改革的弱势群体，而相反，有些可能恰恰是改革的受益者，是既得利益者。真正的弱势群体需要深化改革，而有些既得利益者可能才希望改革到此为止。

为了减缓改革对开放主体特别是个人和企业的冲击，在设计改革内容时，就要考虑得更加周全一些。特别是要做好新旧制度和秩序的衔接，最好有一个过渡。同时可以考虑提供一些改革的选择方案，哪怕不同方案之间的差别不是很大，但对民众心理来说会有很大的缓适作用。正如下面内容所反映的那样，改革对开放的冲击会表现在很多方面，但是对人的冲击具有根本性。因此在改革过程中，做好人的工作，不论本国民众还是境外或国外民众的工作，都具有根本性。

（2）对开放形式的冲击

内容和形式总是相互联系的。内容要通过形式来体现，改革对开放的冲击也同样如此。这种冲击首先是对经济组织形式的冲击。企业、政府包括社会都以一定的形式存在，这种原始形式也就是一种开放形式。因为社会在本质上是开放的。因此所有社会存在的形式都是一种开放的形式，只是开放的程度不同而已。这种形式也就是通常所说的社会结构和各种制度。所以经常制度和结构放在一起使用，统称制度结构。改革在本质上就是要改变现有的制度结构，改革遭致的阻力很大程度上也是来自于现有制度结构的阻力。这里的制度结构又包括根本制度和各种具体制度。当然，改革对根本制度和具体制度的冲击是不一样的。

一般而言，改革并不是对根本制度的变革，因而不会造成对根本制度的冲击。如果说这种冲击也存在，它更多的是一种正面冲击，因为它是对现有制度的完善和发展。当然社会对制度完善的认识和理解也存在差异。即使是正面积极的冲击，也会有不同的解释。比如我国30多年改革带来的社会变化，有人就认为它改变了社会主义的性质因而难以接受，从而出现阻碍改革的情况。

改革主要是针对各项具体制度而言的。从这个意义上说，改革就是对现有制度的冲击，就是要改变现有社会的各项具体制度结构，它会关系到每一个具体单位和个人的利益，因此对社会的影响更直接，其遭致阻力也就必然的了。正是在这个层面上，改革可能遭致从政府到单位到个人的全面阻力。

（3）对开放过程的冲击

改革对开放内容和开放形式的冲击，具体要反映在开放过程之中。从这个角度来说，改革对开放过程的冲击，是现实而具体的冲击。改革对开放的冲击，从根本上反映出政府管理调整对社会的冲击。它的启示是，改革要考虑社会效果，要考虑社会承受力，并随时根据社会现实调整改革思路和改革对策。从另一方面说，改革对开放的冲击包括思想冲击、制度冲击等。其从本质上说是改革对现有社会秩序的冲击，也是对现有利益分配格局的冲击，其阻力也主要来自于既得利益者。也正因为如此，社会上在改革不断推进的过程中总会出现一些“反改革”的声音。

正是因为改革对开放会带来以上种种冲击，所以，政府在选择改革内容、改革形式、改革方式方法、改革步骤、改革手段等的时候，都要充分考虑社会的承受力和接受程度，以尽量减少改革阻力，更好地达成社会对改革的共识。

2. 改革的对外冲击

改革对外国或涉外主体的冲击，始终是存在的。中国改革一开始就伴随着对外开放。因此也可以说从改革一开始，对外部主体的冲击也就同时开始了。对外冲击的对象包括国外或境外的个人、企业和政府。由于改革的对外冲击主要是经济冲击，而经济冲击首当其冲的是企业。改革对外部主体的冲击经历了几个阶段。

第一阶段，是外部主体的不确定或彷徨阶段。这种冲击主要是观念的冲击。说到底就是在对中国的认识上要接受变化。所以从这个意义上说中国改革行动本身就是对世界的一种冲击。因为中国改革不是一步到位的，并且在内容和措施上也是不断完善的。因此外商从一开始就存在一种不确定或彷徨心态。这也反映了在中国改革初期，外商普遍存在一种观望心态，一直等到他们认为有比较确定性的东西出来的时候，才试着进入中国，并且开始也是小心翼翼。这是对中国改革认识上的一种反映。一直到今天，每当中国有重大改革措施出台的时候，总会在外商中掀起一定的波澜。不过总体而言，这种冲击在减小，因为今天外商对中国改革的顾虑越来越少了。用一些人经常喜欢说的话就是，中国的改革已不可能再走回头路了。大的方向一定，人心就定了。

第二阶段，是外商在国内争取利益的阶段。中国改革从根本上是服务于中国经济发展的。对外商来说，始终存在一个和中国企业争夺利益的问题。因此中国每推出一项改革措施，都可能对外商造成一定冲击。外商纷纷进入中国市场的时候，对他们来说是一种矛盾的心态，对中国市场既充满了好奇，又充满了担忧。因为中国市场毕竟是一个比较特殊的市场，对外商的经营理念、经营方式等都可能带来巨大挑战和冲击。实践证明很多企业经受住了这种冲击，融入了中国改革大潮之中，但也有很多企业未能经受住冲击。由于对中国国内的情况存在诸多不熟悉，很多外商进入中国后并不能获得很好的收益。这里面有产品本身的问题，有经营管理的问题，也可能有文化等方面的问题。

但是也有一种情况，就是一些外商本身就不是希望通过与中国企业正常竞争来获取高额收益。他们或者希望借助政府的优惠政策，或者就是想单纯凭借他们外商的身份试图获得高额收益。因此出现了一些内资变身外资来套取收益的情况。所以随着中国改革的推进，不光国内民众、企业、政府要转变观念、调整心态，外资同样有这方面的问题，因为“在中国无论投资什么都能赚钱”的时代早就过去了。外商只有和国内企业一样拿出最好的产品、提供最好的服务，才能真正赢得消费者，从而赢得中国市场。

第三阶段，是中国国内主体和外国主体在国际上争夺利益的阶段。中国改革的过程，也是中国企业不断发展壮大的过程。中国改革的方向是开放，不仅国内开放，而且全面参与和推动世界开放。随着中国改革的深入，中国开放的步伐也快速推进。不仅大量“引进来”，而且鼓励企业全面“走出去”，参与世界竞争。这种竞争和争夺是全方位的。今天中国国内企业与国外企业已经在世界范围内展开争夺。2011 年 2 月，华为收购 3Leaf 的举措被美国外商投资委员会否决。2011 年 6 月 22 日，加拿大能源公司表示，其和中石油旗下子公司中国石油天然气股份有限公司合作开发页岩气（非常规天然气）的谈判宣告破裂，两家公司已放弃在加拿大西部开发一项大型页岩气的计划。中国企业在非洲更是被西方不断冠以“新殖民主义”。

其实改革无论是对国内主体还是对国外或境外主体的冲击，都在随着时间的推移而发生着很大变化。这种冲击在刚开始的时候特别突出，随着时间的推移，当大家对中国改革的政策方向比较明确了之后，冲击就减小了。并且这种冲击一开始主要表现在思想观念方面。换句话说，一旦大家在思想观念方面接受了之后，接下来问题就不会那么明显了。中国的改革已经历 30 多年了，大的方向已经非常清楚，也正从这个意义上说，对无论国内民众还是国外或境外民众的冲击都不是那么重要了。

改革就是开放，包括对内开放和对外开放。对外开放是改革的重要组成部分，在这个过程中，既给中国经济发展提供了新的动力和活力，同时也给世界提供了机会。中国经济对世界的贡献率连年递增，特别是 2008 年金融危机及之后的一段时间，中国的贡献率超过了美国。也正是从这个方面说，中国的改革受到了世界的欢迎。但是，随着中国改革的深入，中国参与世界开放的程度也不断深入，中国从一个远远站在主流世界之外的配角逐渐转变为站在世界舞台中央的主角之一，给世界带来了许多重大变化。中国不光在经济上影响世界，重新塑造着世界的利益格局；还影响着世界的政治格局和文化氛围。因为这意味着世界的经济格局甚至政治文化格局要发生改变，用流行的话来说，就是由于中国的进入，世界需要重新“洗牌”。几十年来一直在西方资本主义主导下的世界，要接受中国这个新的角色，肯定不是一下子的事。我们必须有这种心理准备。现在各国频繁发起对中国产品的反倾销、反补贴调查和保障措施调查，一些国家在政治上打压中国，等等，都是这方面的反映。中国要逐渐适应这个角色的转变，世界也要适应这样的转变。

为了减少中国对外开放对国际社会的冲击，让国际社会能更好地适应中国的改革开放，中国可以在对外开放的方式方法手段等方面做出一些安排。首先，在态度上尽可能表现得谦虚一些，始终抱着学习的心态和姿态。尽管我们对外开放已经30多年了，我们的经济实力和综合国力也已经比较强大，但必须承认的一点就是，我们是全球化世界的一个新加入者，有许多未知的东西需要我们去学习，我们还需要一个适应的过程。其次，尽可能以我们的优秀文化进行武装。我们的优秀文化包括传统优秀文化和社会主义文化两个方面，前者要求表现出我们的“礼仪之邦”的品质；后者要表现出我们的“为人服务”品质，而这两个方面都一定会受到世界欢迎的。再次，在面对一些对我们不利的言行时，应该表现出一定的“大国国民”心态和素质，对待新事物应该有更多的理解和宽容。特别是对一些发展中国家，体现出一个“负责任大国”国民的形象。最后，我们应该对如何更好地对外开放和融入世界有深入的研究。融入世界是我们的一个新课题，我们需要学习，也需要深入研究。包括如何将引进外资和促进国内民族经济发展有机结合，如何将对外投资和加强同所在国经济的全面联系等，都需要研究。应该说，引进外资和对外投资，本身都不是目的，目的是实现经济社会的全面升级，提升中国经济社会的竞争力，最终提升中国社会和中国国民的国际地位。但实践却表明，我们并没有很好地达到后面的目的，这些也不是靠企业自身能够解决的。可以说，在这方面，我们的理论研究确实已经远远落后于实践的发展了。

（二）开放对改革的冲击

开放作为一种社会自下而上（对内开放）和自外而内（对外开放）的行为，与自上而下和自内而外的改革必然存在不一致性，冲突在所难免。不论是对内开放还是对外开放，开放度越大，对政府的要求越高，对改革的要求也就越高。因此会对政府的各项改革带来冲击。

首先是对改革目标的冲击。无论是自上而下还是自下而上的改革，也无论是自内而外还是自外而内的改革，最终都要变成政府主导的改革，才有可能取得成功。当然，改革最终要获得成功，最重要的还是要得到社会的支持与配合，包括国际社会的支持与配合。开放的扩大，为国内国际社会的支持创造了条件，但也可能制造更多的障碍，增加更多的不确定性。开放越深入，政府改革目标的制定就越困难，受到干扰的可能性也越大。随着对内开放的深入，国内社会的力量会变得强大，它们可能通过各种方式对中央政府的改革目标造成干扰甚至进行破坏；随着对外开放的深入，国外的力量就可能影响国内改革目标的制定，甚至对国内的政策目标进行干扰。中国改革开放取得了巨大成功，但是也伴随着许多问题，有些问题甚至影响到了人们对改革开放道路和方向的根本性评价。但实际上，大家又常说到一句话，即中央的初衷是好的，中央的改革道路也没错，问题是出在下面，所谓“好经被歪和尚念歪了”。包括中国国企改革、教育改革、医疗改革等都存在这方面的问题，中央下放自主权后，在一定程度上出现“失控”局面。包括在改革过程中出现的地区之间、城乡之间、行业之间收入差距拉大也同样有这方面的问题。而随着对外开放的扩大，国内改革同样存在被外商和国外政府甚至国际组织控制的问题。拉美和东南亚一些国家这方面的教训十分深刻，说得通俗一点就是改革被外部力量主宰了。我国一些外商占比较大的行业，也出现了一定程度的这种情况。

开放对改革的冲击，实际也是社会（包括国内社会和国际社会）对政府改革举措的一种正常反应。国内民众和政府站的位置不同，其思考问题的角度自然不同，更不用说国际社会。因此对改革产生一些反应是正常现象，只要这种反应不会影响到对改革的根本评价，都应该理解。如果听到一点不同声音就认为是反对政府，那就错了，甚至可能酿成一些灾难性后果。这与改革的初衷是相违背的，最终伤害的恰恰可能是改革本身。改革者要做的恰恰是随时听取社会和民众对改革的反映，并通过民众的不同反映及时去调整和完善改革措施。当然对待民众的反映应该区别对待，特别是要分清是个性问题还是共性问题。如果是个性问题，个别解决；如果是一定范围内的共性问题，就要反思改革目标或措施本身了。同时，社会有反应，也说明社会在关注改革，因此改革者应该感到欣慰才是。甚至对某种程度的过激反应也应该理解，然后去化解。因为建设性的批评同样是改革的动力，可以促进改革者更好地去完善改革举措，为进一步完善改革提供方向。如果出现了社会对改革的一些过激反应，就更要深入地反思改革本身。因为改革的目的是服务民众，是要给民众带来利益，从根本上是会受到民众欢迎的。因此如果出现了相反情况，就要对改革本身进行检讨。改革在实施过程中出现一些问题是正常的，毕竟我们的改革是一种全新的探索，虽然今天改革总体上已经不再是“摸着石头过河”了，但改革每深入一步，对我们来说都是新的，都是一次新的尝试，出现一些意想不到的情况甚至失误，也是可以理解的。作为政府来说，随时要有这样的思想准备，同时也应该告知社会有这种思想准备。出现失误首先虚心地向社会公开承认，然后进行调整就是了。这也是邓小平同志在领导改革一开始就提出的。但如果我们的有关政府和工作人员不但不愿意承认改革中的失误，反而把矛头对准社会或民众，那性质就可能发生改变，矛盾就可能升级。最近几年我国各地发生的一些群体性事件其实都有这方面的因素。

随着一个国家对外开放的扩大，开放对改革的冲击也会越来越多地表现为国外或境外对改革的冲击。这种冲击包括微观、中观和宏观三个领域。微观领域的冲击主要来自个人和企业。这是对外开放冲击的基础形式，这种冲击来自个人的比较少见，来自企业的比较多。由于对外投资的企业一般都是一些实力比较强的，很多都是跨国公司。这些企业有很大的影响力，它们为了获得最大利益，往往通过经济甚至政治等方面的手段对投资所在国的政府施加影响，甚至直接干预一国改革政策目标和措施。这种现象在发展中国家已经很普遍。对中国来说，跨国公司对政府改革决策的影响也在加大。由于中国改革一直就是政府主导型的，再加上政府特别是地方政府开放导向政策的实施，更为外商直接影响政府创造了条件。中观领域的冲击来自产业或行业。对外开放的一个重要内容就是产业或行业的开放，即通过参与国际范围的产业分工，达到提升本国产业竞争力的目的。但是一旦本国产业全面融入国际产业分工，就可能出现主导权或控制权丧失的情况。企业的影响是局部的，而产业的影响则可能是全面性的。在发展中国家产业整体素质比较落后的情况下，简单的开放就可能出现失去行业控制权的情况，而一旦产业特别是一个国家的支柱产业控制权丧失则可能意味着经济主权的丧失。宏观领域的冲击则来自于国外的政府。在今天经济全球化和区域经济一体化快速发展的背景下，各国经济已越来越多地联系在了一起，加强各国政府宏观政策的协调也就是一种必然要求。

最典型的就是欧盟特别是欧元区国家，宏观经济政策已高度一体化。从另一个角度上说，就是一国政府对本国经济的控制能力下降，甚至丧失部分控制能力。现在实行了对外开放的发展中国家这方面的情况非常普遍。对这些国家来说就出现了一种“两难境地”。即一方面必须继续改革，只有改革才能解决所面临的问题；但另一方面本国政府又很难独立主宰自己的改革，很难掌控自己的改革方向，从而使改革变得异常复杂。

上述开放对改革的冲击，尽管也包括对国内企业和民众的冲击，但从根本上说是对政府的冲击。首先，冲击政府的改革理念和思路。即政府必须有一种在开放环境下改革的思想准备。在开放环境下改革就不可能完全按政府的主观意志办。社会毕竟是纷繁复杂的，即使政府设计得再好，考虑得再周全，也会有不同的声音，同时包括反对的声音。所以从一开始就必须做好迎接不同声音甚至反对声音的准备，甚至要有一种“没有不同声音不正常”的思想理念，因为不同声音的存在既是改革的正常过程，也应该是改革的结果，而这本身正是开放的表现。其次，政府应该形成在开放中完善改革的新路径。我们确实多年来形成了一种“政府决策，社会执行”的改革套路，但这只能是改革初期的套路。随着改革的深入，这种套路必然要发生改变。今天的改革路径应该是在政府主导下的政府和社会互动的动态改革路径。不能寄希望于改革一步成功，也不能寄希望于民间会完全接受政府的改革方案。改革方案的设计一方面要充分吸收基层第一线的声音。比如医疗改革就应该充分听取并吸收基层医院和病人的意见；教育改革必须充分听取基层教师、家长和学生的意见；分配改革必须充分听取企业管理者和城乡基层劳动者的意见。最后，政府应该更多的与社会互动。政府要放下身段，改变高高在上的想法，虚心听取民众意见。政府应该把改革当作全社会的工作，而不仅仅是政府的工作，因为政府不可能也不应该包揽全部改革。这其实也正是改革的目的。也可以说改革首先是政府自身的改革。当然，企业和个人也要转变对改革的认识，要主动地支持改革，为改革提供建设性方案，为改革营造良好氛围。尽量做改革的支持派和促进派。

如果市场开放步子过急过快，就可能使大批企业破产或陷于经营困境，从而引起社会的混乱，从而弱化社会对改革的支持。

开放对改革的冲击表明，社会对改革并不总是欢迎或接受的。社会对变革存在天然的抵触情绪。改革者既要有充分的思想准备，也要在实施改革的过程中充分考虑这一点。改革和开放需要相互协调、相互适应，进而达到相互促进的效果，并且根据社会的内在属性和发展要求来推进改革，尽可能使得改革和开放两者能做到相互促进。

开放对改革的冲击包括思想冲击、制度冲击等。

由于改革是自上而下的政府行为。因此开放对改革的冲击，主要是对政府或改革者的冲击。开放度越大，对政府的要求越高，社会对政府的监控也越严。因此随着社会开放度的不断扩大，改革的重点和难点越来越转向政府本身。

如果开放的步伐过快，导致强势利益集团的壮大，反过来会影响政府的改革决心和改革方向，出现政府被利益集团绑架的情况。

开放对改革的冲击，本质上反映了社会大众对改革的反作用。它实际上反映了一旦社会大众被发动起来了，对政府会形成更大压力，对政府人员的要求会更高。包括对政府人员的素质，对改革内容、步骤等方面形成强大的阻力。特别是民众天然存在的对权力的抵制，因此改革者首先必须有良好心态。因为对民众而言，改革使其受益是天经地义的事情，但改革对其造成了哪怕一点点损失，就可能产生抵触情绪。因此建议在开放政策出台和地域选择时，最好从相对落后地区开始，引导生产要素向相对落后地区转移。

开放需要调整，但是如果调整太快，即改革步子太快，则会影响开放的进程；反之亦然。当前我国社会存在的许多矛盾和问题，都可以归结为社会冲击，或者说是改革对开放的冲击。民族经济普遍比较弱小的时候，开放过快导致国内市场被强势的外商占领；在国内经济存在严重不平衡的情况下，开放过快可能导致落后地区的人力物力财力资源向先进地区转移，从而加大地区发展差距。

（三）改革与开放相互冲击的不均衡性

改革冲击开放，开放也冲击改革，但这两种冲击存在很大的不均衡性。这种不均衡性首先源自于改革与开放本身的不对称、不均衡性。尽管改革和开放是不能分开的，但两者也并非总是一致的。而实际上，两者均衡是相对的，而不对称、不均衡是绝对的。改革和开放在目的、路径、方式等方面都存在不均衡的特点。首先，改革的目的是开放，是充分解放和发展生产力，但这是政府主导下的有序的开放；而从开放本身来说则是追求自由和无管制。所以从这个意义上来说，开放社会对改革的要求是无止境的。而毫无制约的开放绝不是改革的目的。其次，改革和开放的路径不同。改革总体上是自上而下的，而开放总体上是自下而上的。前者强调发挥政府的引导作用；后者则强调发挥民众的主体作用。两者本来是不冲突的，但如果前者或后者的力量过于强大，两者都很难达到均衡和协调。一般来说一国在改革开放初期两者能进行较好的协调；随着改革开放的深入，两者的不协调和不均衡逐渐显现；等到改革开放进入高度发达阶段，两者的协调性又会重新显现。但是在任何情况下两者要实现绝对均衡是不可能的。

如果说改革和对内开放总体上还是一致的话，改革和对外开放的不对称性会更显著一些。这是由对外开放本身的复杂性决定的。如果说对内开放反映的主要还是国内政府和社会的关系的话，对外开放则要反映国内政府和国内企业、国外企业以及国外政府之间的关系。从博弈论的观点看，对外开放是一种多重主体的利益博弈。尽管从理论上说，国内政府有一定的强势性和优势，但在实践上，由于国内政府面对的三重主体，特别在全球化的情况下，国内政策制度的制定越来越受到国际社会的制约，特别是参加了区域一体化的国家更是如此。因此其被动性是显而易见的。国内政府的优势主要在于其制定政策的优势，或者说通过制定政策来影响国内外企业。企业的优势则在于其经济优势，因为它是国民个人和政府税收的主要来源，不但直接关系到大多数国民的直接利益，也关系到政府的利益。正是在这个意义上，在很多情况下企业可以影响一个国家的政策走向，甚至直接影响一个国家。如果说在国内市场上可以有政府主导型和市场或企业主导型的话，在国际市场上则只有一种 ，那就是企业主导型或市场主导型。

不同发展水平的国家改革与开放的相互冲击也有明显差异。总体而言，在发展中国家，两者之间的相互冲击比在发达国家大。具体而言，在发展中国家，开放对改革的冲击比改革对开放的冲击大；而在发达国家，则正好相反。在开放国家，主要是指发达国家，两者会逐渐趋向一致。

二 改革与开放相互冲击的原因

开放包括对内开放和对外开放，改革与开放的冲突也表现在两个方面，改革与对内开放和对外开放发生冲击的原因也存在不同。

（一）改革与对内开放造成冲击的原因

首先，改革与开放涉及的主体十分复杂，包括政府、企业和个人；政府又包括中央政府和地方政府。企业和个人更是名目繁多。不同主体的利益诉求均不一样。企业和个人主要追求个人利益最大化，政府追求社会利益最大化，但如果说中央政府致力于追求全体国民利益最大化的话，地方政府则主要立足于地方利益最大化。从这个意义上说，改革开放的过程就是中央、地方、企业和个人利益博弈的过程。中国地域辽阔，各个地方情况千差万别，地方的平衡十分困难；企业也多种多样，既有国有企业，也有私人企业、外资企业，企业之间利益的平衡同样十分困难。中央既要考虑全国人民的利益，还要平衡各地利益。中央和地方、企业之间既有共同利益，也存在有利益冲突。对中央来说，改革开放的过程既是实现国家利益、地方利益、企业利益和个人利益最大化的过程，也是平衡国家利益、地方利益、企业利益和个人利益的过程。从实现利益最大化的角度来说，地方、企业和个人所希望的改革就是开放，就是下放自主权；但是对中央来说，不仅包括放权，还有协调、管理等各方面的问题，即既要开放，也要改革。

其次，改革与开放的方式存在差别。实际上作为“自上而下”和“自下而上”的两种经济社会运动方式，它们也内在地存在矛盾和冲突。改革强调改变和改善，强调旧秩序或旧制度的改变和新秩序或新制度的重建；但开放强调的是一种自然状态，更多的是强调恢复自然状态。前者以政府为中心；后者是以社会为中心的。改革对开放的冲击，实际上一定程度上也是政府对社会的冲击。改革作为一种自上而下的行为，是政府所采取的改变社会某一些方面运行方式和运行内容的活动；而开放是社会的本质属性，也是人的本性。虽然从根本上说，政府与社会是一致的，但是毕竟政府和社会（分散个体）对一些问题的看法是不一样的，因此两者存在不一致甚至冲突也是必然的。冲突或矛盾并不等于对抗或者对立。这只是两者矛盾的一面。而矛盾是事物发展的动力，对改革、开放两者来说也如此。也正是这种不一致，才导致了两者的相互促进；否则两者就合一了。

最后，我国尚未建立起一套有效的利益协调机制。其实有冲突并不可怕，关键是要有一套解决冲突的机制。中国虽然已经有一些利益协调的机构和机制，全国人大作为权力机关，是人民当家作主的根本机构，当然也是利益协调的最重要机构；人民政协是统一战线组织，是政治协商和民主监督的重要机构，也是利益的协调机构，但是这两大机构是建立在各方根本利益一致基础上的，不是化解社会矛盾的机构。同时，我国各级政府都建立了信访机构，但只能解决局部问题。所有这些都是相对封闭的计划经济时期建立的机构，在开放的市场经济快速发展的今天，显然已经严重不适应。最近几年出现了大量群体性事件，其核心都是利益协调不当。一些地方最后出动公安机关进行解决，这就使事态性质发生改变，把人民内部矛盾转化成了敌我矛盾。市场经济是权益经济，也是交换经济，核心是利益交换。但市场并不能解决所有的利益问题，传统意义上的政府也同样难以解决所有的利益问题，因此必须引入新的利益协调机制。

（二）改革与对外开放造成冲击的原因

如果说改革与对内开放的冲击主要还是人民内部冲突，改革与对外开放的冲突就更为复杂，其原因当然也更复杂。

1. 国际原因

改革与对外开放的冲突从根本上反映的是国家之间的利益冲突。在现实中更直接反映的是发展中国家和全球化的矛盾。中国尽管取得了巨大发展和进步，但仍属于发展中国家。中国改革和对外开放的冲突，在一定程度上源于发展中国家和全球化的冲突。与发达国家相比，发展中国家总体经济发展水平较低，各项法律制度也不完善，社会发展还存在多层次性和不平衡性，因此竞争力本身就弱。发达国家在全球化中处于主导地位。其绝不希望发展中国家崛起，因此总是试图给发展中国家制造障碍。“改革与开放并不总是一致的，它们之间也存在着矛盾。首先，全球化是一把双刃剑，对发展中国家来说，它是机遇更是挑战。全球化的二重性要求发展中国家的开放应当是有选择、有控制的，以达到趋利避害的目的。其次，从总体上看，现代的世界体系是一个资本主义的世界体系，当今世界的经济全球化是西方发达国家主导的，它们垄断着资金、技术、生产力、军事、政治等资源，掌握着国际经贸组织以及国际经济规则的主导权，在全球化中获益最大，而广大发展中国家总体上处于不利的地位。第三，当今世界的经济全球化是不对称和不完全的。"[①] 在全球化中，发达国家处于主导地位，它们永远对发展中国家的改革指手画脚。发展中国家不论如何改革，都不可达到它们的要求，并让它们满意。发达国家需要发展中国家的资源和市场，但是绝不可能希望发展中国家崛起。因此在全球化中联合起来对发展中国家进行打压，也是必然的。另外，中国作为一个社会主义的大国，更是一些西方发达资本主义国家的"眼中钉"。因此这些国家可能找出各种借口来对我国的政府管理和企业行为进行指责。

2. 国内原因

改革与对外开放的冲突的产生肯定国内外双方都有原因，因此我们国内的因素也同样不能忽视。其中既有改革不够、不彻底的原因；也有国内改革与对外开放不协调的因素。中国改革的目标是各项体制尽可能与国际接轨。中国改革虽然已经有 30 多年了，但是离既定的目标和任务仍然有很大差距，改革还远未完成。我国的改革总体上还是处于转轨阶段，国内各项体制在国际化的过程中，还有一段比较长的磨合过程。政府体制改革、金融体制改革、国有企业改革、分配制度改革等都还有待深入。我国改革遵循的是"先易后难"、"先体制外后体制内"的渐进改革思路。另外，中国改革本身的不协调也使得国内改革与对外开放的冲突加剧。正如前面所言，由于中国社会本身的复杂性，使得改革异常复杂，国内利益协调困难重重，在对外开放的情况下改革就更加复杂了。从实施改革开放政策一开始，我们的目标就非常明确，即主要立足于国内经济的发展，对外开放为国内改革服务，可以说是"国内改革为基础，对外开放为补充"。这本身没错，因为改革开放归根到底是为国内经济发展和人民生活服务。因此尽管在实际经济发展中，外资和外贸在经济生活中的作用越来越重要，甚至在一定程度和一定层面上对经济发展发挥着一定的主导作用，即变成了所谓的"外向型经济"，但是国内政策和各项制度与国际社会的协调还是不够。虽然我国的外交战略已是着眼于建设互利共赢的和谐世界，也一直在强调国际化思维，但真正以国际化视野和思维来制定具体政策制度并不是一件容易的事。当然，对发展中国家来说这确实有一个学习的过程。我国现在每年也派出大量人员到国外各行各业去进行学习，并且中央明确提出了科学发展观，一个重要方面就是要统筹国内经济发展和对外开

① 李新：《转型经济研究》，上海财经大学出版社 2007 年版，第 56 页。

放，统筹国内和国际两个大局。

3. 社会原因

对外开放的过程，从根本上说是不同国家的政府、企业、个人进行合作、竞争的过程。不同体制、不同制度在开放过程中本身就有一个磨合过程。正如前面所言，即使是同一个国家内部，改革和开放都存在冲突。对外开放涉及的主体无数，这些主体都可能有不同的世界观和价值观。因此不仅有经济冲突，更有政治、文化、宗教等各方面的冲突。国与国之间的经济冲突、政治冲突、文化冲突经常交织在一起，并且这几种冲突经常相互影响。国家之间的冲突在表面上看是经济冲突，但背后可能是政治冲突和文化冲突。比如中美之间的冲突，就具有这方面的特点；而相反，有些表面上看是政治冲突，但背后的实质是经济冲突，很多发展中国家之间的冲突都属于这种情况。国内无论如何改革，也不可能与如此复杂的国际社会完全适应。从这个意义上说，国内改革和对外开放存在一定程度的冲突是必然的。一方面可以采取一些措施尽量去降低这种冲突，同时也应该在承认这种冲突的前提下，去做好我们的改革和对外开放工作。因此，一方面，尽量遵守一些大的公认的国际规则；另一方面，必须尽可能地求同存异。正如胡锦涛同志提出的，争取实现互利共赢的和谐世界。

所以，在一定程度上，改革与开放的结合，就是政府与社会的结合，国内与国际的结合。

对内开放与对外开放的关系

从开放的本来意义说，并无对外对内之分。只是由于民族国家和政府的存在，使得开放人为地受到了影响，也就分成了对内和对外两部分。当然，开放是有地域的范围之分的。开放总是从小范围到大范围不断扩展深入的。没有小范围的开放，就谈不上大范围的开放。放到一个国家来说，就是对内开放和对外开放的关系问题。发达国家的开放往往经历了一个从国内开放到向全球开放的发展过程，但发展中国家大都是在国内市场开放度不够的情况下首先从对外开放开始。因此发展中国家与发达国家在开放方面的差距，恰恰不在于对外开放，而在于对内开放；不是对外开放多了，而是对内开放不够。

一　对内开放是对外开放的基础

市场经济就是开放经济。从市场本身来说，开放是没有边界的。其实开放是人类社会的本性，更是经济的本性。无论国内还是国际，开放经济都包括纵向开放和横向开放。当然这里讨论的主要是横向开放。在国内，主要是企业之间的联合；在国际范围内，主要是跨国公司之间的强强联合。但现实中常常出现的情况是，一边说发展市场经济，一边又对市场发展设置种种障碍。在市场经济和全球化快速发展的背景下，开放经济是各国的共同选择，但是无论是贸易还是投资，都必须以对内开放为基础。“经济全球化并不意味着利益分配全球化，在国际经济研究中最大的福利单元是‘国家’或‘民族’，因此利益仍然是以国界来划分的。”①

---

① 胡昭玲：《经济全球化与中国产业国际竞争力提升》，中国财政经济出版社 2006 年版，第 45 页。

（一）对内开放为对外开放提供市场基础

对内开放就是在国内发展开放经济，核心是发展市场经济。对许多国家特别是发展中国家而言，在强调扩大对外开放的同时，常常忽视国内市场的建设，使得对内开放长期落后于对外开放，给经济发展留下隐患。“内需和外需本无优劣、好坏之分，内外需相互补充，相互促进，共同构成经济发展的市场空间；也不存在绝对最佳的内、外需求比例关系，内需和外需所占比重取决于一个国家的资源禀赋、比较优势和国际分工的程度。从部分国家和地区国内需求占总需求比例看，既有主要依靠内需的发展模式，如美国内需占比高达90%左右；也有主要依靠外需的国家和地区，如马来西亚和中国香港外需占比接近60%和70%。强调扩大内需，并不是要压缩外需，否定出口。”[①] 实际上，对内开放才是基础。

第一，对内开放是形成对外竞争力的基础。在竞争战略理论的提出者迈克尔·波特看来，国内市场是影响产业竞争优势的关键要素之一。通过国内市场的国际化，可以自然而然地将该国产品和服务推往海外。特别是对于跨国企业而言，其客户身兼本地客户及海外客户，只要能巩固这一类型的客户群，就相当于在国外市场中打下基础，获得忠实的顾客。更重要的是，经由这些跨国企业客户的协助，本地企业可以在风险降低的情况下打开海外知名度。国内市场深深影响了企业认知与诠释客户需求的能力。厂商的产品如果能在本地市场成功，它所获得的自我肯定与掌声也是最大的。此外，国内市场的客户压力是厂商最直接的压力，而文化和地缘的一致又使彼此间沟通过程中可能造成的误差降到最低。当然，根据波特的观点，国内市场能否转变成对外竞争优势，还必须具备一些条件。“第一个条件是需求的结构，也就是市场需求呈现多样细分。……当一个国家的内需市场和国际市场的主要需求相同、而其他国家却没有这样的条件时，这个国家的厂商就比较容易获得竞争优势。瑞典能在远距离高压电传输设备产业中领先全球，原因就是该国的钢铁、造纸等能源密集型产业与发电厂所在地、人口密集的南部地区距离甚远。地理特色助长了瑞典在这个产业环节中的需求。第二个条件是内行而挑剔的客户；第三个条件是预期性需求，如果本土客户的需求领先其他国家，在未来可能带动各地同类型的需

① 国务院发展研究中心课题组：《“十二五”发展十二题》，中国发展出版社2010年版。

求，这也可以算是本土企业的优势。”①

第二，对内开放有助于实现规模经济收益，缩小地区差距。开放最直接的经济效果，就是扩大规模，带来规模经济效益。国内市场的一体化有助于实现市场规模的不断扩大。在竞争和合作的过程中，不断整合国内各类市场。同时在市场整合的过程中，不同市场的成本和收益也在发生变化，土地和劳动力成本低的相对落后地区，同样会通过发挥比较优势和后发优势发展起来，从而缩小地区间的不平衡。在我国，东南沿海地区和中心城市的劳动密集型产业逐渐往中西部地区和大城市周边地区转移已经充分反映了这一点。促进地区竞争，鼓励各地经济专业化能够得到的效益是巨大的。如果能出现动态的规模经济（例如学习和知识能够外溢），就更有利于实现专业化并促进地区中心的经济增长。如果能够提高国内效率，国内需求的增长就可能由国内供给而非进口来满足。我国正是通过对内开放的发展，使得武汉、重庆等中西部地区的城市，实现了跨越式发展，快速缩小和东部地区之间的差距。国内市场一体化使得各个地区能够直接面对进口的竞争，提供给它们出口到国际市场以及国内其他省份的机会。“无论是对于中国总体而言还是各个省份自己来说都是一份巨大的收益，尽管这一过程可能会带来一些调整成本和一定的（适度的）风险。”② 企业在国际范围内的竞争本质上是规模和实力的竞争，规模大的企业在国际竞争中抗风险的能力自然就更强。而只有在国内市场不断扩大的过程中企业自身规模不断扩大，从而为进军国际市场积蓄能量。

第三，对内开放有助于强化国内竞争。波特指出，通过对内开放，实现国内经济一体化，可以在以下几个方面带来国内竞争的强化。一是可以创造和加强企业进步与创新的压力。“这种竞争会使企业彼此竞相降低成本、提高质量和服务、研发新产品和新流程。”③ 二是有利于促进国内企业更多地应对国际竞争。因为激烈的国内市场竞争不但强化本地优势，更加重厂商以出口追求成长的压力。并且在本国市场的竞争力越强，企业国际化的成功机会越大。“强劲的良性国内市场竞争与随之而来的长期竞争优势，事实上是外国竞争者无法复制的。本国竞争可以化劣势为优势，刺

---

① ［美］迈克尔·波特：《国家竞争优势》，华夏出版社 2002 年版，第 82、84、86 页。

② 何帆、张斌：《寻找内外平衡的发展战略——未来 10 年的中国和全球经济》，上海财经大学出版社 2006 年版，第 269 页。

③ ［美］迈克尔·波特：《国家竞争优势》，华夏出版社 2002 年版，第 110 页。

激挑剔型客户的出现、建立进步与有创意的世界级供应商系统。这种强化效果一旦形成，竞争优势所需要的本地供应商体系、充沛的高级人力资源及钻石体系的其他部分自然能水到渠成。”① 三是有助于促使政府保持更公平和超然的立场。因为对国内企业而言，既不需要政府的保护也不需要政府的特别的爱护，最需要的就是创造公平竞争的环境。换言之，企业的发展主要是靠自己，而不是靠政府。这有助于企业独立地走出去，而无须依靠政府的保护政策。

当然波特也提醒我们，“竞争者多，并不代表产业竞争力就大，若是厂商之间的竞争手法拙劣，反而会抵消本国的竞争优势。同样的，国内竞争必须和钻石体系其他关键要素结合，否则未必会成功。……竞争者之间必须能以确切的模式进行合作，才能减少重复或避免为了规模经济而厮杀，不然就会妨碍到国家竞争优势的发挥。”② 他进一步以日本为例作出说明。他说：“日本是把国内竞争效应发挥得淋漓尽致的国家。激烈的商场内战使厂商把市场占有率视为优先目标，获利率反而退居第二位，因此无时无刻不在为超越对手努力。这样的竞争反映在日日消长的市场占有率、报纸电视的显著报道、甚至大学生就业排行榜的排名上。日本企业推出新产品和新工艺流程的速度着实令人吃惊。”③

（二）对内开放为对外开放提供产业基础

波特教授通过对丹麦、德国、意大利、日本、韩国、新加坡、瑞典、瑞士、英国和美国等十个重要贸易国的调查研究得出结论：“国内合作而不是国内竞争，是国内的产业在全球获得竞争优势的关键。他还揭示了一种重要的现象：国家竞争优势产业是通过一个高度的本地化过程创造和发展起来的。他提出需要在国内建立‘本垒’，这是在全球获得竞争优势的组织基础。”④

第一，对内开放是形成产业竞争力的基础。波特认为，影响一个国家产业竞争优势的因素主要有四个，即生产要素需求条件；相关产业和支持产业的表现；企业的战略、结构和竞争对手；国内市场竞争对手的表现。

① ［美］迈克尔·波特：《国家竞争优势》，华夏出版社2002年版，第113页。

② 同上书，第114页。

③ 同上书，第113页。

④ 刘斌：《产业集聚竞争优势的经济分析》，中国发展出版社2004年版，第33页。

这四项要素也是相互联系的，并且来自于国内充分的市场竞争。“由国内竞争过程所形成的竞争优势会使整个国家的相关产业受惠，不是哪一家厂商所能独享的。由一群国内竞争者激发出各式各样的产品和服务的战略，不但有助于创新，更形成防范外国产品侵入的保护网。”① 在中国产业发展中一直走着一条引进外资，以外资带动内资发展的道路，但外资在带动国内技术创新方面效果有限，并直接影响了国内产业的竞争力。“在中国的产业进步中，大量关键技术的产权属于外资，实际上拉大了中国与世界的技术差距。”②

第二，对内开放有助于形成和扩大企业的竞争力。国际竞争中，成功的产业必然先经过国内市场的缠斗，迫使彼此进行改进和创新。海外市场则是竞争力的延伸。研究也发现，国内没有竞争对手的“超级明星企业”，通常并不具有国际竞争能力，因为它往往是政府补贴和保护下的产物。从产业竞争优势的观点看，国内市场竞争对手之所以重要，并非是它激励了静态的效率而已，而是它能提供企业改进和创新的原动力。企业在国内市场成群厮杀为该国所带来的好处，远超过它与外国企业的对抗。“国内市场的客户越多，对产业竞争力的帮助就越大；反过来说，如果国内市场被一两家大客户垄断，则对产业的竞争力有害而无益。因为客户的数目多时，每家客户都有其产品需求，并且有彼此竞争的压力，这种情形很容易促成市场信息快速流通，并增加创新点子。相反地，若市场只被一两家大客户垄断，那么供应商虽然有好看、量大的订单数字，但却缺少创新的动力。同样地，有限而强大的客户使买卖双方的谈判空间缩小，进入市场的门户封闭。产业的活络、投资风险与进入障碍的减低，还是要靠众多客户之间的竞争。”③

第三，对内开放有助于形成国内产业的自我保护网。根据波特的观点，一个国家的经济发展往往要经历四个阶段，即生产要素导向阶段、投资导向阶段、创新导向阶段和富裕导向阶段。从开放的角度来说，这也正是一个国家开放的几个阶段。四个阶段的升级进程正是一个国家从对内开放到对外开放不断发展的过程。在生产要素导向阶段和投资导向阶段，显

① ［美］迈克尔·波特：《国家竞争优势》，华夏出版社 2002 年版，第 112 页。

② 张幼文：《新开放观——对外开放理论与战略再探索》，人民出版社 2007 年版，第 76 页。

③ ［美］迈克尔·波特：《国家竞争优势》，华夏出版社 2002 年版，第 88、89 页。

然都是以国内市场为主，主要立足于对内开放，即使局部的对外开放，也是只能以引进为主；进入到创新导向阶段，开始积累对外投资的能力，企业开始更多的“走出去”；进入到富裕导向阶段，一个国家在全球化市场中能做到游刃有余。但能够从生产要素导向阶段成功转入下一个阶段的国家并不多。当国家处于此阶段时，竞争优势来自从生产要素、企业战略、企业结构到竞争环境等一连串的改善。处于投资导向阶段的经济，需要举国上下有重视投资与长期经济增长的共识，而不是一味追求眼前的消费与平均收入。“当国家进入创新导向阶段时，许多产业已出现完整的钻石体系。各种产业和产业环节中的竞争开始深化与扩大，代表这个国家的特殊环境与历史文化传统特色，也在特定产业与产业环节中出现。”① 这个阶段被称为创新导向阶段，原因是企业除了改善国外技术和生产方式外，本身也有创造力的表现。本土企业在产品、流程技术、市场营销和其他竞争面向已经接近精致化程度。

第四，对内开放有助于形成产业集群。产业是研究国家竞争优势时的基本单位。一个国家的成功并非来自某一项产业的成功，而是来自纵横交织的产业集群。一个国家的经济是由各种产业集群所组成，这些产业集群弥补并提供竞争优势（当然也可能造成竞争劣势），反映了经济的发展。自20世纪60年代以来，随着产业集群的发展，“产业内贸易”和“公司内贸易”成为国际货物贸易与服务贸易中的两种占据统治地位的形式。“产业内贸易是指交易双方在同一产业中既出口又进口同类异质产品的贸易，属于‘增值链的分割’概念。产业内贸易的商品特征是，这种商品在消费上可以相互替代，在生产上需要相似的生产要素投入。电子产品、汽车等制成品贸易中都有典型的产业内贸易。公司内贸易是指在不同国家的同一家跨国公司内部进行的贸易。”② 比如，欧盟的大多数贸易增长都是产业内的，因为企业将在整个欧盟市场上进行竞争。尽管如此，欧盟已经认识到，其跨国界竞争的程度依然要小于一个完全整合的市场，例如美国。这一考虑最终推动了1992年的单一市场计划以及单一货币的建立。伴随着单一市场计划的建立，出现了一个巨大的跨国购并浪潮。并且，一

---

① ［美］迈克尔·波特：《国家竞争优势》，华夏出版社2002年版，第536—537页。

② 白树强：《全球竞争论——经济全球化下国际竞争理论与政策研究》，中国社会科学出版社2000年版，第20—21页。

些研究指出，由于竞争强度增加，生产效率有了适度的增长。有学者对美国—加拿大的一体化安排对于加拿大制造业的影响进行了深入的研究，并证明了确实存在着一个购并的浪潮，并伴随着较小且无效率的企业的倒闭和大型企业的增长。

（三）对内开放为对外开放提供动力基础

第一，对内开放为各种要素提供动力。开放的市场，为所有的经济主体提供动力，可以充分调动各地方、企业、个人的积极性。“由专业化带来的效率增进会使得效率高的部门和企业增长更快，但效率低的部门和企业却要关门。这会涉及就业转移。标准的贸易利得研究证明，所有省份都能从自由化中获利，但是前提是必须可以进行价格和数量的调整。这些转化有可能使某些地区的某些要素收益降低。例如，在没有相对工资调整的情况下，一个省份的扩张性部门可能并不能自动雇佣从因进口竞争而收缩的产业部门中转移出来的所有工人。”① 随着国内市场体制的完善和投资机制的成熟，国内资金将日益成为支撑高速增长的重要力量。总体而言，中国国内的资金资源并没有得到充分的利用，加快国内金融深化过程将使投资机制逐步完善，使庞大的居民储蓄有效地转化为投资。

第二，对内开放提供创新的动力。国内市场的发展，能够提供企业发展、持续投资与创新的动力，并在日趋复杂的产业环节中建立企业的竞争力，例如挑剔型的当地客户、可以带动其他国家的需求、快速成长的市场以及提前饱和的市场等。比起从市场规模而来的短暂优势，由上述条件产生的竞争优势更具决定性、更能长久延续。这些条件当中，有些可以帮助产业在一开始建立优势，有些则帮助产业强化或持续既有的竞争力。钻石结构的其他关键要素也会影响到国内市场的竞争优势。譬如说，缺少强而有力的国内竞争对手时，不论内需市场再大，市场成长速度再快，企业仍可能产生自满心态而不肯加紧投资。若少了相关产业的支持，企业又可能无力回应国内市场客户的需求。钻石体系内的力量是一整个系统互动而生的力量，各关键要素无法单独发挥其影响力。②

---

① 何帆、张斌：《寻找内外平衡的发展战略——未来10年的中国和全球经济》，上海财经大学出版社2006年版，第42页。

② ［美］迈克尔·波特：《国家竞争优势》，华夏出版社2002年版，第93—94页。

第三，对内开放也可以积蓄“走出去”的动力。对内开放为国内企业和个人提供了成功的舞台和机会。在国内竞争中胜出的企业和个人就会产生参加更大领域和范围竞争的欲望。在竞争环境中成长的个人和企业对舞台的需求会更强烈。事实上他们也会有更大的不安全感。随着经济全球化的发展，国家经济安全成为一个普遍关注的问题。而越是对内开放做得好，制度越完善，国家安全就越有保障。特别是在金融危机频发的情况下，大家越来越认识到，“只有对银行进行彻底改革，完善银行监控体系，铲除产生银行不良贷款的原因，才可真正避免产生金融风暴的危险。”① 这就是为什么发达国家的经济安全问题普遍没有发展中国家突出。

特别是对中国这样的大国来说，对内开放显得尤其重要。对内开放通过建立强大的物质技术基础，建立完善的国内各项制度，从而为对外开放创造条件。从这个意义上说，对内开放也是对外开放的保证。“大国经济的基本含义是指无论是在人口、疆域还是在资源拥有方面都是相对较多的或较大的，大国经济发展格局的特点在于其经济发展的主要推动力应该来源于国内市场。根据钱纳里的研究，在每一收入水平上，大国的进出口贸易量都不超过小国的50%，和小国相比，无论是初级产品还是制造业产品出口的专业化比重都较低。例如美国的出口依存度一般在5%到10%之间。”②

总之，对内开放带来活力、凝聚力和竞争力，带来生产力的发展，从而为对外开放创造条件。对内开放是开放的本质，也是开放的目的。对内开放对对外开放的促进，符合开放经济发展的逻辑，也是开放经济发展的基本路径。大多数发达国家的开放经济都经历了一个从对内开放向对外开放不断推进的过程。

二　对外开放促进对内开放

“现在的世界是开放的世界。”但对于像中国这样的不发达国家而言，建设开放经济面临许多困难。通过对外开放促进对内开放进而实现经济的全面开放，已被许多国家证明是一条可行的道路。对外开放有助于促进对

---

① 康绍邦：《金融危机后中国的政策选择》，现代出版社1999年版，第231页。

② 唐海燕：《适度开放论》，江西人民出版社2000年版，第104页。

内开放的实现。

首先，对外开放可以带来开放的理念，促进形成开放意识。对于一个长期封闭的国家而言，开放观念的引入是首要的。发达国家用自己的成功经验告诉发展中国家，一个国家要发展就必须开放。而要真正了解发达国家开放的经验，就必须“引进来、走出去”。无论是引进来还是走出去，都是直接与国外企业和人员接触。在接触中就可以了解他们的思想观念和行为方式。而一旦打开国门走出去了，也就不可能退回去了。并且一旦开放，就会自然形成不断扩大的需求。各国的开放实践也证明了这一点。所以对发展中国家而言，走出去第一步是最为关键的。而通过对外开放可以积蓄走出第一步的勇气。因此，对外开放首先带给发展中国家的是全新的视野和发展方式。无论是政府官员、企业家还是普通民众一旦走出去，思想观念必然会形成冲击进而发生改变。让发展中国家知道原来还有另外一种生活方式和发展方式。实际上发展中国家一旦走出了这一步，接着往下走反而是比较容易的事了。因为发展中国家的封闭首先是对内封闭。发展中国家一旦走上开放道路，自然可以向发达国家学习开放的经验。发达国家经过几百年的发展，在发展开放经济方面积累了许多经验，形成了各种各样的模式。当然对发展中国家而言，这些也只能学习借鉴而不能照搬照抄。

“欧洲一体化的经验显示：拆除民族间的贸易壁垒是一件困难的任务。尽管中国为一个单一的国家，国内的区域不能与欧洲内的民族国家相比，但‘块块分割’的现状也对中国领导人拆除地区壁垒提出了挑战。因此，中国应借鉴（甚或改进欧洲经验），实施单一市场计划，采取一系列措施，确保所有的地区从一体化进程中获益，减少对经济自由化的阻碍。”① 乍一看，在中国和欧盟之间几乎没有相似性。欧盟是民族国家的集合，在所有的成员国间有着单一的市场，在一些成员国中有着单一的货币。相反，中国是单一的国家，有着单一的货币（港澳地区除外），但市场分割严重，经济差距扩大。简单来看，欧盟能被看作是一个单一的经济体，有着不同的政策，而中国实行单一的政策，有着不同的经济体。

然而，中国和欧盟在两个方面非常相似。首先，区域实体间都有重要

① 何帆、张斌：《寻找内外平衡的发展战略——未来 10 年的中国和全球经济》，上海财经大学出版社 2006 年版，第 280 页。

的收入差距。中国存在地方差别而欧盟存在国家差别。比较的局限性在于：中国整体经济增长非常快，地区差别日益扩大；而欧盟整体经济增长非常慢，国家间的经济差别日益缩小。其次，劳动市场仍然高度分割。这是由于一系列的管制和制度特征，包括对劳动力在地区间迁移的限制（中国）和在成员国间迁移的限制（欧盟）。在欧盟，自从20世纪80年代中期南扩以来，弥补高收入国家和低收入国家的收入差别获得了优先考虑，并获得巨大成功，低收入国家的经济增长一般要比高收入国家快，爱尔兰（它从一个最贫穷的成员国变为人均GDP最高的成员国）和西班牙（加入欧盟并保持着相对高的增长率，成功地实现了现代化）是两个典型的例子。普遍认为，下列两个互补性因素有助于低收入国家赶超高收入国家。一个因素是单一市场，它鼓励产品和资本在联盟间的流动。另一个因素是区域/凝聚政策，这有助于低收入国家在融资和物资基础设施建设中利用单一市场提供的机会。然而，仍不清楚始于2004年的东扩就经济发展趋同来说是否会向南扩一样成功。两个因素引起了不确定性。与南扩相比，东扩后旧成员国和新成员国之间的收入差距急剧扩大。同时，旧成员国显然不像南扩时那样慷慨援助新成员国；欧盟再分配预算没有大的增加。而且，其他因素（例如新成员国中劳动力的质量）使得总体上看很可能出现缓慢（因为起点低）而平稳的经济增长趋同。①

其次，对外开放可以为对内开放提供开放的具体经验。从封闭向开放的转变是社会的全方位变革，是一个社会从生活方式、生产方式到思维方式的全方位调整，因此不仅是一场改革，而且是一场革命，但是一场自我革命。对于一个尚未开放的国家来说，从政府、企业到每一个具体的个人，都有许多东西都需要学习。其中最重要的就是各项规则和制度建设。正如前面所分析的，开放经济是法制经济。发达市场经济国家经过几百年的发展，已建成了比较成熟的制度体系，其中许多已经成为国际惯例。后开放国家只要愿意学习、善于学习，就可以大大缩短制度建设的时间。其实对外开放的过程本身就是学习开放的过程，即所谓的“干中学”。当然发展中国家能否学到真正的东西，首先取决于态度，然后也取决于决心。所谓开放也是改革，在这里体现得尤为彻底。开放实际上也是让更多人参

---

① 何帆、张斌：《寻找内外平衡的发展战略——未来10年的中国和全球经济》，上海财经大学出版社2006年版，第279页。

与，让更多人分享成果。而封闭体制则正好相反。因此在封闭体制下的既得利益者也必然是开放的反对者，他们甚至制造种种障碍来阻挠开放。越是在这种情况下，对外开放越重要，没有对外开放就难以实现真正意义上的对内开放。当然国外开放经济的经验可以借鉴，但不能照搬。

再次，对外开放可以为对内开放提供资金、技术、人才等实际帮助。不论是对外开放还是对内开放，从经济的层面来说都是商品、资金、技术、人员的流动。首先又是资金的流动。市场经济就是开放经济，也是金融经济。开放经济正是通过资金流动带动商品、技术、人员的流动。在开放初期，引进资金是主要的资金流动方式，通过引进资金带来先进技术和设备，先进的管理理念和人才。并且外资的引进可以带活国内市场，从而激活国内的资金、技术和人才的流动。"采用外资数量导向的时候，必然形成对国内资金的挤出。产业链和集群式发展既给外资提供了发展条件，也为国内企业创造了发展空间。这就说明，正确的外资政策导向既有利于吸收外资，也有利于更好地拉动国内投资。"① 当然，一个国家能否充分而高效地利用外资，还需要很多配套条件。包括："国内资源已得到充分动员和利用，外资的引入不会对国内储蓄产生消极影响；生产资本的配置是有效率的；外资的引进和利用不降低投资的效率；外资的引进和利用有助于提高创汇能力；完善的市场机制；健全的外资法规；具体、统一、透明的经济政策；内外资企业之间平等的竞争环境；廉洁高效的外资审批及监督机构。"②

对发展中国家来说，出口对增长的带动作用十分重要。"第一，它为创新提供了基础。正如格林沃德和斯蒂格利茨所指出的那样，工业部门的规模越大，知识的转移规模就越大。第二，出口存在激烈的竞争，而竞争能够激发提高效率和创新的热情。第三，在发展初级阶段，生产能力可以超过消费能力，或者更准确地说，可以超过所生产的特定货物的需求。"③

对外开放促进技术流动。"一般来说，外资流入时投资拉动的增长是比较清楚的，但由于产业之间的关联，我们很难把宏观经济增长分为内资

---

① 张幼文：《新开放观——对外开放理论与战略再探索》，人民出版社 2007 年版，第 75 页。

② 同上书，第 99 页。

③ 王梦奎：《中国发展高层论坛：迈向新增长方式的中国》，社会科学文献出版社 2008 年版，第 22 页。

和外资带动的增长，但是从发展的意义上看这却是可以明显区分的。提高外资对国民经济结构进步的作用是提高外资效益的核心。这种作用主要是通过产业关联和技术外溢形成的。从产业关联说，外资企业可能形成对国内的需求，从而通过产业链拉动国内经济进入这个新产业；也可能通过其先进产品向国内企业提供，促进国内企业的技术更新和改造。因此，延长外资先进产业在国内的产业链，会加大外资对产业结构进步的贡献，这种贡献要比外资扩大出口的意义更大、更深远。随着国内产业链的逐步延长，新产业逐步形成。当然，在一个相当长的时期中，外资企业一般是不可能将高增值端转让出来的。增强外资技术溢出从而实现我国产业进步的关键是延长外资企业在中国的产业链。”①

最后，对外开放还通过制造压力的方式促进对内开放。对外开放就是与外部世界接触直至最终接轨，就是不同国家的人们在一起进行经济技术和文化交流。随着对外开放的不断推进，在促进国内经济主体对外开放的同时，必然会带来国内开放的促进。因为企业如果没有在对内开放中的磨炼和摸爬滚打，是很难胜任对外开放的严酷竞争的。“事实上，企业若没有经由国际竞争而延伸拓展在母国既有的优势，其竞争实力将不堪一击。母国市场优势、以海外网点发挥特殊功能、建立全球营运网络并非单独存在的，这些要素对企业扬威国际的关系互为依赖，缺一不可。自从全球竞争成为风潮之后，大众注意力也集中在体系优势和海外网点优势上。其实，企业最重要的竞争优势还是母国市场优势。”② 我国现在越来越多的企业走出去，有的取得了成功，但总体而言成功概率并不高。有的甚至损失惨重。“对企业而言，改进和创新、找寻更好的国际竞争方式、持续提升产品和流程，是保持精致产业竞争优势的唯一方法。如果国家能提供这样的环境，产业一旦获益，国家也会成为最终受益者。……如果产业的母国市场比外国市场更进步，并在国际市场的需求出现之前就展现改进与创新的能力，那么该国的国力必然会随产业的优秀表现而强盛。同样地，企业要在国际市场竞争成功，就必须有能力转化母国市场的竞争优势。”③

对外开放对对内开放的促进，在发展中国家表现得更为明显和彻底，

---

① 张幼文：《新开放观——对外开放理论与战略再探索》，人民出版社 2007 年版，第 73 页。

② ［美］迈克尔·波特：《国家竞争优势》，华夏出版社 2002 年版，第 57 页。

③ 同上书，第 63—64 页。

它体现发展中国家在发挥后发优势的过程中。越是不发达国家就越是封闭的国家，并且无论是封闭还是开放都有惯性，历史表明，封闭的惯性比开放的惯性还要大。这种封闭往往要靠外力才能打破。但是在发达国家国内经济比较弱小和国内开放经济尚未形成的情况下，对外开放对对内开放的促进会受到多方面因素的制约，因此其效果也会受到影响。随着对外开放度的不断扩大，对规则的要求越高，对国内开放的要求也越高。

三　对外开放与对内开放的相互冲击

（一）对外开放对对内开放的冲击

对外开放在促进对内开放的同时，也会给对内开放带来冲击。当然，这种冲击在内外开放平衡和不平衡两种情况下有所不同。

在平衡的对内对外开放条件下，这种冲击会比较小一些。而在内外开放不均衡的情况下，对外开放会对对内开放造成全方位的冲击。

对外开放对对内开放的冲击，首先表现为对国内市场的冲击。在开放经济条件下，内外市场是一体化的。但不均衡的对外开放会带来很多结构性的问题。一个突出的问题是，过度依赖外部经济，甚至形成对外部的依赖，包括市场的依赖、资源的依赖、技术的依赖、资金的依赖、就业的依赖等。首先是市场的依赖，具体表现为外贸占 GDP 的比重很高，如果进出口是均衡的，国内地区之间、产业之间是均衡的，对国内经济的冲击尚可以控制在一定限度之内。对发展中国家而言，外部市场贡献大容易造成对国内市场建设的忽视，从而拖延国内市场建设和开放的进程，形成“以外部市场为中心”的局面。国内的资源和人力物力都以外部市场为转移，可能导致对国内开放市场的替代。而一个长期实行外向型经济模式的国家，往往会忽视国内市场的发展。并且在技术、产品质量等各方面都建立在外部市场之上，国内市场可能出现假冒伪劣泛滥的混乱局面。国内的各种资源和生产要素服务于对外开放需要，必然会忽视国内经济的平衡和现实需要。这种情况下，外部市场稍有风吹草动就可能对国内经济造成冲击。包括中国在内的许多新兴发展中国家都有这方面的情况，因而经济发展始终充满着外部风险。就拿中国来说，1997 年东南亚金融危机、2008 年美国金融危机都造成了严重冲击。这也可以说是一种典型的外部输入型风险。

其次是对技术的冲击。对外开放为引进技术提供了可能性，但是企图通过引进技术来改善技术落后的面貌往往是不现实的，而常常出现的是本国技术被国外企业控制的情况。因为在发展和开放初期，一个国家的国内企业普遍比较弱小，在跟国外企业的竞争中处于不利地位。无论是对整个技术环境还是在和外资进行技术合作过程中，国内企业都处于被动地位。如果这种状况不能在一定时间内得到改善，将可能形成一国技术长期对外依赖的情况。这种冲击，将可能直接导致一国企业和产业长期处于落后状态。“众多案例表明，跨国公司的母公司不但紧紧控制着技术的开发和转让，还在合资企业内部竭力弱化中方原有的技术开发部门，将其职能从‘研究与开发’削弱为‘技术支持’，即解决现场技术问题，从而使合资企业掉进了‘落后—引进—再落后—再引进’和‘能力弱—依赖—能力越弱’的双重怪圈，逐步丧失了自主开发创新的能力。”① 对外开放是对内开放的延伸和补充，是对内开放结果和检验。因此，对外开放不足也会影响到对内开放的质量和效果。

再次，在资金上也会造成冲击。尽管对外开放能够引进一部分外资，但是当今的国际直接投资，已越来越变成技术和知识产权的投资。投资企业只投入很少的资金，其他大部分资金是在国内金融市场中筹集。对资金本来就紧张的发展中国家来说，就可能出现国内资金更加紧张的状况。即使外商直接投入资金，也需要国内一定比例资金进行配套。比如“在所有的外商投资企业中，国内投资一直占有比较大的比例，这一方面有助于我国分享外资企业带来的利润，促进我国的经济增长；但是另一方面由于外国资本以近似1∶2的比例对国内资本进行吸引，这就很有可能形成外国资本利用国内资本为其服务的局面。同时，由于国内优质资本被吸引到外资企业，内资企业的生存空间势必受到挤压，竞争优势就会不断缩小，民族产业的成长也就会受到威胁。”②

最后，对国内开放进程的冲击。对外开放在给国内开放带来机会的同时，也会增加国内开放的风险，甚至阻碍国内开放的进程，往往会替代国内市场的重要性。在全面开放的情况下，对外开放的优势可能会超过对内

---

① 张幼文：《新开放观——对外开放理论与战略再探索》，人民出版社2007年版，第433页。

② 同上书，第316页。

开放。国外市场的层次多、机会也多，会导致国内的政府和企业忽视国内市场的重要性，从而延缓国内市场建设的进程。无论是对小国还是大国都有这方面的问题。对小国而言，国内市场本来就狭小。因此对国外市场兴趣本来就更大，从而忽视国内开放市场；而对大国而言，企业和政府同样可能对国外开放的重要性会超过对国内市场的重视。从政府的角度来说，建设国内市场的复杂性会形成政府的惰性。一些发达国家和地区，由于过度强调对外贸易和对外投资，国内产业出现严重空心化现象。国内市场有其便利的一面，但是也有其交易成本高的一面。国内的人才、资源、技术均可能转向为外资外贸服务。实践也表明，很多一开始实行外向型发展道路的国家，国内市场开放和社会开放的步伐都比较缓慢。拉美和东南亚一些国家都有这方面的深刻教训。从外部角度来看，一个对外开放程度比较深的国家，国外的一些政府或企业对国内的影响不断加深。如果国内政府和企业足够强大，内外部的力量可以相互影响甚至相互抵消，但是对发展中国家来说，显然尚不具备对外施加很大影响的程度。因此其国内市场开放被外部力量控制也是常有的事。而一旦市场被外商控制，市场也就不可能做到真正意义上的彻底开放了。市场的主动权一旦控制在少数外商手里，开放的主动权也就被外商所掌握。那就很可能被打着开放旗号搞垄断，从而重新转变为封闭了。

以中国天津市滨海新区为例，第三产业的滞后发展严重制约第二产业发展质量的提高和地区经济活力的增强，导致重点产业层次较低。2007年新区第三产业比重为28%。物流业是现代服务业的重要部门，其对第二产业发展有直接作用。但滨海新区的物流业水平不高，低价值的散货在港口吞吐量中占了很大比重，散货码头几乎占据了海河两岸的全部岸线，十多平方公里的土地成为煤炭和铁矿石的堆场。即使是集装箱运输，也有相当一部分不是以海陆联运的方式完成的，从事集装箱拆装箱服务的仓储设施占据了津塘公路两侧的大片土地。金融业的发展一直被忽视，尽管滨海新区生产总值已经相当于浦东的85.9%以上，但却没有一个能够和其经济规模相匹配的金融贸易服务区。另外，外资比重过大，影响了自主创新能力的提升。2007年，外商投资企业工业增加值占新区规模以上工业总产值比重达到54%。必须肯定，外资经济在引进国外资金、先进技术和管理经验，扩大对外贸易等方面发挥过重要的积极作用。但是（外资企业）对国际市场的依赖必然使区域经济发展的不确定性因素增多，自主性减弱。摩托罗拉公司，曾是新区发展的重要力量，近几年由于企业战略发生变化，导致生产和出口受到影响，使开发区主要经济指标连年下降。同时，由于缺乏统筹规划，产业上下游缺乏紧密的配套环境，产业间的关联度不高，特别是一些大型外资企业缺乏对新区其他企业的带动作用，使新区没有形成合理的产业群落和产业链。此外，外资过多的占用资源，“挤出”了民营企业的发展空间。2007 年，新区民营工业企业比重仅为 3. 8%，低于“三资”企业和国有企业 50. 2 个和 6. 1 个百分点。[①]

（二）对内开放对对外开放的冲击

对内开放并不天然地趋向对外开放，并且还会从不同方面冲击对外开放。对内开放对对外开放的冲击可以从三个方面来说，一是对内开放正常情况下；二是对内开放不足情况下；三是对内开放过度情况下。

一般来说，正常和适度的对内开放是有助于对外开放的，其促进作用前面已进行了充分论述。但任何事物都有两面性，这里也不例外。首先，对对外开放的动力造成影响。在市场充分开放的情况下，无论是贸易还是投资，首先考虑的还是国内机会。如果内部市场足够大，内部市场是开放的，就会大大减小对外部市场的需求。“国内市场规模有如一把双刃的剑。一方面具有激励厂商投资、再投资的动力，因此是产业国际竞争力的一大优势；在另一方面，庞大的国内市场所带来的丰富机会，也可能导致厂商丧失向外拓展的意愿，这就形成不利于国际竞争的因素。因此，必须把国内竞争者等的其他竞争要素放进来一并考虑，才能看出市场规模对产业竞争力的可能利弊。”[②] 正是因为这一点，并不是每一个国家在开放问题是都有那么强烈的意愿。

其次，冲击对外开放的资源配置。一国内部的资源总是有限的。充分的对内开放也必然导致资源对内的充分使用，而影响对外经济的资源需求。在开放经济条件下，如果长期依赖国内市场，优质资源都用于国内经济，慢慢就可能脱离国际市场，其竞争力当然就难以维持。现在一些国内市场发展充分的发达国家，在国际市场中的份额不断下降，慢慢更忽视国

---

① 国家发展和改革委员会学术委员会办公室：《转变经济发展方式研究》，中国计划出版社 2009 年版，第 55 页。

② ［美］迈克尔·波特：《国家竞争优势》，华夏出版社 2002 年版，第 88 页。

际市场的重要性，就形成了恶性循环。日本就是这方面的一个例子。一流人才和产品都留在国内，二流的流向欧美，三流的流向东南亚和中国。其结果必然是被部分国际市场抛弃。一些区域市场比较发达的国家同样有这方面的情况，比如欧盟中的一些国家，最近发生债务危机的爱尔兰、希腊、西班牙、葡萄牙、意大利等国都属于这种情况。而像法国和德国由于一直重视对外经济，竞争力比较强，受金融危机的冲击就比较小。

最后，冲击与国际接轨的过程。开放本身就意味着规则和秩序，任何开放都意味着形成一种秩序和规则。一个成熟的开放社会必然意味着一套成熟的秩序和规则。并且任何一个开放国家或社会都有一套秩序和规则。而任何秩序和规则都是有边界的。因此在某种程度上说，对不熟悉这套秩序规则的国家来说，就意味着封闭。从这个意义上来说，规则越健全的国家，其对外的排斥性就越大。这也就是为什么即使是一些自称是高度对外开放的国家，其真实的开放度都是有限的。这也是为什么需要那么多国际组织存在的原因，这些国际组织的主要职能就是协调规则。当然也可以通过个别国家之间就某些规则进行协商与协调，从而签订一些谅解备忘录或协议、条约等加以解决。

对内开放是对外开放的基础，如果对内开放不足，其对外开放的效果必然受到影响。对内开放不足首先表现为国内市场发展不充分。国际市场是国内市场的延伸。国内市场不充分，就难以与国际市场接轨。市场的规则、价格的确定等就很可能脱离开放的要求。而在这种环境下形成的企业、消费者甚至政府，可能都难以真正在开放市场中参与竞争。因为一国经济的国内规则与国际规则相差太大，国内经济主体就难以适应国际规则，也就难以在国际经济环境中开展活动。我国和很多发展中国家的市场都有一定的这方面特点。这些国家的企业参与国际经济活动的能力很有限，它们只能跟在跨国公司后面，而更多的可能是这些跨国公司在代表这些国家参与国际经济活动。比如我国的对外贸易中，百分之五六十都是由在华跨国公司完成的，就反映了这一点。而一旦这些跨国公司离开，对外开放的能力就受到严重影响，甚至毫无国际竞争能力。还有一种开放不足就是国内市场的无序竞争。一旦国内市场出现无序竞争，同样不仅影响国内经济发展，而且影响对外开放的质量。国内各省在引进外资方面展开激烈竞争。改革开放初期，福建利用外资一直名列全国第二。但从 1996 年开始，福建的外资吸收“节节败退”，1997 年被江苏赶上，2000 年被山东超越，2001 年又被上海甩在身后。20 世纪 90 年代中期以前，福建一直是台商在大陆投资布局的中心地区，但随后，地位不断下降。2000 年的统计数据表明，福建吸纳台资所占份额已从 1991 年的 32% 降至 3.8%，10 年下降了 28 个百分点。①

对内开放过度也会影响一国的对外开放。对内开放过度可以表现在各个方面。对内开放过度没有明确的定义，一般就是指国内竞争过于激烈，导致无序开放。无序开放一方面是缺乏开放规则，另一方面是缺乏对市场的监管。其后果对有实力的企业而言，很容易形成市场垄断；而对于缺乏绝对有竞争实力企业的市场环境，则可能出现市场过度分散的情况。这种开放首先在国内无法获得最大效益。在面对更大的国际开放空间情况下，更是出现无力抗争的情况。中国国内的开放一方面是开放不足，但另一方面却表现为过度开放。中国许多行业已出现过度竞争情况，使得内耗过大，无力对外。而有些行业则明显被少数企业垄断。中国的一些央企，国外的一些大型企业，在中国都在形成一定程度的垄断。

总体而言，对外开放对对内开放的冲击，主要表现在发展中国家；而对内开放对对外开放的冲击，在发达国家表现得比较明显。也可以说发展中国家对外开放，对内比较封闭；而发达国家则相反，对内开放，对外则设置种种障碍，形成一定的市场封闭。

① 伍长南、黄继炜等：《转变经济发展方式研究——以福建省为例》，中国经济出版社 2010 年版，第 86 页。

中国处理改革与开放关系的基本经验

中国改革开放的过程，就是一个不断磨合改革与开放关系的过程。其中有成功的经验也有教训。不论是经验还是教训，都为今后进一步的改革开放奠定了基础。

一　中国改革开放的历程

如果从一般意义的改革开放角度来说，任何社会发展的过程都是改革和开放的过程。一个新社会建立之后的发展就转变成了改革开放的过程。从这个意义上说，中国社会主义现代化建设的过程一直就是不断改革和开放的过程。由于历史的影响，也由于新中国成立后国际国内政治经济环境的影响，我国经济在一段比较长时期内呈现出一种典型的“内向型经济”的特点。中国经济从“内向型经济”转变为“开放型经济”的过程，深刻地反映出了改革和开放相互促进的过程。从“内向型经济”向“外向型经济”转变的过程，就属于比较典型的“改革促开放”的过程；而从“外向型经济”向“开放型经济”的转变过程，则比较明显地反映了“开放促改革”的过程。1978 年开始改革开放之后，外向型经济得到了很大发展。从 1981 年到 1999 年，一般贸易进口额从 204 亿美元增长到 670 亿美元，18 年间增加了 2. 3 倍，远远低于同时期名义 GDP 的增长率；而加工贸易出口额则从 11 亿美元增长到 1109 亿美元，增加了 100 倍。[①] 进入 21 世纪随着中国加入世界贸易组织之后国际国内经济联系的加深和国内外贸易的共同发展，开始转向开放型经济。从 2001 年到 2012 年，中国 GDP 从 109655. 2 亿元增长到 519322 亿元，增长了 4. 73 倍；而对外贸易

---

① http：//www. jsdpc. gov. cn/pub/jsdpc/yjlt/rdgz/200801/t20080115_ 66543. htm.

从5097.7亿美元增长到38668亿美元，增长了7.58倍。中国对外开放的速度明显加快。

以1978年党的十一届三中全会为界，中国的改革和开放可以划分为两个大的阶段。

第一阶段：从1949年新中国成立到党的十一届三中全会前夕。

新中国的成立，中国按照苏联模式逐步建立了一套高度集中统一的计划经济体制。从广义的角度来说，此后党领导中国人民进行的社会主义建设历程，实际上也是改革开放的历程。新中国的成立，开始了中国社会的重大变革，中国人民成为自己的主人。此后通过土地改革、农村集体化运动、城市公有制经济变革，都是一种革命之后的改革；同时也是一种开放，其核心是下放了公民权利，公民不仅成为公有制财产的所有者，而且在政治上成为自己的主人。在经济上也建立了一套以纵向开放为主的开放体系。同时也进行了对外开放。当然，由于当时的国际环境影响，对外开放只能局限于社会主义国家之间。

由于社会主义制度是一种年轻的社会制度，在改革、开放和建设方面都没有经验，因此存在很大的局限性。当时主要是以苏联模式为基础，期间虽然也根据自己的实际做了一些改革探索，特别是1956年和1957年毛泽东主席分别发表了《论十大关系》和《关于正确处理人民内部矛盾的问题》的重要讲话，力图通过自己的方式尽快发展经济，但由于经验不足，加上急于求成的急切心态，采取了“大跃进”和人民公社化运动等违反中国社会主义建设规律的重大措施，使中国经济社会发展和人民生活付出了沉重代价。此后，当时的党和政府也在寻找继续改革开放的道路。

在经历了“大跃进”之后，刘少奇、邓小平等党和国家领导人都从不同方面提出了改革经济的思路（虽然当时没有直接使用“改革”一词）。“1961年9月，刘少奇对国民经济管理提出了一系列从实际出发的改革建议。包括运用市场、价值规律来解决经济问题。不仅消费资料可以通过价值法则调剂，有些生产资料也要利用价值法则来促进生产。”① 此后，党中央和毛主席果断停止了“大跃进”口号，也“意味着中国开始正视自己国家的落后状况，注意从实际出发，保持经济的平衡发展，老老

① 刘国光：《中国十个五年计划研究报告》，人民出版社2006年版，第216页。

实实地进行经济建设。"① 1961 年春天开始，安徽许多地方试行包产到户的办法，效果很好，农业生产明显回升。"刘少奇非常赞成和支持包产到户，并开始考虑如何使包产到户合法化的问题。邓小平说得非常肯定，指出：生产关系究竟以什么形式为最好，恐怕要采取这样一种态度，就是哪种形式在哪个地方能够比较容易比较快地恢复和发展农业生产，就采取哪种形式；群众愿意采取哪种形式，就应该采取哪种形式，不合法的使它合法起来。为了说明这个道理，邓小平还引用了一个著名的民间谚语：'黄猫、黑猫，只要捉住老鼠就是好猫。'陈云认为责任田、包产到户是非常时期必须采取的办法。李富春表示：'只要有利于农业生产的恢复，各种形式都不否定，如包产到户，责任田，甚至分田到户，都是过渡的形式，要大胆设想，只要有利于农业恢复的形式都可以采用。'"②

1961 年，中央正式提出了"调整、巩固、充实、提高"八字方针。1962 年 1 月至 2 月召开的七千人大会和西楼会议，标志国民经济进入全面调整的决定性阶段。四届人大结束不久，经毛泽东批准，邓小平由此开始主持国务院工作，着手进行以经济领域为主的整顿。整顿从铁路、钢铁领域开始，接着工交系统的冶金、煤炭、石油、电力、机械、森林工业、水产、建材、纺织、交通、铁道、邮电等 13 个部门，确定了需要调整领导班子的 379 个单位。针对"文化大革命"前期农村的平均主义做法，邓小平在全国农业学大寨会议开幕会上讲话指出，对现行的农业政策要调整，要研究，关键是领导，要配备好各级领导班子，搞机械化，每个地方都要有自己的特点。到 1975 年 9 月底，整顿工作在军队、工交、科技、国防领域已经见效，文艺、农业领域也揭开序幕，教育、财贸及党的整顿工作正在准备之中。③

第二阶段：从 1978 年召开的党的十一届三中全会开始，改革开放逐渐走向深入并取得成功。

1978 年开始的改革开放又可以分为三个小的阶段：

1978—1992 年：探索改革开放目标的阶段。

1978 年 11 月召开的党的十一届三中全会发出了全面改革开放的动员

---

① 刘国光：《中国十个五年计划研究报告》，人民出版社 2006 年版，第 199 页。

② 同上书，第 215 页。

③ 同上书，第 329 页。

令。十一届三中全会公报明确指出，“实现四个现代化，要求大幅度地提高生产力，也就必然要求多方面地改变同生产力发展不适应的生产关系和上层建筑，改变一切不适应的管理方式、活动方式和思想方式，因而是一场广泛、深刻的革命。”“我国经济管理体制的一个严重缺点是权力过于集中，应该有领导地大胆下放，让地方和工农业企业在国家统一计划的指导下有更多的经营管理自主权；应该着手大力精简各级经济行政机构，把他们的大部分职权转交给企业性的专业公司或联合公司。在自力更生的基础上积极发展同世界各国平等互利的经济合作，努力采用世界先进技术和先进设备。”①

1979 年，中央提出了一个新的“八字方针”，即“调整、改革、整顿、提高”。“所谓调整，就是自觉地改善国民经济严重失调的比例关系，使农业、轻工业和重工业之间以及各部门与各行业之间协调地发展，使积累和消费之间保持合理的比例。所谓改革，就是要从中国社会和经济的特点出发，按照客观经济规律的要求，有步骤地对现行的经济管理体制中不合理的部分进行改革。所谓整顿，就是要克服企业、事业单位管理中存在的混乱现象，加强领导班子的建设，建立起明确的责任制度和科学的规章制度，建立起正常的生产秩序。所谓提高，就是要大力提高生产水平、技术水平和管理水平，提高经济效益。”②

1982 年召开的党的十二大明确提出，“正确贯彻计划经济为主、市场调节为辅的原则，是经济体制改革中的一个根本性问题。我们要正确划分指令性计划、指导性计划和市场调节各自的范围和界限，在保持物价基本稳定的前提下有步骤地改革价格体系和价格管理办法，改革劳动制度和工资制度，建立起符合我国情况的经济管理体制，以保证国民经济的健康发展。”“实行对外开放，按照平等互利的原则扩大对外经济技术交流，是我国坚定不移的战略方针。我们要促进国内产品进入国际市场，大力扩展对外贸易。要尽可能地多利用一些可以利用的外国资金进行建设。要积极引进一些适合我国情况的先进技术，特别是有助于企业技术改造的先进技术，努力加以消化和发展，以促进我国的生产建设事业。”③

---

① 刘国光：《中国十个五年计划研究报告》，人民出版社 2006 年版，第 398 页。

② 同上书，第 401 页。

③ 胡耀邦在党的第十二次全国代表大会上的报告。

党的十二届三中全会对经济体制改革的内容、性质和目标进行了系统阐述。“改革计划体制，首先要突破把计划经济同商品经济对立起来的传统观念，明确认识社会主义计划经济必须自觉依据和运用价值规律，是在公有制基础上的有计划的商品经济。我们改革经济体制，是在坚持社会主义制度的前提下，改革生产关系和上层建筑中不适应生产力发展的一系列相互联系的环节和方面。这种改革，是在党和政府的领导下有计划、有步骤、有秩序地进行的，是社会主义制度的自我完善和发展。”① 这个《决定》不仅初步阐述了改革与开放的关系，而且明确提出了要处理好对内开放和对外开放的关系。即“要充分利用国内和国外两种资源，开拓国内和国外两个市场，学会组织国内建设和发展对外经济关系两套本领。对外要开放，国内各地区之间更要互相开放。经济比较发达地区和比较不发达的地区，沿海、内地和边疆，城市和农村，以及各行业各企业之间，都要打破封锁，打开门户，按照扬长避短、形式多样、互利互惠、共同发展的原则，大力促进横向经济联系，促进资金、设备、技术和人才的合理交流，发展各种经济技术合作，联合举办各种经济事业，促进经济结构和地区布局的合理化，加速我国现代化建设的进程。”②

对内进行经济体制改革的过程，就是对内开放的过程。“从1981年到1985年，全国达成横向经济技术协作项目7万多个，其中1985年达成4万多个，超过前4年的总和。协作的内容，逐渐由以物质协作为主，转向技术协作、经济联合和技术、资金、人才、物资四位一体的协作。同时，协作的形式也由一次性临时协作，逐渐转变为长期、稳定的协作，出现了城市经济技术联合体、跨行业跨地区的企业联合体、技术市场和咨询服务网等新形式。”③

在鼓励企业加强横向联合同时，国家逐步改变过去渠道单一、层层分配、封闭管理的流通体制，完成向多渠道、少环节、开放式的市场转变。由国家计划直接管理的商品品种和数量逐步减少，扩大了市场调节的范围。商业部直接管理的产品由1979年的188种减少到1985年的23种，机电产品除汽车、半导体和工业锅炉外，全部实行自由购销。对商品流通

① 见1984年《中共中央关于经济体制改革的决定》。

② 同上。

③ 刘国光：《中国十个五年计划研究报告》，人民出版社2006年版，第473页。

体制，按照“三多一少”（即多种经济形式、多种经营方式、多条流通渠道，减少流通环节）的方向进行了改革。逐步取消了日用工业品的统购包销制度和农副产品的统购派购制度，打破行政区划和所有制界限，实行计划收购、订购、选购、代销、自销等灵活多样的购销方式。各种贸易中心、贸易货栈、批发市场、农贸市场、联营商店、农工商联合企业等商业形式大批涌现。① 这些事实表明，改革就是开放，或者说放开。

经济体制改革的核心是“计划”本身。为了配合以上改革，“‘六五’期间，根据有计划商品经济的发展的需要，国家对原直接向企业下达指令性生产和分配计划的指标，靠行政命令管理经济的方式进行了改革。首先是计划管理体制改革。除少数特殊情况外，逐步将中央企业下放到所在城市，中央各部门、地方各级政府不再直接经营管理企业。城市也不能直接干预企业的产供销，而是对整个经济活动起统筹、协调、服务、监督的作用，‘六五’期间，首先在机械部、电子部所属200个企业进行了试点。与此同时，随着投资体制、金融体制、财政体制的改革，国家开始运用经济手段和法律手段调节生产。中国人民银行专门行使中央银行的职能，成立了四大专业银行，投资公司、信托公司等非银行金融机构开始建立。在信贷管理上，改革了统存统贷的管理制度，开始形成以银行信用为主体，商业信用、委托信用等多种信用并存的局面。财政税收制度方面，在1980年实行‘划分收支、分级包干’的基础上，1985年又实行了‘划分税种、核定收支、分级包干’的财政政策，有利于调动地方的积极性。”②

在对外开放方面，“继1980年首批深圳、珠海、厦门和汕头4个经济特区的成功经验后，1984年5月，中央和国务院批准进一步开放大连、秦皇岛等14个沿海港口城市。在政策上，扩大这些城市的自主权，让它们有充分的活力去开展对外经济活动，对前来投资的外商在企业所得税方面给予优惠待遇，允许这些城市举办经济技术开发区，实行特区的某些政策。1985年1月，国务院又将长江、珠江三角洲和闽南厦（门）、漳（州）、泉（州）三角地区开放为沿海经济开放区。”③ “经过‘六五’期间经济体制改革的探索和实践，我国经济体制开始从封闭走向开放，从过

① 刘国光：《中国十个五年计划研究报告》，人民出版社2006年版，第474页。

② 同上。

③ 同上书，第475页。

去管得过多，统得过死的僵化体制，转向适应有计划发展商品经济要求的充满活力的新体制。”[①]“‘六五’期间，人民生活得到明显改善，幅度之大是建国以来没有过的。扣除物价上涨因素，这五年农民人均纯收入平均每年增长13.7%，城镇职工家庭人均收入平均每年增长6.9%。”[②]

党的十三大，对过去几年改革开放的经验进行了深刻总结，明确将改革开放确定为党在社会主义初级阶段基本路线的重要组成部分。报告指出：“为了加快和深化改革，必须加深对我国经济体制改革性质的科学理解。我们已经进行的改革，包括以公有制为主体发展多种所有制经济，以至允许私营经济的存在和发展，都是由社会主义初级阶段生产力的实际状况所决定的。”要“进一步扩大对外开放的广度和深度，不断发展对外经济技术交流与合作。必须继续巩固和发展已初步形成的‘经济特区——沿海开放城市——沿海经济开发区——内地’这样一个逐步推进的开放格局。从国民经济全局出发，正确确定经济特区、开放城市和地区的开发与建设规划，着重发展外向型经济，积极开展同内地的横向经济联合，以充分发挥它们在对外开放中的基地和窗口作用。横向经济联合是社会化大生产和社会主义商品经济发展的必然趋势。”[③]

在改革开放的初期，出现了经济过热和一些市场混乱现象，“从根本上说，是在新旧体制转换过程中，计划手段在弱化，而市场手段还没有强化，还没有形成一套完善的自我约束机制和宏观调控机制，同时在经济工作中也存在着某些认识问题和决策失误。”同时“在体制改革过程中，企业和地方权力的扩大与宏观调控机制的建立不协调，在计划手段减弱、微观放活的同时，以经济手段为主的自我约束机制和宏观调控机制尚未健全。”[④]为此，1988年9月26日至30日召开的十三届三中全会确定，在坚持改革开放总方向的前提下，下最大的决心，把1989年和1990年改革和建设的重点突出地放到治理经济环境和整顿经济秩序上来，为理顺价格创造条件，保证经济建设持续、稳步、健康地发展。

总言之，这一阶段的改革与开放关系具有以下特点：一是改革与开放

---

① 刘国光：《中国十个五年计划研究报告》，人民出版社2006年版，第476页。

② 同上书，第478页。

③ 《沿着有中国特色的社会主义道路前进——在中国共产党第十三次全国代表大会上的报告》，1987年10月25日。

④ 刘国光：《中国十个五年计划研究报告》，人民出版社2006年版，第512页。

都处于试验阶段。二是改革与开放的关系总体上比较协调。因为改革与开放都处于起步阶段，规模不大，也还远未深入。三是在对外开放与对内开放的关系上，采取的是对内开放为主，对外开放为辅。

1992—2001 年：**建立和完善社会主义市场经济体制阶段**。

党的十四大初步总结了改革开放的成就，并明确把社会主义市场经济体制作为经济体制改革的目标。会议指出，“新时期最鲜明的特点是改革开放。改革开放从十一届三中全会起步，十二大以后全面展开。它经历了从农村改革到城市改革，从经济体制的改革到各方面体制的改革，从对内搞活到对外开放的波澜壮阔的历史进程。实践表明，市场作用发挥比较充分的地方，经济活力就比较强，发展态势也比较好。我们要建立的社会主义市场经济体制，就是要使市场在社会主义国家宏观调控下对资源配置起基础性作用，使经济活动遵循价值规律的要求，适应供求关系的变化。我们要大力发展全国的统一市场，进一步扩大市场的作用，并依据客观规律的要求，运用好经济政策、经济法规、计划指导和必要的行政管理，引导市场健康发展。进一步扩大对外开放，更多更好地利用国外资金、资源、技术和管理经验。对外开放的地域要扩大，形成多层次、多渠道、全方位开放的格局。扩大出口贸易，改善出口商品结构，提高出口商品的质量和档次，同时适当增加进口，更多地利用国外资源和引进先进技术。深化外贸体制改革，尽快建立适应社会主义市场经济发展的、符合国际贸易规范的新型外贸体制。”①

党的十四届三中全会作出了建立社会主义市场经济体制的一系列重要决定，确立了改革开放的基本框架。“只有抓住有利时机，深化改革，扩大开放，加快发展，才能巩固安定团结的政治局面。当前要着重发展生产要素市场，规范市场行为，打破地区、部门的分割和封锁，反对不正当竞争，创造平等竞争的环境，形成统一、开放、竞争、有序的大市场。坚定不移地实行对外开放政策，加快对外开放步伐，充分利用国际国内两个市场、两种资源，优化资源配置。积极参与国际竞争与国际经济合作，发挥我国经济的比较优势，发展开放型经济，使国内经济与国际经济实现互接互补。依照我国国情和国际经济活动的一般准则，规范对外经济活动，正确处理对外经济关系，不断提高国际竞争能力。实行全方位开放。继续推进经济特区、沿海开放城市、沿海开放地带，以及沿边、沿江和内陆中心

① 江泽民在党的第十四次全国代表大会上的报告。

城市的对外开放，充分发挥开放地区的辐射和带动作用；加快主要交通干线沿线地带的开发开放；鼓励中、西部地区吸收外资开发和利用自然资源，促进经济振兴；统筹规划，认真办好经济技术开发区、保税区，形成既有层次又各具特点的全方位开放格局。拓宽对外开放的领域，扩大生产要素的流动和交换，在注重工业和贸易领域国际联系的基础上，加快其他产业的对外开放，促进服务贸易的发展。改进海关、商检、运输等各项口岸工作。加强对境外中资企业的管理。认真总结经验，不断提高对外开放程度，引导对外开放向高层次、宽领域、纵深化方向发展。"①

党的十五大提出，"努力提高对外开放水平。以提高效益为中心，努力扩大商品和服务的对外贸易，优化进出口结构。坚持以质取胜和市场多元化战略，积极开拓国际市场。进一步降低关税总水平，鼓励引进先进技术和关键设备。深化对外经济贸易体制改革，完善代理制，扩大企业外贸经营权，形成平等竞争的政策环境。积极参与区域经济合作和全球多边贸易体系。积极合理有效地利用外资。有步骤地推进服务业的对外开放。依法保护外商投资企业的权益，实行国民待遇，加强引导和监管。鼓励能够发挥我国比较优势的对外投资。更好地利用国内国外两个市场、两种资源。完善和实施涉外经济贸易的法律法规。正确处理对外开放同独立自主、自力更生的关系，维护国家经济安全。进一步办好经济特区、上海浦东新区。鼓励这些地区在体制创新、产业升级、扩大开放等方面继续走在前面，发挥对全国的示范、辐射、带动作用。"②

总言之，这一阶段的改革与开放关系具有以下特点：一是改革与开放的互动显得更为重要。随着改革与开放的不断深入，两者的互动开始提上议事日程。二是改革与开放的冲突开始显露出来。突出表现在中国申请加入世界贸易组织的过程中，一些发达国家不断对中国提出深化各领域改革的要求。三是对外开放的主导作用日渐突出。随着对外贸易和外商投资的快速发展，"开放促改革"效应更为明显。

2001 年至今：改革开放与世界接轨的阶段。

2001 年 12 月 11 日，中国正式加入世界贸易组织（WTO）。这个历史性事件的发生，是历经 15 年艰苦谈判、多方外交努力和无数次外交冲刺

---

① 《中共中央国务院关于进一步完善社会主义市场经济体制的决定》。

② 江泽民在党的第十五次全国代表大会上的报告。

的成果，更是中国自1978年开启改革开放历史进程之后快速发展的必然结果。世贸组织是当今国际体系在经贸领域最重要的国际机制。中国作为当今世界最大的发展中经济体加入该机制，在使该机制变得更具代表性和更加完整的同时，也使中国作为正式成员由此开始享有该机制所赋予的权利和义务，标志着中国的改革、开放、发展进入新的历史阶段。

据此，中国的经济开放从货物贸易和服务贸易向资本扩展，并调整和修改了国内在经济领域的一系列法律、法规、制度和做法，排除了与世贸组织有关规定不相适应甚至相互矛盾和冲突之处。中国在“走出去”战略的实施过程中，企业和资本在国际市场上依据世贸组织的有关规则开展经济活动，份额和影响力不断扩大。中国与其他国家的经济摩擦和纠纷相应也越来越多地在该机制下进行谈判、协商、仲裁和处理。随着中国与世界的经贸联系实现从“世外”到“入世”的历史性转变，在这个转变的牵动和助推下，中国经济的对外开放循序渐进，不断扩大深化，逐步驶入快车道。开放的对象从之前的面向港澳台地区以及日本、韩国、新加坡等东亚发达经济体，以“四小龙”和“四小虎”为代表的新兴工业化经济体以及美欧等西方发达国家，到“入世”之后面向全世界；开放的地区从之前的整个东部沿海省市，到所有沿边省市，再到沿长江流域，进而扩大到内陆省市。与此同时，经济的扩大开放带动信息、文化、教育和社会等多个领域扩大开放。作为拥有数千年悠久历史的文明古国，中国由此逐步发展成为世界上开放程度较高的国家。

开放促进改革，改革促进发展。尽管在“入世”之前，有关利弊的讨论十分热烈。而且，“入世”之后的关税降低，确实给出口加工等有关行业和领域的发展造成了不小的压力和一定的冲击。但是，客观地看，正是在应对这些压力和风险的过程中，中国国内的改革持续深化，发展持续推进。在随后的十年里，中国不断扩大的开放在实现进出口贸易大幅增长的同时，见证了国内市场经济体制的不断完善，国有企业的股份制改革和转型；股市、汇市和房市的起落、整顿与规范；医疗、教育、文化、科技和卫生等领域改革的探索与调整；捐赠、慈善、救助和社区服务等社会公益事业的发展和规范；社会日益开放和多元，以大部制改革为代表的政府部门机构和职能的调整，各级政府从注重管理向注重服务的转变。不断扩大的开放和持续深化的改革促进了快速稳定的发展，整个国家的政治、经济、社会、文化、外交和国防都步入了飞快变化的轨道，规模和质量不断跃升新水平。

随着中国自身市场的扩大，企业在营销和研发方面得到了更多锻炼，适应海外市场的能力也得到增强。开放不仅只是对外国开放，也包括对“外人”（体制外的机构或人员）开放和对外地开放，这是对内开放。这些都属于全球化的内涵，因为它们都意味着资源交换范围的扩大，而且往往是紧密联系在一起。不对外国开放的领域，一般是实行垄断经营，不允许太多竞争，准入限制将外国限制在外的同时，也将“外人”和外地限制在外，不实行对内开放，或者是需求方能够承受的成本较低，不能进行长途运输，那么，对外国的障碍也是对外地的障碍。同样，对外国开放也意味着对内开放、对“外人”和外地开放。比如，根据世贸协议，2006年要对外资开放成品油批发的经营权，这实际上也使国内企业具有了从事成品油批发业务的可能性。而且，为国外市场提供产品，往往需要来自全国各地区各群体的资源支持，这就促进了地区之间的资源交换。从这些角度来说，对外国开放往往领先于并带动对内开放。

全球化的完整进程，是在与国外建立广泛而深入的经济联系的同时，也将国内各地区各群体联结起来，这样才能形成完整的产业链。中国最先进入全球产业体系的是沿海地区，但这离不开中西部地区的资源支持。从20世纪90年代初起，它们为东部地区的发展提供了大量劳动力，几千万农民从内地到沿海，从农村到城市，冲击着户籍制度造成的地区和城乡分割。近几年，它们又起着提供能源和原料的作用。此后它们还成为东部地区产品的重要市场和产业转移的腹地。随着市场需求的变化，东部地区和中西部地区在产业链中的角色逐渐改变，在不同时期承担了不同的产业环节，总体的趋势是越来越深入地融入全球产业链中。在这个过程中，东部地区和中西部地区获得不同的发展机会。20世纪90年代中期，中西部地区主要是提供劳动力，本地区并没有获得好的发展机会，远远落后于沿海地区，那时，东部地区各省份的GDP增长率一般在20%以上，比内地省份高出五六个百分点甚至更多。而进入21世纪后，中国经济又进入一个高速增长的周期，中西部地区的能源和原料得到开发和利用，发展比较迅速，各省GDP增长率基本上都在12%以上，只比沿海省份低两三个百分点。下一个阶段，东部地区将逐渐实现产业升级，而附加值低的制造业向中西部地区转移，那时它们又都将有不同的发展机会。①

① http：//www. jsdpc. gov. cn/pub/jsdpc/yjlt/rdgz/200801/t20080115_ 66543. htm.

2002年召开的党的十六大进一步提出，“坚持‘引进来’和‘走出去’相结合，全面提高对外开放水平。适应经济全球化和加入世贸组织的新形势，在更大范围、更广领域和更高层次上参与国际经济技术合作和竞争，充分利用国际国内两个市场，优化资源配置，拓宽发展空间，以开放促改革促发展”①。

2003年10月，中共第十六届中央委员会第三次全体会议提出科学发展观这一重大战略思想，“统筹国内发展和对外开放”成为中国改革开放的基本要求。会议通过了《中共中央关于完善社会主义市场经济体制若干问题的决定》(以下简称《决定》)。《决定》要求加大对内开放，发展和引导非公有制经济，放宽市场准入，允许非公有资本进入法律法规未禁入的基础设施、公用事业及其他行业和领域。《决定》还提出，“把对外开放和对内开放结合起来。”2005年2月25日，《国务院关于鼓励支持和引导个体私营等非公有制经济发展的若干意见》(以下简称《意见》)正式颁发。《意见》从七个方面提出36条意见，因此又被称为“非公经济三十六条”。这是新中国成立56年来第一次以中央政府的名义发布的鼓励、支持和引导非公有制经济发展的政策性文件。该《意见》第一条的第一句话就是：“平等准入，公平待遇。”

党的十七大对实现国内发展和对外开放的协调发展提出了明确而具体的要求。报告提出，要“推动区域协调发展，优化国土开发格局。缩小区域发展差距，必须注重实现基本公共服务均等化，引导生产要素跨区域合理流动。”“拓展对外开放广度和深度，提高开放型经济水平。坚持对外开放的基本国策，把‘引进来’和‘走出去’更好结合起来，扩大开放领域，优化开放结构，提高开放质量，完善内外联动、互利共赢、安全高效的开放型经济体系，形成经济全球化条件下参与国际经济合作和竞争新优势。深化沿海开放，加快内地开放，提升沿边开放，实现对内对外开放相互促进。”②

报告进一步提出：“深化沿海开放，加快内地开放，提升沿边开放，实现对内对外开放相互促进。”这是新时期、新阶段进一步优化对外开放布局、提升开放质量和水平的一项新要求，是落实科学发展观、统筹区域发展的具体体现。要实现对内对外开放相互促进。一是继续大力推进万商

---

① 江泽民在党的第十六次全国代表大会上的报告。

② 胡锦涛在党的第十七次全国代表大会上的报告。

西进工程，加强中西部地区与东部地区的对接，促进东部制造业向西部的梯度转移；二是加快建设统一的现代市场体系，打破地区和行业壁垒，推进公平竞争，深化国内地区和行业之间的开放；三是在已经对外开放和将要对外开放的领域，要扩大对内资的开放，特别是扩大民营企业的市场准入，大力扶持中小企业的发展；四是深化政府管理体制改革，推进制度创新，加快建立完善的社会主义市场经济体制，使对内对外开放成为社会主义市场经济的内在要求，进一步加快从政策性开放向制度性开放的进程，建立更加成熟的开放型经济体系，促进资源在国内市场和全球范围内的优化配置。①

从 2001 年到 2010 年，中国的出口从世界第六的 2661. 5 亿美元增长到世界第一的 15779 亿美元，进口从世界第六的 2436. 1 亿美元增长到世界第二的 13948 亿美元（仅次于美国）。中国的对外直接投资从 2003 年世界第十二位的 29 亿美元增长到 2010 年世界第五的 680 亿美元。在进出口贸易和对外投资的拉动促进下，中国的国内生产总值（GDP）从 2001 年世界排名第六位的 11590 亿美元，增长为 2010 年世界排名第二位的 58786 亿美元；人均国内生产总值也从 2001 年的 1020 美元，快速提高到 2010 年的 4382 美元。②

党的十八大报告指出："经济体制改革的核心问题是处理好政府和市场的关系，必须更加尊重市场规律，更好发挥政府作用。要毫不动摇巩固和发展公有制经济，推行公有制多种实现形式，深化国有企业改革，完善各类国有资产管理体制，推动国有资本更多投向关系国家安全和国民经济命脉的重要行业和关键领域，不断增强国有经济活力、控制力、影响力。毫不动摇鼓励、支持、引导非公有制经济发展，保证各种所有制经济依法平等使用生产要素、公平参与市场竞争、同等受到法律保护。""全面提高开放型经济水平。实行更加积极主动的开放战略，完善互利共赢、多元平衡、安全高效的开放型经济体系。要加快转变对外经济发展方式，推动开放朝着优化结构、拓展深度、提高效益方向转变。创新开放模式，促进沿海内陆沿边开放优势互补，形成引领国际经济合作和竞争的开放区域，

---

① http：//www. sc. gov. cn/zwgk/swzc/gzyj/200712/t20071229_ 239968. shtml.

② 《瞭望》新闻周刊 2011 年 9 月 13 日。

培育带动区域发展的开放高地。”①

这一阶段的改革与开放关系具有以下特点：

一是改革与开放互动关系更为成熟。经过多年改革开放实践发展，逐渐走出了“一改就放，一放就乱，一乱就收，一收就死，一死又放”的怪圈。改革就是开放，但是开放不等于简单的放开，更不是放任。

二是开放对改革的促进作用更为突出。加入世贸组织在全面深化中国对外开放的同时，从各方面实质性地推动了各个领域的对内开放。

二 中国处理改革与开放关系的主要经验

中国改革开放的成功来自于多方面的因素，但正确处理好了改革与开放的关系无疑是其中的关键因素之一。根据前面的分析，改革与开放包含了一系列重要关系。中国在不断推进改革开放的过程中，正是较好地处理了这一系列重大关系。

（一）正确处理改革、开放、发展、稳定的关系

总结社会主义建设的经验教训，党的十一届三中全会确立了以经济建设为中心，实行改革开放的重大部署。此后，以邓小平、江泽民、胡锦涛为主要代表的党的几代领导集体对正确处理改革、开放、发展、稳定的关系提出了许多重要论断。归结起来就是，要坚持发展是目的，改革和开放是动力，稳定是前提；就是要把发展的速度、改革开放的力度和社会的可承受度统一起来，把不断改善人民群众生活作为正确处理改革、开放、发展、稳定的出发点和落脚点。

作为一个发展中社会主义国家，社会的主要矛盾是人民日益增长的物质文化需要同落后的社会生产力之间的矛盾。解决这个主要矛盾，发展是唯一出路。离开了发展，一切都无从谈起。因此邓小平同志说“发展是硬道理”，江泽民同志说“发展是党执政兴国的第一要务”，胡锦涛同志说“科学发展观的第一要义是发展”。党的十三大确立了党在社会主义初级阶段的基本路线，其核心就是“一个中心，两个基本点”，即以加快经济建设和经济发展为中心，并明确这个基本路线一百年不能动摇。30 多

① 胡锦涛在党的第十八次全国代表大会上的报告。

年的经验表明，正是坚持了“经济发展”这个中心，才实现了我国社会生产力、综合国力和人民生活水平的大幅提升。

由于长期实行计划经济体制，我国经济在相当长一段时期内失去了活力，不改革那一套落后的体制，发展将无从谈起。而理论和实践都表明，改革离不开开放。改革与开放相互促进，是中国渐进式改革的一个基本特点，改革与开放具有内在的一致性。改革与开放的这种一致性，使对外开放成为了建设中国特色社会主义的一项基本国策。对外开放的程度有多高，对内改革的程度就有多深。中国经济从最早的经济特区、沿海开放、延边开放、沿江沿路开放到内陆开放的开放次序，与中国的经济内部不同区域市场化的发展次序大体是相同的；从商品市场到资本市场的发育次序，与从商品市场的开放到资本市场开放的次序也是大体相同的。①

改革开放在带来发展的同时也可能带来许多不稳定的因素。因为改革就意味着就意味着旧秩序、旧制度格局的打破，也意味着旧利益格局的打破。因此在改革开放的每一个不同阶段，都不可能做到利益分配的完全均衡，而且随着改革开放的深入，这种不均衡呈现加速趋势。从改革进程来看，受益者呈现出从农民到国企员工、非公有制从业人员、科教从业人员的方向变化。在利益调整变化的过程中，处理好各种利益关系就显得尤为重要。我国因此始终注重将新的改革政策的推出和各种利益保障措施的推出结合起来。比如把国企改革和国企职工生活保障结合起来、城市改革和农产品价格保障相结合、扩大对外开放和保障国家经济安全相结合、深化改革开放和保障民生结合起来，等等，从而保证了我国改革开放环境的总体稳定。

当然，改革、开放、发展、稳定四者之间本身是处在不断变化之中的，因此四者关系的协调也必然是一种动态的协调。其协调的内容和方式方法随着不同时间、地点和条件的变化而变化。在不同阶段有不同侧重点。从以往经验来看，从 20 世纪 80 年代开始的每一个“十年”的开始几年，重点都放在“改革开放”上面，而后面“几年”，“稳定”的任务更加突出。并且随着改革开放的不断向前推进，“稳定”的内容、手段和方式在不断发生变化。改革开放前 20 年，实现“稳定”的主要手段是政

① 李新：《转型经济研究》，上海财经大学出版社 2007 年版。

治和行政手段；而此后“经济、社会、法制”手段越来越成为主要手段。

（二）正确处理“顶层设计”与“摸着石头过河”的关系

在党的十八届三中全会上，习近平总书记提出，进一步深化改革必须处理好“顶层设计”与“摸着石头过河”的关系。其实这一直是我国改革开放的一条重要经验。我国改革开放的成功从根本上源自于两者的良好结合。所谓“顶层设计”，就是运用系统论的方法，从全局的角度，对某项任务或者某个项目的各方面、各层次、各要素统筹规划，以集中有效资源，高效快捷地实现目标。所谓“摸着石头过河”，就是指在实践中摸索，走一步看一步。这是马克思主义实践观的具体体现。“顶层设计”是实现社会发展的需要，“摸着石头过河”是保证个人自由发展的需要，两者的结合就是社会发展与个人发展的有机统一。

之所以同时要强调“顶层设计”和“摸着石头过河”，从根本上源自于改革开放的复杂性和不确定性。这种复杂性又来自于改革开放的主体、客体、过程、环境等多方面。从主体来说，涉及政府、企业、单位、个人；从客体来讲，涉及经济、政治、文化、社会、生态文明等；从过程来讲，中国的改革开放从一开始就包括从计划经济向社会主义市场经济转轨和实现中国经济与世界经济接轨两个方面；从环境来讲，包括城市和农村、东部和中西部、国内和国际等多方面。如此复杂的情况下，如果没有“顶层设计”就必然混乱无序；如果没有“摸着石头过河”，就不可能有各方面积极性的充分发挥。

党的十一届三中全会以来，党和政府所做出的所有有关改革开放的路线、方针、政策都一方面不断完善改革开放的“顶层设计”；另一方面为社会各界“摸着石头过河”创造条件。从邓小平同志对“改革是社会主义制度的自我完善和发展”的性质界定，到江泽民同志提出“我国经济体制改革的目标是建立社会主义市场经济体制”，到胡锦涛同志提出的科学发展观，到习近平同志提出的“全面深化改革的总目标是完善和发展中国特色社会主义制度，推进国家治理体系和治理能力现代化”，都无不是对改革开放所作出的“顶层设计”。正是这些不断完善的“顶层设计”，使我国改革开放的方向和目标越来越明确，从而为广大企业和个人在实践中“摸着石头过河”创造了条件。

“顶层设计”与“摸着石头过河”的关系，从另一个角度来说也就是国家、社会、个人之间的关系。我国作为一个社会主义国家，存在两者统一的政治基础和社会条件。中国改革开放始终是在党和政府领导下，从国家和社会的根本利益出发，有计划、有步骤、有秩序地向前推进的，同时注意发挥社会各界的主动性和积极性。无论是农村改革的起始点家庭联产承包责任制，还是城市改革中的国企承包制和个体私营经济发展，都是首先来自于基层民众的智慧，是政府充分尊重民众探索实践，鼓励基层先行先试的结晶。“中国几乎所有成功的改革都是经过一系列过渡性的制度安排，最后再一步一步演进到一个比较合理的制度的。”① 是一种“自上而下”和“自下而上”的结合②。

（三）正确处理政府、市场、企业的关系

改革与开放的关系，在经济上的最直接表现就是政府、市场与企业的关系。当今世界上大多数国家实行的都是市场经济，都需要发挥市场和政府两方面的作用，但却并不意味着很好地处理好了两者之间的关系。比如在一些发达国家，一方面强调市场的决定作用；另一方面政府又陷入了高额的债务之中。“美国 2009 年的预算赤字达 17500 亿美元，占 GDP 的比重超过 12%，政府的负债率将提高到占 GDP 的 85%。”③ 欧洲一些国家更是陷入严重的主权债务危机之中。一些发展中国家则是放任市场，导致市场的无序和低水平发展。

我国在总结传统计划经济教训基础上从改革开放一开始就明确了市场取向的改革思路，并经历了一个不断摸索处理好三者关系的过程。具体经历了四个阶段：在 1984 年 10 月召开的党的十二届三中全会之前，实行的是计划经济为主，市场调节为辅，公有制企业的所有权和经营权开始试点分离；此后到 1992 年党的十四大召开之前，实行的是有计划的商品经济，公有制企业的所有权和经营权全面分离；十四大之后，实行社会主义市场经济体制，公有制企业开始建立现代企业制度，社会主义和市场经济、公有制和非公有制、政府和市场的关系初步理顺；2001 年 12 月随着中国加入世界贸易组织，中国市场经济和企业制度开始和国际接轨。

---

① 吴敬琏：《中国下阶段经济改革的前沿问题》，中国经济出版社 2012 年版，第 83 页。

② ［美］约翰·奈斯比特、［德］多丽丝·奈斯比特：《中国大趋势：新社会的八大支柱》，中国工商联合出版社 2009 年版，第 39 页。

③ ［比利时］居伊·伏思达：《欧洲如何走出危机》，新星出版社 2010 年版，第 96 页。

经过30多年的实践和探索，我国逐渐理清了正确处理政府、市场和企业关系的思路，并在2013年11月召开的十八届三中全会通过的《中共中央关于全面深化改革若干重大问题的决定》中进行了明确。其核心内容是：要发挥市场在资源配置中的决定性作用和更好发挥政府作用，要创造条件实现各类所有制企业公开公平公正参与市场竞争。政府对经济进行宏观调控是市场经济的要求，更是社会主义的要求。

正确处理好“政府、市场、企业”之间的关系，就是处理好“下放权力、市场决定和政府的监督服务”之间的关系。我国改革开放以来一直也是围绕这两方面做工作。一方面是赋予个人、企业、地方政府自主权，并且不断鼓励这些经济主体解放思想、开拓创新；另一方面是建立和完善制度。十一届三中全会以来，我们党致力于推进社会主义制度自我完善和发展，在经济、政治、文化、社会等各个领域形成一整套相互衔接、相互联系的制度体系。在经济方面，已经建立起了公有制为主体、多种所有制经济共同发展的基本经济制度，按劳分配为主体、多种分配方式并存的分配制度，以及与之相配套的各项具体制度。十八届三中全会提出的改革目标和各项改革举措更是体现了这方面的要求。

（四）正确处理对外开放与对内开放的关系

中国在改革开放一开始，就坚持把对内开放和对外开放结合起来，并且在不断扩大对内对外开放的过程中实现了经济的快速健康发展。中国对内对外开放的发展基本经历了四个阶段：

第一阶段：从1978年底到1992年十四大召开，对外开放带动对内开放。这段时期由于经济体制实行的是计划经济为主，市场调节为辅，国内经济主体相互之间还是封闭的，政府是经济的主导者，计划和行政手段是经济调节的主要手段。但是在对外方面，随着对外贸易的开展和外商投资的引入，国际市场经济的一些制度和调节方式开始发生作用，并开始影响国内经济。随着对外开放度的不断扩大，国外开放经济对国内封闭经济的冲击越来越大。从1979年开始，党中央国务院先后决定设立5个“经济特区”、14个“沿海开放城市”和3个“经济开放区”，使对外开放在东南沿海全面展开。

第二阶段：从1992年十四大到2001年加入世界贸易组织，对外开放和对内开放共同发展。党的十四大确立了我国经济体制改革的目标是建立社会主义市场经济体制，也就明确了发展国内开放经济的发展方向。随着国内市场经济和开放经济的发展，又进一步带动了对外开放的发展。此后出现了一段比较长时间的对内开放和对外开放共同发展的时期。20 世纪 90 年代初，中共中央、国务院为深化改革、扩大开放作出了开发开放上海浦东的重大决策。浦东开发开放十多年来，已成为中国展现现代化城市新风貌的最重要窗口，成为联结国内、国际市场的纽带。开发开放浦东对中国长江三角洲起到巨大的辐射效应，带动了沿海、沿江经济发展，为维持中国经济快速增长起到积极作用。

第三阶段：从 2001 年加入世界贸易组织到 2003 年十六届三中全会召开，对外开放带动对内开放。随着 2001 年 12 月中国正式加入世界贸易组织，对外开放获得了前所未有的发展机遇和发展动力，此后对外贸易和外商投资都呈现加速发展趋势。对外开放的快速和深入发展也给对内开放带来了动力和机会。在对外开放加快发展的趋势下，开放成为中国社会的主旋律，因此一切妨碍开放的政策、制度和思想观念都成为不合时宜的东西，因此使对内开放呈加速之势。

第四阶段：2003 年十六届三中全会之后，对外开放和对内开放协调发展。十六届三中全会明确提出了科学发展观，要求统筹国内发展和对外开放。如果说之前是“对外开放倒逼对内开放”，这时是要求对内开放主动适应对外开放，跟上对外开放的步伐。此后从宏观到微观、从政府到企业、从中央政府到地方政府，都把扩大开放作为经济发展的“重中之重”提出来了。如果说加入世贸之初，我们是应世贸要求修改完善各项政策和法律制度，从这时开始已经把适应和促进“开放”作为制定政策法律制度的出发点了。2006 年 5 月 26 日，国家发布了《国务院推进天津滨海新区开发开放有关问题的意见》，正式批复天津滨海新区为全国综合配套改革试验区。2007 年 6 月 7 日，经国务院同意，国家发展和改革委员会下发《国家发展改革委关于批准重庆市和成都市设立全国统筹城乡综合配套改革试验区的通知》，正式批准重庆市和成都市设立全国统筹城乡综合配套改革试验区。这是中国首次批准在西部地区设立改革试验区。2007 年 12 月，经国务院同意，国家发改委正式批准武汉城市圈和长沙、株洲、湘潭城市群（简称长株潭城市群）为“全国资源节约型和环境友好型社会（简称‘两型社会’）建设综合配套改革试验区”。国家综合配套改革试验区，是在中国的经济体制改革已经进入攻坚阶段，改革的路径需要从单方面改革向综合配套改革转变的形势下应运而生的。综合配套改革试验区对区域经济的发展具有集聚辐射、经济拉动、体制示范等作用，对全国而言，将形成东中西互动、优势互补、相互促进、共同发展的区域协调发展格局。[①]

今天，全国各省市区都把扩大对内对外开放作为发展经济的核心内容。为适应经济全球化和区域一体化的需要，四川提出了“三向拓展、四层推进”的开放合作战略，以更好地利用“两个市场、两种资源”，使四川走在西部开放的最前沿。所谓“三向拓展”，就是突出南向，扩大与东盟和南亚国家的经贸联系；加强东向，强化对日韩等东亚市场的开拓，拓展欧美市场；畅通西向，开发中亚、俄罗斯等新兴市场。“四层推进”，就是扩大区域合作，加强西南协作和与周边省市的合作；强化次区域合作，共同建设成渝经济区；促进泛区域合作，有效对接泛珠三角、长三角合作，加强与台港澳的合作；积极参与国际区域合作，主动融入中国—东盟自由贸易区，形成全方位开放合作新格局。[②] 为落实四川省委“充分开放合作”战略，成都市提出以更大范围、更深层次、更加主动的姿态推进“全域开放”，实现对内对外全面开放，实现产业领域和市域空间全面开放，加快“充分国际化”进程。这种“全域开放”是立体式的多维度开放。从区域来说，成都的每一块土地都要向全国、全世界开放，拥抱一切伙伴；从产业来说，除涉及国计民生、社会安全等国家有相关限制政策以外的行业都要开放。[③] 2008 年 1 月 17 日，河北省人民政府制定《关于推进对内对外开放的若干意见》（冀政〔2008〕6 号），坚持改革与开放相互促进和对内对外开放并重，把“引进来”作为扩大开放的重点，着力推动招商引资从单纯引进资金向促进结构调整、产业升级、节能环保和推动自主创新转变，从一般性合资合作向加强战略合作转变；对外贸易从单纯出口创汇向开拓市场、利用资源和引进技术转变。充分发挥政府的推动作用和企业的主体作用，形成全方位、多层次、多轮驱动的开放局面。全面推进与世界 500 强和中央企业的合作；境外重点加强与中国香港和台湾地区以及日本、韩国、新加坡、马来西亚和欧洲的合作，国内重点加强与京津及广东、江苏、浙江、上海等省市的合作，积极开展产业对接。

---

① http：//www. china. com. cn/economic/zhuanti/ggkf30/2008 – 12/17/content_ 16961152. htm.

② 《走在改革前列　充分开放合作》，光明网 – 《光明日报》，2008 年 3 月 8 日。

③ http：//www. henanci. com/Pages/2011/12/22/20111222094447. shtml.

国家发改委国际合作中心2012年3月31日发布了“中国区域对外开放指数研究报告”，并首次实验性地公布中国31个省市区对外开放度得分及排名。在综合指标排名中，上海、北京、广东位居前三。据介绍，报告指数包括1个总指标、3个一级指标、9个二级指标和30个三级指标。报告在综合对外开放度总指标以及经济开放度、技术开放度和社会开放度三个一级指标基础上，评选出中国区域对外开放的金牌省市、银牌省市和未来之星省市。其中，上海、北京、广东位列前茅，评为对外开放金牌省市；天津、福建、江苏、浙江、辽宁紧跟其后，为银牌省市；海南、山东近年来发展态势良好，评为对外开放的未来之星。

各省区市对外开放度得分及排名

省份	分数	省份	分数	省份	分数
上海	84.7	湖北	17.9	广西	10.4
北京	68.1	吉林	16.8	山西	9
广东	56.9	陕西	14.6	河南	8.7
天津	46.2	黑龙江	13.7	甘肃	8.6
福建	41.4	安徽	13.2	内蒙古	7.6
江苏	38.1	湖南	12.2	宁夏	7.4
浙江	36.3	云南	12	西藏	7
辽宁	28.7	河北	11.8	青海	6.5
海南	24.8	新疆	11.7	贵州	3.4
山东	22.1	四川	11.4		
重庆	18.9	江西	11.2		

资料来源：国家发改委网站。

（五）正确处理经济、政治、文化、社会之间的关系

从内容上来说，改革和开放都涉及经济、政治、文化、社会等方面。“市场化、民主化、多样化”是经济、政治、文化开放的要求，但必须与特定的社会制度和具体国情相符合，必须与改革的进程相一致。中国选择的是一条以经济为基础，政治、文化、社会等领域协调推进的改革开放道路，这既遵循了历史唯物主义的基本原理，又充分考虑了中国的现实国情。党的十一届三中全会以来，我国始终坚持以经济建设为中心，在经济

建设过程中不断促进政治文化社会等领域的建设；以此相对应，在改革开放中也坚持以经济的改革与开放为基础，随着经济领域改革开放的不断推进，促进政治、文化、科技等领域的改革与开放。英国著名学者马丁·雅克明确指出，“事实上，邓小平的改革方案不仅涉及一场经济革命，而且在很大程度上还是一次没有得到承认的政治革命，这场改革运动对整个国家进行了一次彻底的变革。”①

（六）正确处理城乡、区域之间的关系

改革与开放的目标是通过在城乡之间和不同地区之间来逐步推动实现的。经济社会发展在城乡之间和地区之间的要求和内容不同，做法也不可能一样。中国实行从农村到城市、从沿海到内地的渐进改革开放道路是从中国国情出发做出的现实选择。改革首先从农村起步，因为计划经济对农村的控制相对较弱，比较容易找到突破口。对外开放从经济特区突破，则是由于这几个地方具备得天独厚的开放优势。实践表明，这些经济特区不仅是对外开放的特区，同样是促进对内开放和全面改革的特区。在经济特区取得一定经验之后，再逐渐将经济特区的对外开放功能赋予沿海十四个开放城市、三个沿海开放区，并逐渐向内地拓展。进入 21 世纪初，对内开放和对外开放、改革与开放逐步统一起来了。

三 中国处理改革与开放关系的启示

（一）必须处理好目的与手段的关系

在目的和手段的关系上，目的是基础，目的决定手段。目的既是出发点又是落脚点。手段的正确和有效性是由目的决定的。我国作为一个社会主义国家，根本目的是不断改善人民群众的物质文化生活。因此采取的所有手段都围绕和服务于这一根本目的。正是为了最好地服务于这一目的，我国党和政府一直寻找并不断改进发展经济的方式方法，并终于在 20 世纪 70 年代末 80 年代初找到了改革开放这一条重要道路。实践证明，改革开放是实现经济发展和人民生活改善的最有效手段。我国改革开放的成

---

① ［英］马丁·雅克：《当中国统治世界：中国的崛起和西方世界的衰落》，中信出版社 2010 年版，第 125 页。

功，首先是源自于其目的的正确性。正是从这一正确目的出发，才能有强大动力去寻找到改革开放的正确道路。改革与开放是当代各国经济社会发展的重要动力，对社会主义中国而言，更是根本动力。但是，改革开放本身不是目的，而是手段。

（二）必须从实际出发

中国是一个大国，人口多，不同地域之间差别大，因此改革开放的做法上也不可能有统一的模式。改革开放从党的十一届三中全会开始。这次会议的重大功绩之一，就是坚决抛弃了“两个凡是”，重新确立了解放思想、实事求是，一切从实际出发的马克思主义的思想路线，使广大干部群众从盛行一时的个人崇拜和教条主义的精神枷锁中解脱出来。从大的方面说，必须从中国的实际出发；从小的方面说，就是必须从各地的实际出发。因而是“两个实际”的结合。此后，改革开放的每一步都充分考虑这两方面的实际，中央从全国的实际出发进行“顶层设计”；地方从自身实际出发进行自主探索。中国改革开放的模式被称为“中国模式”。实际上“中国模式”是由各地方一个个的具体模式所构成的。

（三）必须坚持渐进有序

从一开始，中国改革开放就走了一条从实际出发的渐进之路。无论是安徽小岗村土地承包经营的探索，还是深圳小渔村经济特区的试验；无论是“摸着石头过河”的初期改革策略，还是现代化“三步走”的宏观战略目标；无论是国企改革的破局，还是政府管理体制改革的推开，遵循的始终是先易后难的务实路线，谋求的是由点及面的稳步推进。这样的改革不会一蹴而就，尽善尽美，却能避免大的社会动荡，实现发展的连续性和稳定性。

当前中国改革与开放关系面临的主要问题及成因

进入21世纪，党中央国务院就提出我国改革开放开始进入攻坚阶段，并在最近几年引起了理论界的高度关注。时任中共中央政治局常委、国务院副总理的李克强在出席2012年中国发展高层论坛开幕式致辞时明确指出，中国的改革已经进入攻坚期。社会各界进行了大量深入探讨、深入分析后发现，与其说是改革进入攻坚阶段，不如说是开放进入攻坚阶段；不仅对内开放进入攻坚阶段，对外开放也进入了攻坚阶段。从根本上说，是改革与开放的关系出现了许多新情况、新问题。

一　中国改革与开放关系面临的主要问题

（一）政府与市场的关系仍不清晰

党的十八大报告明确指出，经济体制改革的核心问题是处理好政府和市场的关系。开放作为经济体制改革的应有之义，核心问题也是政府和市场的关系问题。改革与开放的关系，核心同样是政府与市场的关系。当前我国改革与开放关系中存在的问题，首要的就是政府与市场的关系问题。具体又表现在以下三个方面。

1. 政府的管理理念和职能转变滞后

经过改革开放30多年之后，伴随着经济社会的快速发展，我国政府从管理理念到管理的方式、制度都发生了巨大变化。与社会主义市场经济相适应的政府管理模式初步形成。但是相对于改革开放的深入推进而言，仍然存在着许多与之不相适应的落后观念。一方面，传统管理方式还未转变过来；另一方面，政府却仍然在承担着大量“运动员”的角色。

首先是政府对改革和开放的理解本身存在一定局限。我国是社会主义国家，“政府主导”是改革的应有之义。但是实际上政府又是改革的对象。改革从一开始就是政府的一场“自我革命”，就是还权于民，还权于社会。而改革的另一方面“完善制度”也主要是针对政府而言的。当然，从政府的角度来说，改革是既有动力也有阻力。不改革，经济社会难以发展，政府的地位和威信就受到冲击；而改革则可能要剥夺掉政府的许多权力。这也就构成了改革本身的“两难”。没有政府的推动，改革难以深入；改革越深入，政府的权力就要越削弱，政府改革的动力就会越小。这也是许多国家改革难以推进的原因。或者也可以说是改革者在历史上常常受到“歌颂”的原因。当然，我国今天进行的社会主义改革在本质上不同于历史上的任何改革。但是在现实中，改革的阻力确实很大，改革很容易变成一种“权力调整”。这也是为什么我国已进行了多轮政府机构改革，但结果机构却变得越来越庞大的原因。

其次是政府对自身的理解存在局限。政府作为改革开放的领导者，很容易夸大自己的职能。在现实中就容易扩大自己的职责边界，出现所谓的“越位”情况。“从计划经济向市场经济过渡的一个基本方向是由集中到分散、由集权到分权、由管制到自由的转化以及对自发秩序的合理性的肯定。在当前中国的经济生活中，我们面临的主要矛盾仍然是政府行政干预过多，行政垄断过强，政企不分严重的问题，这是问题的基本方面。”①有资料表明，“2000 年也就是 11 年前，中国的财政收入 1.3 万亿，2011 年中国财政收入 10.3 万亿，名义上的数值大幅度增加。2011 年的财政收入比 2010 年增加了 24.8%，非常大幅度的增加，而且超出了预算的 15.6%，因为预算本来有增加的部分，比预算增加了 1 万多亿。但是，2010 年仍然有赤字 8500 亿，只比原来的预算减少了 500 亿。在中国的发展过程中恰恰反映了我们一方面这十几年都在延续这样的扩张性财政，背后是国家政府对资源的控制力度。”②

现代公共管理理论告诉我们，没有“全能政府”，只有“有限政府”。在改革开放中，政府是领导者，但绝不可能是包办者。政府还应该是改革开放的学习者和“奉献”者。在改革开放中，政府是主导，但民众是主

① 李新：《转型经济研究》，上海财经大学出版社 2007 年版，第 39 页。

② 钱颖一在“中国发展高层论坛 2012”年会上的发言（http：//economy. gmw. cn/2012 - 03/17/content_ 3788959. htm）。

体。市场经济中的每一个自然人和法人都是独立的个体，和政府是平等的。政府的职能不是代替个体，而是为每一个个体价值的实现创造条件。改革开放的目的是通过发展开放经济和建设开放社会，来充分发挥每一个经济主体的主观能动性，并最终达到解放和发展生产力的目的。但现实是，政府自身改革和开放严重滞后，我国旧体制的障碍没有完全得到消除。各级政府依然掌握着重要资源（如土地资源和信贷资源）的配置权力，这使得这些资源实际上并不是由市场配置的，而是由行政机关配置；各级政府也仍把 GDP 的增长作为政绩的主要标志。现实的情况也表明，政府的财政状况和物质生产增长的速度紧密相连，而其实政府要做的事很多。马克思曾说过，一个单纯的提琴手是自己指挥自己，一个乐队就需要一个乐队指挥。在中国这支以开放经济和开放社会为主要内容的乐队，不仅在规模上是有史以来最为庞大的，而且也绝对是最为复杂的。随着改革开放不断走向深入，对政府管理的要求和能力越来越高。

最后是对社会的理解存在局限。现代管理理念认为，社会是主体，政府是为社会服务的。“国际经验表明，来自公民、企业和社会组织及时的反馈信息将有助于政府发现问题并加以解决，从而提高政府的服务和运营水平。”① 市场有两面性，政府有助于弥补市场的不足，但光有政府还不够。“只有社会才能管制权力和金钱，只有赋权于社会，正义才能得到伸张。”② 但是在我国，受长期封建历史和 30 年计划经济的影响，“社会”一直处于被动地位，是政府管理的对象。政府对社会“无孔不入”。一方面大大增加了政府的工作量，使得广大政府工作人员“疲于奔命”；另一方面“社会”不但不领情，反而形成很多“不满情绪”，认为政府“管得过多”。也就说明政府做了很多“不该做”、“做不了”、“做不好”的事情。政府应该做的，一方面是引导社会发展；另一方面是解决一些社会自身解决不了的问题。国内改革与开放关系的结合点正是在社会建设层面，因为它既是广大人民群众享受改革开放成果的平台，也是广大人民群众平等参与改革开放的舞台。

正是由于这些局限性的存在，使得政府仍然把主要精力放在主导经济

---

① 张玉台：《中国发展高层论坛 2011——经济发展方式转变中的中国》，人民出版社 2012 年版，第 38 页。

② 同上书，第 186 页。

发展上面。我国现在处于并将长期处于社会主义初级阶段，要坚持党的基本路线、基本纲领不动摇。因此仍然需要坚持“以经济建设为中心”不动摇。我国已经初步建立社会主义市场经济体制。在市场经济中，企业是主体，市场是资源配置的决定性方式。因此企业在市场中开展竞争是市场经济实现发展的基本方式。但是现实的情况却并非如此。只不过从计划经济时期中央政府直接主导经济发展转变成了地方政府主导经济发展。“研究表明，中国的社会主义市场经济体制是一种‘区域发展导向型’的特殊模式，其中地方政府致力于发展导向，中央政府致力于宏观调控。”①地方政府在很多情况下仍然承担着许多本应由企业承担的角色。由于各级地方政府都有 GDP 最大化的冲动，因此地方之间展开了激烈竞争。“地方政府之间的竞争，特别是在对外开放中的竞争，构成了我国的竞争型开放战略。”② 甚至“可以说，在一些情况下政府职能已经等同于一个经营工业园区的公司——这个公司以土地、政策优惠、城市品牌为资源，以外商为客户，以外资为拉动增长的手段，以 GDP 为营业额，以地方财政收入为利润”③。

这种战略有助于发挥多方面积极性来提升改革开放的动力。比如在长三角地区，正是通过这种方式，“在占全国 1% 的土地上，吸引了超过全国 40% 的 FDI 以及占据全国 30% 以上的出口”④。但是，地方之间的竞争产生了严重的产业同构现象，在主要依靠劳动密集型产业和重化工产业的情况下，“产业同构导致了恶性竞争。因为在市场容量增长有限的情况下，地方政府不合理地运用行政手段、经济手段和法律手段，限制外地产品流入本地市场或限制资源商品、初级产品流出本地市场；运用经济政策倾斜、强化经济杠杆等手段，鼓励当地产品扩张市场容量，企图通过本地产品的扩张销售，最终实现本地企业利税的增长，抬高工业生产增长速度，增加地方财政收入；甚至实现全面干预，画地为牢，层层设卡，对商品流通进行封锁。这种与市场经济背道而驰的地方主义行为，加剧了市场割据，对区域经济的健康发展构成了极大障碍。在出口方面也是相互杀

① 张幼文：《新开放观——对外开放理论与战略再探索》，人民出版社 2007 年版，第 542 页。

② 同上书，第 571 页。

③ 同上书，第 550 页。

④ 同上书，第 571 页。

价，让外国竞争者坐收渔利”①。

2. 市场经济发展滞后

开放的基础是经济，经济开放的基础是市场。按照开始的建设规划，到2010年我国要建立起比较完善的社会主义市场经济体制。但是，今天看来，在有些方面确实开始完善起来，但是相对于市场经济的本质——开放而言，却还存在很大的差距。党的十四届三中全会提出社会主义市场经济体制的基本框架主要由五大支柱构成，即现代企业制度、统一开放的市场体系、完善的收入分配制度、健全的社会保障制度、完善的宏观调控体系。其中现代企业制度是开放经济的载体，统一开放的市场体系是开放经济的核心，完善的收入分配制度、健全的社会保障制度和完善的宏观调控体系是开放经济的重要保障。

首先是国有企业现代企业制度建设仍然滞后。从1994年至今，国有企业建设现代企业制度已走过了20年的历程，并且取得了很大成就，已经从根本上改变了国有企业的形象和面貌。事实表明，一大批新型国有企业既是改革开放的成果，也为我国改革开放的深入推进创造了条件。美国《财富》杂志发布的2011年世界500家最大企业中，中国内地上榜的达70家，其中64家为国有或国有控股企业。到2012年底，国有控股上市公司953家，占我国A股上市公司数量的38.5%，市值13.71万亿元，占A股上市公司总市值的51.4%。② 但是相对于开放经济的要求，却存在诸多问题。一是企业与政府的界限仍然不够清晰，企业在人事、资金、价格等方面的自主权仍受到诸多限制。二是国有企业的经营效率尚待提高。与民营企业比较起来，国有企业仍未走出靠高投入和规模扩张实现增长的模式。近几年国有经济虽然实现了比较稳定的利润，但主要局限在少数大型央企和国有银行。三是国有企业和国有银行的垄断问题没有很好得到解决。尽管社会关于国企垄断的抱怨很多，但实际上该放开的又没有放开。比如企业自主经营、自负盈亏问题，企业经营多样化问题，包括企业产品市场定价机制问题等都没有完全解决。

其次是市场体系建设滞后。与一般商品市场比较，生产要素市场建设

---

① 张幼文：《新开放观——对外开放理论与战略再探索》，人民出版社2007年版，第582页。

② 高尚全：《改革是中国最大的红利》，人民出版社2013年版，第204页。

滞后。在金融市场方面，政府对各类银行的管控过严，对银行进入的限制过多，使得现有银行的高利润与中小企业融资困难并存。在劳动力市场方面，由于传统人力资源管理方式尚未发生根本改变，严重影响了劳动力资源的市场流动和高效率使用。在房地产市场方面，政府在民众住房方面的职能仍然模糊，使得一方面城市困难家庭的住房问题无法从根本上得到解决；另一方面房地产市场又被严重扭曲。同时也由于技术市场的不完善，使得技术创新的市场机制一直没有很好地建立起来。

最后是收入分配、社会保障、宏观调控都存在与开放经济的诸多不相适应之处。收入分配制度、社会保障制度、宏观调控制度已成为现代市场经济的重要组成部分。但我们尚未建立起与市场经济相适应的一系列制度。市场经济条件下，政府在收入分配方面的主要职能是在再分配方面。

3. 制度建设滞后

党的十八大明确宣布，经过30多年的探索，中国特色社会主义基本制度已经形成。中国特色社会主义制度，就是人民代表大会制度的根本政治制度，中国共产党领导的多党合作和政治协商制度、民族区域自治制度以及基层群众自治制度等基本政治制度，中国特色社会主义法律体系，公有制为主体、多种所有制经济共同发展的基本经济制度，以及建立在这些制度基础上的经济体制、政治体制、文化体制、社会体制等各项具体制度。①

"近百年的历史以及转型国家的实践教训说明：市场经济对一个国家来说，是一个提高效率的机制，但搞不好，也可能是一个让社会毁灭的机制。就世界范围来说，有两种市场经济，一种是良性的；一种是恶性的。现行的权力结构，更多地表现为一种代表部门利益的权力结构，不同权力部门都在试图控制生产过程和生产领域的资源，形成分散化的利益格局，并通过政策设计，将部门利益法制化。国家利益部门化，部门利益法制化，这种情况造就了一代新的既得利益集团。现行的资源分配体制，还很不适应市场经济的要求。财政资金的分配以及银行贷款，在很大程度上是在传统的计划经济体制中兜圈子。正如民主化可以是一股强大无比的摧毁

---

① 胡锦涛在党的第十八次全国代表大会上的报告。

非民主的旧制度的力量，但很难充当同样强大的力量来建设新制度。”①经济开放的过程也不会使社会经济自动成为制度经济和法治经济。

（二）对外贸、外资过度依赖

“引进外资对中国经济的发展贡献良多。它提供了必要的物质与金融资本、科学技术、管理技能、进入国外市场的途径以及对中国劳动力的培训。它还加剧了竞争。促使国有企业及其他国内企业提高效率。然而，外国投资并不是促使中国经济快速增长的根本动力。有三个因素对中国的经济增长起决定性作用：高素质且充足的人力资本、一系列行之有效的市场制度以及技术后发优势。没有这些基础因素，中国不可能吸引如此大规模的外国投资。”②

从经济的深层结构看，我国改革开放中存在的主要问题就是内外两方面的失衡。内部失衡主要的表现就是 GDP 在投资和消费结构上的失衡，主要的问题就是过度的投资和消费不足；外部失衡主要表现为国际贸易和国际收支的双顺差。而内外失衡的深层次根源在于增长模式的缺陷。采取投资驱动的旧工业化的增长模式一定会造成内部失衡，出口导向政策没有及时调整和汇率形成机制的市场化进行得太慢又导致了外部失衡。内外失衡移至于宏观经济的表现就是货币的过量供应、资产泡沫和通货膨胀的威胁。③

1. 外贸依存度过高

不要说跟广大发展中国家比，就是跟欧洲一些高度开放的国家相比，我国的对外开放度也已经过高。“用贸易总额占 GDP 比重来衡量开放度在 2003 年达到 60%：中国的开放程度相当于法国和意大利，而这两个经济体已经深深融入欧洲单一市场中。在不到 10 年的时间里，中国的开放度几乎提高了 1 倍，无论是出口还是进口的增长率都数倍于全球贸易的增长率。中国对外贸易的很大一部分属于进口中间产品的加工贸易（加工贸

① 郑永年：《中国模式——经验与困局》，浙江出版联合集团、浙江人民出版社 2010 年版，第 37 页。

② 邹至庄：《中国经济随笔》，中信出版社 2010 年版，第 38 页。

③ http：//news. hexun. com/2008 - 01 - 15/102865525. html.

易占到中国对外贸易总额的一半左右）。"[①] 改革开放初期，重出口创汇，通过给予各种优惠和补贴，引导要素、资源流向出口部门。目前这种情况已经不复存在。但是，由于体制性因素的影响，劳动力、土地、资源、资金等要素价格不能反映市场稀缺程度和供求关系，人民币汇率形成机制改革滞后，生态环境成本没有充分体现，再加上地方政府给予外向型企业的竞争性优惠等，一定程度上造成我国出口产品成本低估和竞争力虚高，影响了要素、资源的合理配置。并且我国主要是货物贸易大国，却仍然是一个服务贸易小国。这从另一方面又反映了我国外贸产品的层次不高。

我国的贸易主要是加工贸易，不但技术含量低，而且许多中间投入品也主要依靠进口，加工贸易通常表现为少数企业所参与的国际经济循环，即使具有一定的贸易规模，也主要局限于部分地区和加工企业，对国内相关产业的关联带动性较差，整体规模的扩大对其他企业、地区的辐射作用不大，难以通过技术外溢效应提升产业结构，形成不了中国的国家竞争力优势。[②] "多年来，'中国制造'依靠投入大量社会资源，取得诸多产品市场占有率第一，但是其中一部分'中国制造'是国际产业转移过来的高耗能产品，不仅给我国的环境、能源、运输等带来巨大压力，而且导致外需与内需资源利用矛盾日趋激烈。特别是一些地区招商引资大战中低水平竞争，对外资企业实行超国民待遇，在土地、税收等方面提供违反国家法规政策的优惠条件，不顾国家产业政策，对外资企业投资者来者不拒，造成资源紧张，污染加剧，加重了我国经济瓶颈的压力，致使经济的可持续性能力下降。"[③] "我国目前出口中劳动密集型产品居多，即便是机电产品出口也多是加工贸易，产品技术含量不高、附加值低。在国际竞争力未能实质提高的状况下，过度依赖数量的扩张将会带来更多的国际贸易摩擦和外部不确定性。从 1979 年到 2004 年 9 月底，共有 34 个国家和地区发起 665 起针对我国产品的反倾销、反补贴、保障措施及特保措施调查案件，涉及金额 115.96 亿美元，影响我国约 191 亿美元出口。其案件之多、受影响出口金额之大，居各国前列，我国已经连续 9 年成为全球遭受反倾销

---

① 何帆、张斌：《寻找内外平衡的发展战略——未来 10 年的中国和全球经济》，上海财经大学出版社 2006 年版，第 69 页。

② 张幼文：《新开放观——对外开放理论与战略再探索》，人民出版社 2007 年版，第 256 页。

③ 同上书，第 267 页。

调查数量最多的国家。在国外对我国发起的反倾销和保障措施立案涉案金额中，美国、欧盟、澳大利亚、土耳其和印度等国家和地区最为突出。”①

并且，我国虽然贸易规模很大，但是所获利益并不大，并且存在严重扭曲和利益流失。主要表现在：“第一，各地出口商在国际市场上恶性竞争相互杀价。第二，出口仍然集中在劳动密集型产品和制造环节上，即使是机电产品和高新技术产品，也主要从事中低端的加工装配环节，国内增值率不高。第三，出口商品中，资源性、高耗能、高污染的产品仍占有一定比重，不符合我国的比较优势，加剧了国内资源和环境压力。第四，自主品牌产品出口少，据商务部的统计，我国出口商品中，拥有自主品牌出口产品的企业不足20%，自主品牌产品出口不足10%。第五，数量的持续扩张，导致在海外市场特别是我国出口比较集中的市场上，我国商品数量增长很快，引起较多的贸易摩擦。第六，国际经贸摩擦日益激化，粗放型发展模式难以为继。”②

“实践证明，出口导向型经济增长模式与投资拉动型经济增长模式都不可取。1998—2008 年这十年间，由于我们过度强调出口的作用和推动出口的增长，我国经济逐渐形成了出口导向型增长模式。”③ “出口导向型经济增长方式实际上存在着两种风险：在外需能支持出口的条件下，会将你‘胀死，而在外需不能支持出口的条件下，则会将你‘憋死’。”④

2. 对外资依存度过高

在投资开放方面，我国经济也过度依赖外商投资。我国是引进外资大国，但仍然是对外投资小国。2008 年至 2012 年我国累计实际利用外资 5528 亿美元。

中国在引进外资活动中造成了许多利益流失。“第一，我国对外资的税收优惠待遇造成了巨大的税收侵蚀。1996 年，外国税收优惠导致大约 1300 亿人民币的损失（包括关税），占 GDP 的 1.5%。2003 年外商投资企业仅在工业中的增加值就占全国的 27.22%，但当年全部涉外税收仅占总税收的 20.86%。第二，合资、合作中的利益流失。据机械制造业估

---

① 张幼文：《新开放观——对外开放理论与战略再探索》，人民出版社 2007 年版，第 268 页。

② 同上书，第 541 页。

③ 魏杰：《中国经济之变局》，中国发展出版社 2009 年版，第 2 页。

④ 同上书，第 29 页。

计，业内不成功的合资案起码占30%—40%。据分析资料，全国目前48万家合资企业，年亏损额达1200亿人民币。相当一部分合资企业故意把账做亏损，把收入转移到境外总部。一些案例表明，国企被外方控股后，上交税费还不及贱卖国有资产损失的零头，通常还把一半以上的职工赶走下岗。第三，地方政府在土地批租方面对外资竞相让利。以苏州为例，该市总面积8488平方公里，水面占42%，区内有5个国家级开发区，11个升级开发区。各个开发区拼地价、拼免税，随意承诺优惠政策。苏州市将地价从原来的每亩20万元降到了15万元，昆山则由原来的15万元降到了10万元，而无锡市甚至降到了2万—3万元。第四，由外资企业导致的环境污染、资源破坏的外部成本很高。在过去20年中，工业如化学、石化、皮革、印染、电镀、农药、纸浆和造纸、采矿和冶炼、橡胶、塑料、建筑材料以及药品生产，已经成为外国在华投资最具有吸引力的产业。根据一项对工业部门进行的调查研究显示，1995年约有30%的在华外国直接投资集中在污染密集型产业，其中有13%是高度污染密集型产业。第五，外资企业损害劳动者权益的社会成本高。我国的社会正在加速进步，但外资企业职工的工资却没有随社会的进步而上涨，劳动者很低的收入和超长的工作时间使他们基本失去了自身发展的可能。第六，经济资源的使用效率低下。第七，对外资的‘超国民待遇’使国内企业处于不公平竞争地位，是对中国市场的扭曲。对外资的超国民待遇主要表现在以下三个方面：一是税收超国民待遇，这引发许多国内企业把资金转移到国外，然后再以FDI的形式投回国内，目的就是为了获得国家对外资的优惠政策。二是对财产保护不能一视同仁，比较常见的情况是‘保外（外资）’、‘保大（大资本）’、‘保货币资本’，但却不保护人，不保护土地。三是在受到国家控制的行业中，外资进入所受到的准入限制比起民间资本要少得多。对内资的歧视，导致国有及民营企业陷于不利的竞争地位。”①

3. 对内开放滞后

“开放贸易政策使来自国外的竞争加强，而竞争的影响是增长提高的另一源泉。受到人为保护免受国际竞争影响的企业能够索取高价和提供低质产品。在一个保护主义严重的国家里，工商企业花费大量时间和资源用

---

① 张幼文：《新开放观——对外开放理论与战略再探索》，人民出版社2007年版，第538页。

于游说寻求保护而不是用于提高企业的绩效。当壁垒消除，企业必须生产出更好的商品或者降低价格，才可以生存下去时，竞争会使生产率有更快的提高。世界市场的竞争，提高了生产率的增长率，因而它是增长的一个源泉。实证证据表明在生产率改善和出口导向之间存在着正相关关系。例如对韩国、土耳其和南斯拉夫几个国家的研究中就印证了这一模式。在对第二次世界大战以后 20 个发展中国家的研究中，钱纳里（H. Chenery）发现在实行外向型出口战略的国家中总投入生产率每年增长 3%，而在进口替代国家这一指标约为 1%。克鲁格还提供了解释外向型经济不俗绩效的另一个理由。按照她的看法，外向型迫使一国政府实施更好的宏观经济政策。例如，当一个国家采取出口导向战略时，决策者必须使汇率维持于一合理水平，以使其出口产品在国际市场上有竞争力。否则，可能需要补贴来改善出口的盈利能力，而补贴对财政预算而言是代价昂贵的。……外向型和经济增长有联系的最后一个重要原因，是外向型经济和外国企业有密切联系，可以更好的吸收国外的技术进步。”① 但这必须有一个度。

“世界上没有一个大国的真正崛起是关起门实现的，同样，世界上也没有一个大国的真正崛起不是依靠内生力量实现的。”② 在中国的发展中，对外开放和对内开放就好比鸟之两翼。但我们需要有勇气承认，近年来我国对外开放与对内开放的发展是不平衡的，对内开放严重滞后于对外开放。在许多外资能够进入的领域，民营资本却仍面临重重障碍而难以进入；在许多民营资本已经进入的领域，又不得不“被自愿”参与新的“国进民退”。我国对外开放水平远超对内开放的水平，存在内在原因，其一是我国已经有了闭关锁国的惨痛教训；其二是发展差距让我们感到了对外开放的迫切性；三是对外开放带来的阶段性巨大发展成为新的动力。但一个国家的发展最终还是要依靠对内开放。

我国传统经济体制虽然不能说是对内完全封闭的，但无论是纵向经济主体还是横向经济主体之间都是缺乏竞争的。改革开放之后，随着市场化改革的深入，竞争开始逐渐成为我国经济主体的主旋律。对内开放的有效竞争，才能营造提升产业国际竞争力的市场环境。“在实践中，能够实现

① ［美］杰弗里·萨克斯、费利普·拉雷恩：《全球视角的宏观经济学》，上海三联书店、上海人民出版社 2004 年版，第 499—500 页。

② http：//cjmp. cnhan. com/cjrb/html/2010 －03/01/content_ 2792882. htm.

的有效竞争目标，必须在规模经济和竞争活力这二者之间进行合理平衡。”[①] “在我国经济体制转轨过程中，市场竞争秩序的一个重要特点是过度竞争。首先表现在地区之间、城乡之间的重复建设上。据统计，我国中部地区与东部地区工业结构的相似率高达93.5%，中部与西部地区工业结构相似率高达97.9%。”[②]

国内发展与对外开放之间存在严重的不全面、不协调和不平衡。如天津开发区的外经贸发展居全国开发区之前列，但对本地经济的带动扩散作用不充分；苏南地区吸引外资的规模和档次名列全国前茅，但没有发展出本地中小企业的配套能力和竞争力；在激励机制上，也存在更有利于出口和外资、不太有利于进口和内资的政策偏差。[③]

对内开放的滞后在生产和消费两方面都产生了严重负面影响。

在生产方面，国内产业整体素质落后。“根据《中国产业地图》的统计，我国已开放产业的前5名企业，大多由外资公司控制，在28个主要产业中，外资在21个产业中拥有资产控制权。在啤酒行业，原国内有60多家大中型企业，现国内品牌只剩青岛和燕京；在玻璃行业，最大规模的5家企业已全部与外商进行了合资经营；电梯行业，最大的5家为外商控制，占全国产量的80%；家电行业，18家国家定点企业中11家为中外合资企业；化妆品行业被150家外资企业所控制；医药行业中20%为外商控制；汽车工业外国品牌占销售额90%，占零部件60%，对外资依赖超过任何国家；大型超市中外资控制占80%以上，本国零售企业只占中低端市场。”[④]

由于产业被外资控制，收益的主要部分也被外商拿走。比如，“一双耐克‘乔丹五型’的运动鞋在美国的售价为120美元，但在中国完成所有加工程序，总共支付给中国工人的全部工资不到1.5美元。一双‘彪马’运动鞋在美国和欧洲的售价约70美元，但向所有生产这双鞋的中国工人支付的工资仅为1.16美元，而用于这双鞋的广告费用却高达6.78美元。”[⑤] 跨

---

① 林善浪：《中国核心竞争力问题报告》，中国发展出版社2005年版，第94页。

② 同上书，第95页。

③ 张幼文：《新开放观——对外开放理论与战略再探索》，人民出版社2007年版，第177页。

④ 同上书，第238页。

⑤ 同上书，第230页。

国企业通过与它海外子公司之间大量的进出口贸易现象，又进一步促进了收益的对外转移。劳动收入所占比重偏低直接降低了我国居民的消费率。“从世界各国横向比较看，居民消费率（居民消费占 GDP 的比重）世界平均水平在 60% 左右。其中，高收入国家为 60%—65%，中等收入国家约为 55%—60%，低收入国家一般高于 65%。而我国 2008 年仅为 35.3%，明显低于世界平均水平，也低于中等收入国家水平。从世界各国消费率变化的历史趋势看，随着发展阶段的演变，居民消费率呈现出‘先降后升再趋于相对稳定’的特征。我国居民消费率变化符合中低收入国家下降阶段的规律，但下降速度过快、幅度过大。2000—2008 年，我国居民消费率从 46.4% 下降到 35.3%，降低了 11.1 个百分点，平均每年降低 1.4 个百分点。”①

（三）对外开放与对内开放仍然存在比较严重的不协调

1. 思想观念上的不协调

“开放”这个概念在国人这里一直是一个有点“别扭”的概念。长期闭关锁国把中国和世界分割了开来，“封闭”成了中国社会很长一段时期的主要特征。近代以来在帝国主义的坚船利炮下中国被迫开放，中国经济和社会成了帝国主义的附属品。以至于新中国成立后相当长一段时期中国人仿佛患上了“开放恐惧症”。而长期受封建落后思想影响，“开放”在中国人的思想深处也往往成为“不自重”的代名词，仿佛只有“封闭”、“保守”才是优秀品质。改革开放之后，在邓小平一系列重要论述指引下，中国人逐渐接受了“对外开放”，但一直也是把它当做国内经济发展的补充。加入世贸组织之后，中国国内经济和对外开放逐渐统一起来了，但中国人常常仍然是“被动”的，才有了“开放倒逼改革”的说法。在国人的思想深处很长一段时间一直把改革与开放看成是两个问题，把开放又主要理解为对外开放。

经过 30 多年的思想解放，从理论上说中国人对“开放”的接受已经没有大的障碍。但是在现实中具体到如何实施时却又是一回事。对现代政府而言，“服务”应该是管理的核心，是开放社会政府的本质，但现实中

---

① 国务院发展研究中心课题组：《“十二五”发展十二题》，中国发展出版社 2010 年版，第 40 页。

从内容到形式都有很大差距。对企业而言，无论是国有企业还是民营企业，也很难满足开放型企业的要求。国有企业的行政化和民营企业家族化是中国企业的特点，和开放都是有出入的。对个人而言，“开放的心理和心态”仍然是中国社会缺乏的，严重影响了中国社会正常的人际交往，也影响着社会中工作和业务的正常开展。以上这几方面的存在，又直接影响着中国社会的对外开放。或者说，由于对内存在的诸多“不开放”，使得中国对外开放的质量和水平大打折扣。

2. 对外开放与对内开放量上的不协调

（1）对外贸易与对内贸易存在不协调

中国2009年成为世界第一出口大国，超过了德国。但中国的对外贸易一直存在的问题：出口商品的附加值低，高新技术产品的比重低，自主品牌的比重低；对外贸易的国际溢价、定价的能力弱；对外贸易经营的模式落后。解决中国的贸易平衡，既要扩大对外贸易，更要重视对内贸易，还要重视中国贸易自身结构失衡问题。由于中国的传统体制，外贸与内贸是分割的，自从加入世贸组织以来，随着机制体制的改革，慢慢地互动，已经有了很大变化。

（2）对外投资与对内投资存在不协调

据统计，截至2012年底，中国对外直接投资累计净额（存量）达5319.4亿美元，位居全球第13位。但由于中国对外直接投资起步较晚，与发达国家相比仍有较大差距，仅相当于美国对外投资存量的10.2%。而相对应的是，中国引进外资一直持续快速增长。商务部2013年6月公布的数据显示，到2013年4月中国累计引进外资总额超过1.3万亿美元。两者的差距可想而知。近年来，中国对外投资一直呈现高速增长的势头，2013年对外投资达到901.7亿美元，同期引进外资为1175.86亿美元，两者差额正在不断缩小。2013年9月9日，商务部、国家统计局等在厦门联合发布《2012年度中国对外直接投资统计公报》，2012年，中国对外直接投资创下流量878亿美元的历史新高，同比增长17.6%，首次成为世界三大对外投资国之一。中国“引进来”和“走出去”兼顾平衡的发展，不论对全球经济，还是对中国开展国际商务合作、对外经济合作都是双赢。当然，企业“走出去”是一个利益和风险并存、机会与挑战同在的过程。

3. 对外开放与对内开放在量和质上的不协调

中国对外贸易和引进外资的数量均居于世界前列。但在质量上却很不相称。

我国存在比较大的区域经济差距，尤其是城乡差距。城乡差距包含三个层次：最外围的是收入差距；中间层次的是基础设施和公共服务的差距；最里层的则是改革与开放的差距。而开放的目的是消除地区差距、城乡差距；开放的过程也是消除地区差距、城乡差距的过程。

政策加剧了这种差距。“地区竞争固然激发了各地方政府发展经济的热情，并有效促进了经济增长。但是，我国的对外开放是从沿海到内陆逐步推进的，由中央下放给地方的各种政策优惠条件与对外开放程度相一致。事实上，从全国整体看，许多制度安排原来只允许东部地区先试点，后推广，而禁止中西部使用。由于各地区竞争力与区域制度转型进程直接联系在一起，并且地方政府能够从创新制度的供给中获得收益，这实际上人为地制造了一种制度上的不平等。制度供给收益的时间递减定律决定了各个地区都想最先供给预期制度，这就相当于由技术创新而带来的‘超额垄断利润’。这实际刺激了区域政府间的纵向制度竞争。这是一种上下级政府的竞争，如财权等方面的讨价还价，向中央政府索要政策、要经济自主权，‘以戴红帽子来规避来自上级的意识形态压力，拓展制度创新空间等。’”①

（四）政治、文化和社会领域的改革与开放滞后

最近几次党的大会报告都清楚地阐明了这一点。十五大报告指出：“我们清醒地看到，在前进道路上还有不少矛盾和困难，工作中也有缺点和不足。主要是：国民经济整体素质和效益不高，经济结构不合理的矛盾仍然比较突出，特别是部分国有企业活力不强；党风、政风、社会风气和社会治安的状况人民群众还不满意，贪污腐化、奢侈浪费等现象仍在蔓延滋长，官僚主义、形式主义、弄虚作假的问题较为严重；收入分配关系尚未理顺，地区发展差距还明显存在，城乡部分群众生活比较困难；人口增长、经济发展给资源和环境带来巨大的压力，等等。我们要高度重视存在的问题，扎扎实实地加以解决。”

十六大报告指出的主要问题是：农民和城镇部分居民收入增长缓慢，

① 张幼文：《新开放观——对外开放理论与战略再探索》，人民出版社2007年版，第542页。

失业人员增多，有些群众的生活还很困难；收入分配关系尚未理顺；市场经济秩序有待继续整顿和规范；有些地方社会治安状况不好；一些党员领导干部的形式主义、官僚主义作风和弄虚作假、铺张浪费行为相当严重，有些腐败现象仍然突出；党的领导方式和执政方式与新形势新任务的要求还不完全适应，有的党组织软弱涣散。

进入新世纪新阶段，十七大报告进一步明确了我国发展呈现出的一系列新的阶段性特征，主要是：经济实力显著增强，同时生产力水平总体上还不高，自主创新能力还不强，长期形成的结构性矛盾和粗放型增长方式尚未根本改变；社会主义市场经济体制初步建立，同时影响发展的体制机制障碍依然存在，改革攻坚面临深层次矛盾和问题；人民生活总体上达到小康水平，同时收入分配差距拉大趋势还未根本扭转，城乡贫困人口和低收入人口还有相当数量，统筹兼顾各方面利益难度加大；协调发展取得显著成绩，同时农业基础薄弱、农村发展滞后的局面尚未改变，缩小城乡、区域发展差距和促进经济社会协调发展任务艰巨；社会主义民主政治不断发展、依法治国基本方略扎实贯彻，同时民主法制建设与扩大人民民主和经济社会发展的要求还不完全适应，政治体制改革需要继续深化；社会主义文化更加繁荣，同时人民精神文化需求日趋旺盛，人们思想活动的独立性、选择性、多变性、差异性明显增强，对发展社会主义先进文化提出了更高要求；社会活力显著增强，同时社会结构、社会组织形式、社会利益格局发生深刻变化，社会建设和管理面临诸多新课题；对外开放日益扩大，同时面临的国际竞争日趋激烈，发达国家在经济科技上占优势的压力长期存在，可以预见和难以预见的风险增多，统筹国内发展和对外开放要求更高。

《2030 年的中国：建设现代、和谐、有创造力的高收入社会》报告提出了中国应对未来二十年所面临的风险的措施建议，这些风险包括短期内出现硬着陆的风险，以及人口老龄化和劳动力人数减少、不平等程度上升、环境压力和外部失衡构成的挑战。报告为中国的未来发展提出六大战略方向：完成向市场经济转型；加快开放型创新步伐；推进绿色发展，变环境压力为绿色增长，使之成为发展的动力；增进机会均等，扩大面向全民的卫生、教育和就业服务；加强国内财政体系及其现代化；将中国的结构性改革与国际经济变化联系起来，与世界各国建立互利共赢关系。

二 问题产生的原因

从根本上说，是因为中国改革开放进入到了一个攻坚阶段。我国尽管仍然处在大有可为的战略机遇期，同时也是一个矛盾凸显期。

最早提出攻坚阶段，是针对某一领域的改革。1999 年 4 月 22 日江泽民同志在成都主持召开四省市国有企业改革和发展座谈会时强调指出，全面推进国有企业的改革和发展，是一个非闯不可、也绕不过去的关口。打好这场攻坚战，不仅关系到国有企业改革的成败，也关系到整个经济体制改革的成败。同年 8 月 12 日，他在大连召开的东北和华北地区国有企业改革和发展座谈会上讲话时说，国有企业改革处于攻坚阶段，发展处于关键时期。在发展社会主义市场经济的广泛而深刻的变革中，国有企业的改革和发展，都面临着一些亟待解决的深层次矛盾和问题：一些企业经营机制不活，生产经营面临困境，经济效益下降，负债率过高，富余人员较多，社会负担沉重，部分职工生活比较困难。造成这些矛盾和问题的原因是多方面的，必须进行全面的科学的分析。传统计划经济体制的深刻影响不是短期可以克服的，解决历史上遗留下来的诸多矛盾也需要一个过程，长期不合理的重复建设造成生产能力的大量过剩是许多企业陷入困境的重要原因之一，一些多年开采的矿山资源枯竭导致企业陷入困难，适应国内外市场的重大变化调整产业结构和企业组织结构要经历一个艰苦的过程。1999 年 11 月 26 日上午中共中央在中南海怀仁堂举办 1999 年第二次法制讲座。江泽民同志说，当前，国有企业改革已进入攻坚阶段，解决国有企业改革和发展面临的重点难点问题，必须充分发挥法律的作用。各级领导干部特别是主要领导干部，要带头学法、用法、守法，不断提高依法行政的能力，学会运用法律手段保障和促进国有企业的改革与发展。

进入攻坚阶段的改革与开放关系趋向复杂化。国家统计局总工程师郑京平认为，首先是外在压力减缓。改革开放启动时，在某种程度上可以说是“逼上梁山”。20 世纪 70 年代末，经过“文革”，中国当时那种封闭僵化的经济体制，极大地阻碍了生产力的发展和社会进步，国民经济已经滑到了崩溃边缘，物资极度匮乏，不少人的基本生活都无法保障，贫困人口高达 2 亿。第二则是既得利益的制约。任何改革都会涉及既得利益。但由于 30 年前的改革开放是所谓“帕累托”式的改革开放，至多是只影响极小部分人局部利益的改革开放，因而阻力要小得多。可30年后的今天，改革开放已经进入攻坚阶段，面对的是“硬骨头”。还有认识水平的制约。由于对改革开放的总体目标和实质认识不足，对开放型的市场经济体制理解不透，一些人面对现实社会中的一系列问题，对改革开放产生了曲解，对市场经济体制产生了误读。[1]

“攻坚”本来是一个军事术语，比喻对敌人设防坚固的城市、堡垒、阵地、要塞的进攻，后来被引入其他领域，意指集中力量去突破或攻克一些难题。20世纪90年代之后，这个词就越来越多地和改革开放联系在了一起。“国企攻坚”、“扶贫攻坚”等都曾是改革开放的阶段性重点。正是通过一次次“攻坚”，改革开放持续向前推进。今天，改革开放已进入了全面攻坚的阶段，在“攻坚”的内容、动力、手段和环境方面都与之前存在诸多不同。在内容方面，之前都是局部性的，而这一次是全面的“综合攻坚”。包括社会保障制度改革、医疗卫生体制改革、收入分配制度改革等各领域改革都进入了突破性阶段。在动力方面，一方面，传统支撑改革开放的动力变得衰弱；另一方面，由于涉及的领域很宽，并且主要是强势群体和既得利益者，特别是作为改革组织者、推动者的政府部门，成了改革的主要对象[2]，阻力明显增强。在手段方面，与“单项攻坚”或者是“专项攻坚”使用“单一手段”解决问题不同，今天不仅需要政府有更高的技巧，而且对全社会提出了考验。在环境方面，30多年前在改革开放开始时，无论是国内还是国际社会，都经历了从“观望”、“期待”到“欢迎”的过程；30多年后，却出现了越来越多的“质疑”、“戒备”甚至“抵触”。因此笼统说改革开放，不会有人反对。但一旦说到具体的改革和开放，分歧就很大。这从深层次上反映的恰恰是改革与开放关系的新变化和复杂化。

首先，国家和个人的关系更加复杂。国家与社会的关系今天越来越集中地表现为国家与个人的关系。社会主义改革开放的根本目的就是不断地维护好、实现好、发展好最广大人民群众的根本利益。但是由于我国人多、人均资源占有率不高、综合竞争力不足以及较大的城乡差距、地区差

---

① http：//news. qq. com/a/20110106/000988. htm.

② 李海青：《改革攻坚：对当代中国改革一个重大基本问题的分析》，《社会科学》2012年第9期。

距在短时期内仍难以改变，国家利益、社会利益、个人利益之间的碰撞，短期利益和长远利益之间的碰撞都将长期存在。这种碰撞当前集中反映在社会财富的分配上。社会主义的本质决定了国家的财富属于人民，但关键是在现实中如何实现好财富增长和财富分配的关系，真正让广大人民群众满意。这就涉及前面说到的改革与开放中的一系列重大关系的处理。

其次，政府和企业的关系更加复杂。政府和市场的关系集中反映在政府和企业的关系上。我国作为社会主义国家，政府需要从社会整体利益出发控制一部分国有企业并对其他非国有企业进行宏观调控。但是在发展市场经济和开放经济的条件下，如何处理好政府和企业、国有企业和非国有企业的关系，保证各类企业之间的公平竞争，却是一个难题。在当前政府与企业关系的问题上，政府既有对企业管得过多的问题，也有管理不足的问题，还有规则不健全、不透明等问题。国有企业的垄断问题也尚待解决。地方之间、企业之间过度竞争、不正当竞争的问题还严重存在。

再次，城市和农村的关系更加复杂。随着国家一个又一个区域发展规划的实施，中西部地区发展已有比较明确的战略和对策措施。当前和今后一个比较长的时期改革与开放的关系在区域经济层面将会集中在城乡之间的关系上。诺贝尔经济学奖获得者美国教授斯蒂格利茨说过，21 世纪人类最大的两件事情，一是高科技带来的产业革命；二是中国的城市化。“市场化、工业化、城市化”三者密不可分，但在发展中国家，却是另一回事。许多国家长期存在于“二元社会”之中，一方面是农村持续落后，另一方面则是出现严重的“城市病”。其核心是农村和城市的深度融合和对接问题。对中国来说，如何真正实现城乡一体化，已逐渐成为改革与开放关系中的中心问题。现代发展经济学理论认为，社会二元结构的本质是制度性的。中国城乡二元结构至少存在以下几个方面：户籍制度、粮食供给制度、副食品与燃料供给制度、教育制度、就业制度、医疗制度、养老保险制度、劳动保护制度、人才制度、兵役制度、婚姻制度、生育制度等。①

最后，中国和世界的关系更加复杂。改革和开放的关系延伸到国际上就表现为中国和世界的关系。中国改革的过程，就是开放的过程，是对内

① 迟福林：《第二次转型——处在十字路口的发展方式转变》，中国经济出版社 2010 年版，第 145 页。

开放和对外开放相统一的过程，其目标是对内致力于建设一个共享改革开放成果的和谐社会，对外建设持久和平、互利共赢的和谐世界。后者是前者重要的外部保障。但今天国际社会对待中国的改革开放普遍持一种矛盾的心理。一方面，他们希望看到中国改革开放，特别是中国经济、政治、社会等领域的开放。他们希望通过中国的开放，将中国彻底融入西方主导的国际秩序之中。另一方面，他们对中国的开放又保持着一定的恐惧心理，担心中国的发展冲击西方主导的国际政治经济秩序。近年来美日和东南亚一些国家频频以中国和一些国家之间的海岛纠纷为借口，企图给我们的改革开放制造麻烦和障碍。

从“中等收入陷阱”看发展中国家改革与开放的关系

改革是社会发展的动力，这不仅是针对社会主义国家，对其他国家也如此。人类社会进步的历史就是一部革命和改革的历史。特别是进入到现代社会，改革成为各国发展进步的共同选择。不同的是改革的方式、改革的内容，当然也包括改革的效果。由于改革与开放的高度相关性，改革的内容、方式、效果也与其开放的内容、方式、效果密切相关。

一 “二战”后发展中国家经济社会的发展

“二战”前后，一大批原殖民地半殖民地国家取得了政治上的独立，从此走上了一条发展经济的道路。这些国家又包括两种类型，即社会主义国家和资本主义国家。一些国家在苏联帮助下，通过社会革命的方式，走上了社会主义道路，从而建立了一套全新的社会主义政治经济体制。其他大多数国家则是在原有基础上走上了独立发展资本主义的道路，包括亚洲、非洲、拉丁美洲及其他地区的130多个国家，占世界陆地面积和总人口的70%以上。由于原来的经济发展水平的不同，国内政局稳定程度的不同，发展战略和改革调整水平的不同，科技、教育、文化重视程度的不同，以及其他如地理条件、人口状况等因素的不同，发展中国家的经济发展很不平衡。按人均国民生产总值的高低可以分为四类：第一，高收入的中东和其他地区的石油生产与出口国。第二，上中等收入的新兴工业国家和地区。包括拉丁美洲的巴西、墨西哥等。第三，下中等收入的国家和地区。它们占第三世界的大多数，多是农业国，处在资本主义生产方式和前资本主义生产方式并存的阶段，正在争取实现国家的工业化、现代化的发展。第四，最不发达国家。这些国家人口增长速度高于经济增长速度，其中许多国家连温饱问题都没有解决。

虽然发展中国家各国之间在历史、文化、制度以及经济发展水平等各个方面差异很大，但这些国家却拥有某些共同特征。

一是低下的生活水平和生产力水平。在发展中国家，大多数人民的生活水平很低。生活水平的低下表现在如下几个方面。首先，这些国家的人均生活水平很低。其次，在发展中国家，作为人口大多数的穷人与少数富人生活水平的鸿沟也较发达国家大。最后，大范围的贫困。所谓贫困是指缺少达到最低生活水准的能力。发展中国家由于人力资源素质、资本存量、技术和管理水平等条件的限制，生产力水平比较低下。2002 年，发展中国家的劳动生产率平均仅为发达国家的 1/23。

二是落后的经济结构。发展中国家的产业结构比较落后，城乡结构和地区结构不合理。对农业生产存在比较严重的依赖。从生产结构看，低收入国家（中国和印度除外）农业在 GDP 中份额要远远高于发达国家；从就业结构看，农业劳动力的比重在发展中国家多达 50%—70%；从城市化水平看，低收入和中等收入国家城市人口占总人口比例要远低于高收入国家和地区。

三是市场经济不发达。由于长期遭受殖民掠夺和封建生产关系的束缚，以及独立后政府干预不当，发展中国家的市场运行不灵且受到严重扭曲，无法发挥作为资源配置基本手段的功能。

四是人口高速增长和沉重的赡养负担。发展中国家人口出生率一般都远高于发达国家的人口出生率，同时由于卫生条件的改善和对传染病的控制，两类国家在死亡率上的差别要小得多，这便造成了发展中国家的人口快速增长。人口快速增长的一个结果是在发展中国家儿童占总人口的比率较高，因此从业劳动力抚养的儿童和老人的数目也多，这就造成了发展中国家的赡养负担。同时，发展中国家普遍存在高水平的失业和低度就业。

五是在国际关系中处于劣势地位。发达国家与发展中国家在国际关系上是不平等的。发达国家控制着国际贸易的类型，决定着国际关系的规则和形式。而在大多数发展中国家，由于发展水平低，国内储蓄不足，经济建设只能靠出口初级产品取得外汇。同时，发展中国家也需要引进必要的技术、外援和外资，而这些资源的国际转移条件也是由发达国家控制的。因此，发展中国家在经济上受发达国家支配，依附于发达国家。

从 20 世纪 80 年代中期开始，特别是进入 90 年代，发展中国家都一直在调整经济政策，进行经济体制改革。其经验主要有以下几点：第一，根据该国国情制定与调整经济发展战略。普遍地以出口导向和进口替代相结合的发展战略来代替过去的以进口替代为主的发展战略，以取得更好的发展效果。第二，深化经济体制改革。包括减少国家对经济的过多干预，强调市场机制的作用，对国有企业实行转轨，鼓励发展私营企业等。第三，调整产业结构。许多国家从强调以发展工业为重点转向重视工业和农业相适应的发展，注意发展第三产业（服务业）和第四产业（信息业），强化国民经济中的薄弱环节，努力实现各部门的均衡发展。第四，实行开放政策。不同程度地参与国际经济大潮，争取有利机会发展自己。

虽然从整体来看，发展中国家战后50多年的经济发展取得很大成就。但这些国家仍然面临着严峻问题：第一，债务危机，资金倒流。第二，粮食危机，依赖粮食进口。农业基础设施恶化，人均粮食产量不断下降。第三，人口的增长超过物质资料生产的增长，社会不堪重负。第四，政局不稳、战乱频繁，更加重了已有的困难，使居民流离失所。

二　“中等收入陷阱”的发生

（一）“中等收入陷阱”的含义及特征

所谓“中等收入陷阱”，是指当一个国家的人均收入达到中等收入水平（世界银行定期发布标准）后，出现经济增长动力不足，在一段比较长时期内难以实现经济继续增长和收入提升，出现经济停滞的一种状态。世界银行《东亚经济发展报告（2006）》首次提出了“中等收入陷阱”（Middle Income Trap）的概念，其基本含义是指：鲜有中等收入的经济体成功地跻身为高收入国家，这些国家往往陷入了经济增长的停滞期，既无法在工资方面与低收入国家竞争，又无法在尖端技术研制方面与富裕国家竞争。

“中等收入陷阱”在发展中国家中似乎成了一个带有一定普遍性的现象。比如巴西、阿根廷、墨西哥、智利、马来西亚等国，在20世纪70年代均陆续进入了中等收入国家行列，但直到2007年，这些国家仍然停留在人均GDP 3000—5000美元的发展阶段，并且仿佛看不到增长的动力和希望。一个经济体从中等收入向高收入迈进的过程中，既不能重复传统发展模式但又在一段比较长时期中难以摆脱这种模式，很容易出现经济增长的停滞和徘徊，人均国民收入难以突破1万美元。在经济和人民收入增长乏力的情况下，经济快速发展过程中累积的各种社会矛盾可能集中爆发，在原有的增长机制和发展模式难以有效应对由此带来的系统性风险的情况下，经济增长就可能进一步出现大幅波动或陷入停滞。

在拉美地区和东南亚有一些陷入“中等收入陷阱”的典型国家代表。如菲律宾，1980年人均国内生产总值为671美元；2006年仍停留在1123美元，如果考虑到通货膨胀因素，人均收入几乎没有多大增长。还有一些国家收入水平虽然在提高，但始终难以缩小与高收入国家的鸿沟，如马来西亚和阿根廷。马来西亚1980年人均国内生产总值达到1812美元，但到2008年仅8209美元。阿根廷则在1964年时人均国内生产总值就超过1000美元，在20世纪90年代末上升到了8000多美元，但2002年又下降到2000多美元，而后又回升到2008年的8236美元。在1945—1980年期间，墨西哥的国内生产总值年均增长率达6.7%，高于拉美地区的平均水平（5.6%）。[①] 但在1982年，由于受到债务危机的影响，国内生产总值增长率从1981年的8%急剧下跌到-0.4%，为半个世纪以来的最低点。与此同时，通货膨胀率大幅度上升，从70年代的约20%提高到1982年的将近100%。[②] 拉美地区还有许多类似的国家，虽然经过了二三十年的努力，几经反复，但一直没能跨过1万美元的门槛。

日本和“亚洲四小龙”是国际上公认的比较成功地跨越了“中等收入陷阱”的国家和地区。但就比较大规模的经济体而言，仅有日本和“亚洲四小龙”中的韩国实现了由低收入国家向高收入国家的转换。日本人均国内生产总值在1972年接近3000美元，到1984年突破1万美元。韩国1987年超过3000美元，1995年达到了11469美元。从中等收入国家跨入高收入国家，日本花了大约12年时间；韩国则用了8年。

《人民论坛》杂志在征求50位国内知名专家意见的基础上，列出了“中等收入陷阱”国家的十个方面的特征，包括经济增长回落或停滞、民主乱象、贫富分化、腐败多发、过度城市化、社会公共服务短缺、就业困难、社会动荡、信仰缺失、金融体系脆弱等。[③]

---

① 拉美经委会：《拉美经委会评论》，1993年8月，第67页。

② 陈芝芸等：《北美自由贸易协定——南北经济一体化的尝试》，经济管理出版社1996年版，第56页。

③ 人民网-《人民论坛》，2010年7月7日。

下面以成功跨越了“中等收入陷阱”的韩国和陷入“中等收入陷阱”的马来西亚与阿根廷作为样本作比较，可以进一步反映出两者的区别。

第一，经济增长方面。陷入“中等收入陷阱”的国家，经济增长波动性很大，即使短期内取得较高速度的增长，但往往很难持续。这种情况在拉美国家比较普遍。如果以人均国内生产总值的增长为例，1963 年至 2008 年的 45 年间，阿根廷其中有 16 年人均国内生产总值呈现负增长，马来西亚也有 5 年是负增长，但韩国其间仅出现过 2 年的负增长。在这 45 年中，阿根廷人均国内生产总值年均增长率仅达到 1.4%；马来西亚是 4.0%；而韩国却达到了 6.3%。1963 年，阿根廷的人均国内生产总值为 842 美元，已经达到当时的中高收入国家水平；而韩国当时仅 142 美元，还是典型的低收入国家。但 45 年后的 2008 年，阿根廷的人均国内生产总值仅增长到 8236 美元，仍停留于中高收入国家阶段；马来西亚仅从低收入国家进入到了中等收入国家水平；而韩国达到 19115 美元，成功跨入了高收入国家行列。

第二，研发能力和人力资本方面。从 R&D 支出占国内生产总值的比重看，韩国 2003 年为 2.64%，居世界第 7 位；而马来西亚、阿根廷分别只有 0.69% 和 0.41%，排名均在世界的 40 名之后。在研发人才方面，韩国 2006 年每千人中已达到 4.8 人；而马来西亚和阿根廷分别只有 0.42 人和 1.1 人，韩国分别是马来西亚和阿根廷的 11.4 倍和 4.4 倍。从劳动力结构看，2007 年韩国具有大学以上教育程度的劳动力比重为 35%；而马来西亚、阿根廷分别为 20.3% 和 29.5%，韩国有明显优势。

第三，收入分配方面。从基尼系数上看，阿根廷和马来西亚一直较高，在 80 年代中期均在 0.45 左右，到 90 年代末更是进一步上升到接近 0.50；2007 年阿根廷为 0.51，马来西亚也一直保持在 0.5 左右的水平。而韩国在 20 世纪 70 年代末基尼系数仅为 0.36，到 90 年代末更是进一步下降到 0.31，并且至今没有发生明显变化。从最高 10% 收入阶层和最低 10% 收入阶层的收入比来看，阿根廷为 40.9%；马来西亚为 22.1%，均远高于韩国 7.8% 的水平。

第四，社会发展指标方面。韩国 1960 年的人均预期寿命仅为 54.2 岁，与马来西亚相当，比阿根廷低 11 岁。但到 2008 年，韩国提高到了 79.8 岁，高于阿根廷和马来西亚的 75.3 岁和 74.4 岁。婴儿死亡率也呈现这种变化趋势，1960 年韩国的婴儿死亡率曾高达 96‰，远远高于阿根廷和马来西亚的59.9‰和66.1‰，但到2008年，韩国已经下降到4.7‰，已远低于阿根廷14.6‰，也低于马来西亚的5.9‰。在受教育方面，韩国2010年成人平均受教育年限由20世纪70年代的5.6年上升到11.3年，远远领先于阿根廷和马来西亚的8.9年和9.7年。

第四，对外部经济的依赖度方面。阿根廷和马来西亚的外商直接投资占国内生产总值的比重明显高于韩国，表明其对外资的依赖度大大超过韩国。特别是马来西亚1990年的外商直接投资占比达到了5.3%。在外债方面，阿根廷2002—2004年间的外债余额占国内生产总值的比重一度超过100%。

发展水平和条件如此相近的国家，结果却是两种完全不同的命运，问题出在哪里呢？

（二）“中等收入陷阱”发生的原因

国际经验表明，对一些国家而言，掉入“中等收入陷阱”的具体原因可能很多，但本质上都可以从社会经济结构与经济发展转型要求的不匹配上找原因，其根本原因又是僵化的经济和政治体制与现实经济发展要求出现不匹配。“中等收入陷阱”问题所包含的本质上的因果逻辑关系可以总结为：经济和政治体制僵化→社会经济结构不匹配→经济发展方式转型困难→“中等收入陷阱”。[①] 具体来说，主要有以下几方面的原因。

第一，金融危机的打击。掉入“中等收入陷阱”的国家几乎无一例外地都和金融危机有关系。“一九九七年的亚洲金融危机，就是国际投机家针对经济、金融有问题的东南亚国家和地区，利用金融工具肆意攻击而造成的。另外，一九九四年的墨西哥、一九九八年的俄罗斯、一九九九年的巴西、二〇〇〇年的土耳其直到最近的阿根廷所发生的危机，都造成了很大损失。”[②]“危机直接暴露出了东亚经济发展中的许多问题，如政经勾结、腐败、市场制度和规则的不透明，人力资本发展落后，教育尚欠发达，技术进步迟缓和基础产业不发育等。”[③]

第二，没有及时进行发展模式的转换。以阿根廷为代表的一些拉美国

---

① http：//mept. gxu. edu. cn/lwjc/zghgjj/255011. shtml#.

② 《江泽民文选》第3卷，人民出版社2006年版，第428页。

③ 康绍邦：《金融危机后中国的政策选择》，现代出版社1999年版，第297页。

家，工业化初期实行的是进口替代战略，但在国内外条件发生变化的情况下，没有及时转换发展模式，而是继续实施耐用消费品和资本品的进口替代战略，即使是在 70 年代初发生石油危机后，还采取“举债增长”，从而使得进口替代战略延续了大约半个世纪。以马来西亚为代表的一些东南亚国家，则是由于国内市场狭小，因而长期实行出口导向战略，使得过于依赖国际市场，自然容易受到外部环境和市场的冲击。以出口为导向的经济模式只能是一个中短期的经济发展战略，国内消费和本土市场的发展才更重要。①

第三，经济结构调整滞后。新加坡、中国香港抗击金融危机能力相对较强，是因为其有着稳定的宏观经济环境和不断优化的经济结构作后盾。20 世纪 70 年代以来，通过实施改革开放政策，东南亚一些国家和地区实现了经济的较快增长，但由于“没有能够及时主动地从一些可以由市场自行调节的领域中退出，从而压制了市场机制作用的发挥，使失衡的经济结构不能得到及时的调整”②。其深刻的原因在于没有及时完成产业升级，实现经济转型，从而丧失了出口竞争优势，使宏观经济逐渐下滑，为国际投机者提供了机会。③缺乏风险防范意识和严格的金融监管机制是东南亚金融危机爆发的重要原因。

第四，未能克服技术创新上的瓶颈。在开始进入中等收入阶段后，一国经济的低成本优势自然就逐步丧失，使得其在低端市场方面难以与低收入国家竞争，但在中高端市场方面又由于研发能力和人力资本条件等因素的制约，难以与高收入国家相抗衡。这就必然导致上下被挤压的情况，导致这些国家逐渐失去增长动力并最终出现停滞。马来西亚等一些东南亚国家在发生金融危机后再也没能恢复到危机前的高增长状态，与经济增长缺乏技术创新动力有着十分直接的关系。

第五，对发展公平性重视不够。公平发展不仅有利于改善收入分配，创造更为均衡的发展，还能够减缓社会矛盾和冲突，有利于经济可持续发展。以拉美国家为例，在进入中等收入阶段后，由于收入差距迅速扩大导致中低收入居民消费严重不足，消费需求对经济增长的拉动作用减弱。如

① 康绍邦：《金融危机后中国的政策选择》，现代出版社 1999 年版，第 291 页。
② 同上书，第 237 页。
③ 同上书，第 256 页。

20世纪70年代，拉美一些国家基尼系数高达0.44—0.66，巴西到90年代末仍高达0.64，一些国家还由于贫富悬殊，社会严重分化，引发激烈的社会动荡，甚至政权更迭，对经济发展造成严重影响。

第六，宏观经济政策出现偏差。从拉美国家看，受西方新自由主义影响，政府作用被极度削弱，宏观经济管理制度缺乏，政策稳定性差，政府债台高筑，通货膨胀和国际收支不平衡等顽疾难以消除，经济危机频发造成经济大幅波动，如20世纪80年代的拉美债务危机、1994年墨西哥金融危机、1999年巴西货币危机、2002年阿根廷经济危机，都对经济持续增长造成严重冲击。阿根廷在1963—2008年的45年间出现了16年负增长，主要就集中发生在20世纪80年代债务危机和2002年国内金融危机期间。

马来西亚经济研究院副院长弗敖兹认为，马来西亚经济增长停滞、陷入“中等收入陷阱”的原因主要有几个方面：第一，也是最大的问题，缺乏私人投资。很多产业有国有或者是与政府相关的公司参与，使得私人投资受到歧视，很难进入；第二，产业附加值比较低；第三，人力资本投入和研发投入很低。目前马来西亚研发投入只占GDP的6%，导致劳动力技能缺乏，劳动生产力增长乏力；第四，官僚体制导致成本上升；第五，价格管制。阻碍了公司的成长，也带来了经济结构的扭曲。①

三　发展中国家处理改革与开放关系的经验教训

发展中国家独立后发展的主要内容就是逐步建立和完善经济体制，实行对外开放的过程。而一些发展中国家掉入“中等收入陷阱”的根本原因，从根本上还是在改革开放方面出了问题，特别是在处理改革与开放关系方面出了问题。下面以东南亚、拉丁美洲和部分苏联东欧国家为例进行分析。

（一）东南亚国家处理改革开放关系的经验教训

从16世纪初起，西方殖民者开始入侵东南亚，葡萄牙是第一个入侵

① 《在“跨越中等收入陷阱——未来10年的中国”为主题的第72次中国改革国际论坛上的发言》，2011年10月29~30日，中国（海南）改革发展研究院、中国国际经济技术交流中心、联合国开发计划署（UNDP）和德国国际合作机构在海口联合召开。

该地区的西方国家。除泰国外，东南亚国家逐渐沦为西方国家的殖民地。取得独立后，各国相继开始了工业化和改革开放的过程。在新自由主义思想的指导下，这些国家普遍建立起了政府主导型的市场经济体制，发展起了开放型经济。从60年代中后期开始，各国转入面向出口工业化发展阶段。20世纪80年代中期，东南亚的后起国家（越南、老挝、缅甸、柬埔寨）先后实施经济开放与改革政策，开始了工业化进程。1986年底，越共“六大”确立了经济开放与革新的方针，制定和实施了农业承包制、国有企业自主经营和自负盈亏、国内价格改革、金融体制改革、吸引外国投资等一系列经济革新的重大措施，推进计划经济逐步向市场经济过渡。1986年老挝党“四大”以后，老挝积极实施革新开放路线，调整经济结构，推行农业承包责任制和国有企业重组，实行多种所有制形式并存，扩大对外开放，促进自然和半自然经济向市场经济过渡，建立国家管理的市场经济机制。1988年缅甸军政府上台以后，废除“社会主义计划经济”，实行以建立市场经济为目标的经济体制改革，鼓励发展私人企业，积极引进外资，调整农业政策，建立多元化的金融系统。1993年柬埔寨新政府成立后，开始实施市场经济体制，新政府把发展经济、消除贫困、提高人民的生活水平作为对内政策的重点，将农业、基础设施建设及人才培训作为优先发展领域，扩大对外开放，吸引外资和外援。①20世纪90年代起，东南亚国家之间加快了区域经济一体化的进程。

东南亚国家的改革开放取得了很大的成就。世界银行于1993年9月发表了题为《东亚奇迹——经济增长与公共政策》的研究报告。但是1997年7月，一场金融危机的发生改变了这个地区的发展方向。危机发生多年后，相当一部分国家的经济情况难以好转。这些国家掉入了所谓的“中等收入陷阱”之中。从中可以看出，在开始的一段时期，东南亚的改革与开放基本上是适应的。随着开放越来越深入，特别是金融领域的开放的深入，开放与改革之间的冲突就开始凸显了。这背后反映出的是这些国家改革开放中存在的一些问题。

一是国内的政府管理和金融体制未得到实质性改革。“二战”后大多数东南亚国家都改变了传统西方式的竞争型政治模式，变成了威权主义的

① 王勤：《当代东南亚经济的发展进程与格局变化》，《厦门大学学报》（哲学社会科学版）2013年第1期。

官僚权威型国家。为了提升政府的威信，它们都非常注意振兴民族经济，希望通过经济成就来增强自己的合法性基础。这也使东南亚威权主义国家的政治与经济之间具有了特殊的高度相互依存关系。但过度的政府干预妨碍了市场的自由发展，使市场难以发挥优化资源配置的作用，一方面造成资源的浪费；另一方面又导致了一些国家，诸如泰国、印尼等，官商勾结很严重。很多国家和地区走的是当年日本和模仿日本的“四小龙”的经济发展道路。这一共同的“东亚发展模式”的一个特点是，大量银行贷款被集中用于出口产品和房地产业，造成这些部门产品和生产能力的过剩，银行积累大量呆账和坏账，濒临破产。①尽管《东亚奇迹——经济增长与公共政策》认为，接受“华盛顿共识”并在经济上取得成功的是东亚各国及地区，在东亚当中，比起东北亚（日本、韩国、中国台湾），东南亚（泰国、马来西亚、印尼）更加忠实于新古典派经济学的原则，政府没有干预，也没有实施产业政策。② 但是在经济发展中，东南亚各国经济普遍存在着一些严重的结构问题。除金融问题外，还存在产业结构多元化进程缓慢、房地产市场膨胀、基础设施严重不足，政府急于举办一些不切实际的大型建设项目，以及教育滞后等。例如泰国，在国家资源的配置过程中，由于政府权力的无限，权力也通过“市场化”作用而成为一种“社会资源”，政治资本作为一种最主要的“资本要素”参与了国家资源的分配。③“一方面有效地降低了交易成本，使经济发展在政府的推动下快速增长；但另一方面，由此产生的政治腐败，成了危机的催化剂。韩国两任前总统的巨额政治黑金以及大选期间揭露出来的韩国前任总统金泳三之子的经济丑闻，暴露出韩国‘政经勾结’的腐败冰山的一角。东南亚苏哈托家族对印度尼西亚政治经济的长期把持，对该国经济改革造成严重障碍，使得国际货币基金组织在提出的援助条件中将其也作为改革的一部分。”④ 据马来西亚经济研究院的格立高里·洛佩兹介绍，排在前十名的马来西亚企业都是政府所有的。所以，对于马来西亚市场经济是一个混合

---

① 庞中英：《东南亚金融危机的成因、教训与影响》，《国际问题研究》1998 年第 1 期。

② ［日］西口清胜：《现代东亚经济论：奇迹、危机、地区合作》，厦门大学出版社 2011 年版，第 41 页。

③ 骆莉：《东南亚金融危机对我国经济发展模式的启示与借鉴》，《暨南学报》（哲学社会科学版）2000 年第 4 期。

④ 同上。

的认识，一方面，它是融入国际经济市场当中的；另一方面，政府又控制着这个市场，控制政策的制定。[①]

二是金融体制改革严重滞后。金融机构对内自由度过大。一些金融机构将大量资金投向房地产和股票市场，一旦经济不景气时，就会导致银行呆账高筑。1997 年金融危机爆发前夕，泰国银行呆账高达 400 亿美元之多。到 1997 年 8 月份，泰国 91 家金融公司中已有 42 家公司因出现严重的呆账问题被泰国政府命令停止业务。同时，泰国政府于同年 8 月 11 日对外宣布，该 42 家金融公司之间的存款或债务，将由泰国政府负责。而对外金融领域方面的管理又过于僵化。在国际金融市场波动幅度越来越大的情况下，各国仍对利率和汇率变化实行限制，对国际金融市场变动反应严重滞后。泰铢兑美元汇率 14 年来一直大体保持不变。在美元升值的情况下，泰铢也被迫升值，使得进口增长过快和出口增长率降低。同时，不切实际地坚持与美元挂钩的固定汇率制，使得大量短期套利资金流入，又加剧了国内的通货膨胀，最终对币值的稳定产生负面影响。另外，对大量流入的外资缺乏有效管理，短期资金的比重过大，也是引发危机的一个重要因素。据不完全统计，东南亚国家有 1/4 的外国贷款属于还贷期在一年以内的短期贷款。其中泰国的短期外债一度占了总外债的一半多，这无疑增大了金融风险。"[②] "应该加强国家对经济的监管作用。传统的看法是，金融市场的自由化几乎是自动地导致更高的经济增长率。但在东南亚金融危机后，人们发现：只有在已经具备开放资本市场的条件，包括已经建立有效的监督机构的情况下才能开放资本市场。"[③]

三是对外开放与国内改革发展不相适应。一方面，金融对外开放的速度过快，超出了经济的承受能力。东南亚很多国家在 20 世纪 80 年代后期实行金融自由化，但对金融市场监管不严，金融机构的透明度也不足，使投资者不能在开放的环境下作出正确的投资决定。泰国从 1989 年开始分阶段解除对全部经常项目和部分资本项目下的外汇管制，利率完全放开。在此形势下，商业银行的经营范围扩大，各种形式和规模的金融公司纷纷成立。银行和金融公司为追逐高额利润，积极扩大资产规模，结果造成物

---

① 《经济改革：东亚的经验和教训》，《中国经济时报》2007 年 4 月 2 日。

② 胡宇、刘艺：《东南亚金融危机浅析》，《东南亚研究》1997 年第 5 期。

③ 康绍邦：《金融危机后中国的政策选择》，现代出版社 1999 年版，第 452 页。

业过剩、储蓄与投资的差额扩大、通货膨胀率上升和以套利为目的的短期外资流入增加。1992 年泰国取消了对资本市场的管制，成立曼谷国际银行，允许国内投资者通过该行获取低息的外国资金。[①] 美国《华尔街日报》1997 年 8 月 6 日文章在评论东南亚金融危机给人的启示时说：东南亚金融业正在成熟，东南亚已经了解到，金融规章和经济管理在经济增长方面再不应处于次要地位。危机爆发的直接原因是国际金融炒家对弱国固定汇率的狙击。而这些国家外债过多及债务结构的短期化使得国家短期资本处于较大风险敞口。更深层次的原因还在于东南亚国家经济结构不合理，产业结构调整缓慢。

另一方面，经济发展过分依赖外资。在高利率和超稳定的汇率的吸引下，境外资本（特别是短期境外资金）不断涌入东南亚各国。90 年代初，全球新兴市场净资金一年流入总额不超过 500 亿美元，但到 1996 年却增加至 2450 亿美元，其中东亚国家和地区占 5 成。同时，在经济发展中，东南亚国家外债在国民生产总值中的比重太高。以泰国为例，1995 年对外债务总额已经达到其出口总额的 114.2%，国内生产总值的 49.3%。[②]

四是经济转型缓慢。东南亚国家经济基本上属于出口导向型，经济的高速发展也大都建立在出口迅速增长的基础上，虽然各国均提出向资本密集型产业转型的战略目标，但始终进展缓慢。

进入 21 世纪以来，东南亚国家吸取过去的教训，对改革开放进行了完善，已取得了初步成效。2008 年国际金融危机发生后，东南亚经济也普遍出现衰退或减速。为此，它们实施了扩大内需和刺激经济的政策。2010 年，各国经济相继从衰退中复苏，经济增长加速，出口贸易回升，外资大量流入。东南亚也成为受危机冲击较小的地区，一个很重要的原因就是 1997 年金融危机后这些国家调整了改革开放的对策和策略。“近五年，印尼经济增长主要由国内消费和投资拉动，其中国内消费逐渐成为经济增长的主要推动力。2007—2009 年，印尼国内消费对经济增长的贡献率由 50.8% 上升到 89.1%。自 2005 年以来，马来西亚净出口对经济增长一直呈现副作用，而经济增长主要由国内消费拉动。2007—2009 年，马来西亚个人和政府消费对经济增长的贡献率由 42.5% 上升到 95.7%；

---

① 庞中英：《东南亚金融危机的成因、教训与影响》，《国际问题研究》1998 年第 1 期。

② 同上。

2010 年私人消费拉动经济增长 3.6 个百分点。泰国尽管 2011 年贸易额和出口额首次分别超过 4000 亿美元和 2000 亿美元关口，但由于国际市场需求持续萎缩和油价上涨，使得泰国的贸易顺差大幅缩减，从而也导致净出口对国内经济增长的拉动作用显著下降。”①

（二）拉美国家处理改革开放关系的经验教训

拉美国家经济的发展经历了几个发展阶段。20 世纪 30 年代以前是初级产品生产与出口阶段。1913 年拉丁美洲的出口商品中，农、矿等初级产品占出口总额的 97.3%。30 年代大危机爆发到 60 年代中期是进口替代阶段，从部分国家发展到整个拉丁美洲发展、从替代进口消费品到替代部分资本货物。自 60 年代中期开始，拉美国家开始逐渐把进口替代和促进出口结合起来（也称作出口替代阶段）。拉美国家对外贸易的主要对象战前是英国，战后是美国。到 60 年代初美国仍占拉美外贸总额的 40% 左右，后来有所下降，但发达国家至今仍占 2/3 以上。进入 60 年代后，由于一体化运动的逐步开展，成员国之间相互提供优惠而使商品贸易量大增。

自 60 年代以来，各国借助国家干预的力量，一直不适当地把经济发展计划的目标定得过高，甚至在经历了 1973—1975 年世界经济危机之后，它们仍推行雄心勃勃的发展计划。为了实现既定的目标，不惜大量举借外债。加上债务结构不合理，短期外债过于集中，同时资源过度向外贸部门集中，最终引发了债务危机。它们不适当地把工业和制造业放在决定一切的位置上，而往往忽视其他经济部门的同步发展。各国的经济发展战略都以实现工业化为首要目标，通常把 4/5 的国内外资金投入于城市地区和工矿部门，农村地区和农业部门得不到充裕的发展资金。

20 世纪 80 年代以来拉美国家改革开放的特点主要有：

第一，以新自由主义为根本指导思想。20 世纪 80 年代以来，以实现经济市场化和全球化为取向的经济改革成为世界发展进程的主要潮流，新自由主义意识形态在这一进程中占据了主导地位。此期间，在西方债权国和债权银行的压力下，拉美国家进行了激进的经济自由化改革。改革的基本和普遍的取向是实行进口自由化（取消配额，降低关税，减少税种

---

① 王勤：《当代东南亚经济的发展进程与格局变化》，《厦门大学学报》（哲学社会科学版）2013 年第 1 期。

等）、国内金融体制自由化（利率自由化，降低储备金率，限制或结束信贷分配，关闭国有银行或将其私有化等）、开放国际收支的资本项目（取消外汇管制，消除对外国直接投资及其他各种资本流动的限制）、私有化（把国有公司出售给国内外私人资本，这些公司主要是大型自然资源公司和垄断性公用事业）和税制改革（调整税收结构，限制税种，降低税率），此外还有劳工政策改革（诸如取消终生雇佣和偿付高昂的解雇费等惯例，简化临时雇佣程序）、社会保障制度改革（诸如将传统的现收现付养老金改为资本化的私人养老金），等等。拉美经济改革范围之广、程度之深，在拉美历史上前所未有。

这一系列激进的改革并未给该地区带来经济增长活力，反而产生了严重的经济和社会后果。一是贸易自由化导致了贸易赤字的增长，资本项目开放导致了大量短期资本为主导的外资（债券、间接投资、商业银行贷款）流入，加剧了地区经济的脆弱性和动荡性。二是拉美国家过早开放资本项目和不成熟的金融自由化增加了金融风险，导致金融危机频发。三是以减税为重要内容的改革并未带来如预期中的税收增长，政府赤字下降是由于削减了开支，而非收入增加。四是社会领域的私有化改革加剧了社会阶层分化。五是改革使拉美地区严峻的就业问题进一步恶化，就业数量和就业质量明显下滑。除了 GDP 增长放缓的影响外，国企私有化、投资自由化和贸易自由化也导致失业人口巨幅增加，而大部分外国直接投资对就业创造的贡献微弱。同时，贸易自由化改革和高估汇率刺激了进口，损害了出口，国内企业不得不降低成本，缩减工人。六是收入分配不公和贫困化问题加重，社会发展被严重忽视。经济、进口自由化、国内金融自由化、税收改革都对收入分配产生不利的影响。在 20 世纪 90 年代，拉美国家收入分配不公平程度是世界上最高的。总之，经济自由化改革没能解决反而加重了长期困扰拉美社会的失业、收入分配不公和贫困化三大社会问题。“1991 年，墨西哥政府对 18 家州立银行实施了私有化，获得了 135 亿美元；但是数年以后，这些银行中的至少一半因不善经营而行将倒闭。政府不得不在资金上予以扶持。至 1995 年年中，政府提供给这些银行的‘援助’已高达 170 亿美元，显然已大大超过了当年的私有化收入。”① 拉美经委会也坦承，改革对就业创造与平等均产生了负面影响。就经济表现

① ［马来西亚］《第三世界经济学》杂志，1995 年 7 月 16—31 日，第 11 页。

而言，拉美经济增长十分缓慢，2001 年拉美国家的外债已接近 8000 亿美元，比 80 年代债务危机爆发时的翻了一番。拉美的结构改革成为“又一个失去的十年”。墨西哥的改革实践似乎表明，在开放市场、对国有企业实施私有化以及价格改革等方面，“激进式”的弊端十分明显。墨西哥在短短的数年时间内就将其进口贸易体系的开放度提高到美国和欧盟国家成员国的水平，某些商品（如纺织品和钢铁）的市场开放度甚至超过了美国和欧盟。正如世界银行顾问 T. 凯特所说的那样，对于墨西哥这样一个发展中国家来说，这样的速度显然是太快了。①

第二，体制变革滞后。由于受到利益集团的严重干扰，拉美一些国家的体制变革严重滞后于经济发展。控制着社会统治层的精英集团片面追求经济增长和财富积累，反对在社会结构、权力分配、财富分配等领域进行根本变革，或者尽可能把这种变革减少到最低限度。使得经济财富更进一步集中在少数利益阶层，造成利益集团势力日益强大，利益集团的控制又造成各种投机、寻租、腐败等现象蔓延严重，严重扭曲了市场正常配置资源的功能。秘鲁贝拉斯科政府（1968—1975 年）、智利阿连德政府（1970—1973 年）、墨西哥埃切维里亚（1970—1976 年）和阿根廷庇隆主义政府（1973—1976 年）在处理多种经济成分的问题上就犯了不少错误，它们由于过急、过快地扩大国营经济，结果不仅引起生产下降，赤字猛增，加重了政府的财政负担，而且损害了本国私人企业和外国投资者的利益，造成投资下降、资金外流、经济停滞。据统计，为赎买英资铁路，阿根廷支付了 1.5 亿英镑的存款，其金额相当于这些铁路及其附属设备实际价值的 4 倍以上，加上赎买的其他外资企业，阿根廷共用去了当时外汇储备的 45%。② 庇隆主义政府在国有化问题上的另一个重要失误是，没有对一些控制阿根廷某些重要经济命脉的外资企业采取必要的措施。1976 年 3 月，阿根廷武装部队发动政变，推翻了又一届庇隆主义政府（1973—1976 年），陆军司令魏地拉出任总统。面对新的国际、国内环境，魏地拉政府提出了以“恢复、调整、发展”阿根廷经济为目标的发展纲领。它们认为阿根廷经济陷于困境的根源在于长期以来国家对经济生活的干预太多和实行闭关式的经济政策。因此提出了发展经济的主要手段：充分发挥

---

① 转引自李和《经济自由化的政治：中国和墨西哥的比较研究》（打印稿），第 201 页。

② 苏振兴等：《拉丁美洲国家经济发展战略研究》，经济管理出版社 2007 年版，第 45 页。

私人企业在经济发展中的“真正动力”作用；对外完全开放；对内实行自由市场经济，提倡企业（包括国营、本国私人资本和外资企业）之间的自由竞争。主要措施是：国营企业私有化；减少直至取消国家对价格、汇兑、利率、租金、工资等方面的干预和控制；削减公共开支，减少财政赤字；对外国资本完全开放；减免进出口关税，取消进出口限制、发展对外贸易等。①

第三，对内对外开放进程过快。墨西哥政府急于与美国和加拿大达成北美自由贸易区的协定，在极短的时间内推出了一系列的开放市场、实行私有化的措施，结果出现了严重的社会动荡。20 世纪 90 年代期间，阿根廷政府采取了激进的市场化、自由化和私有化措施，并且不顾墨西哥和巴西金融危机的影响，也没有对改革政策进行任何调整，继续推进以市场为导向的自由化和私有化的改革，仍然依靠国家干预强行维持固定的联系汇率制度。绝大多数拉美国家经济改革主要集中在农业以外的其他经济部门，对农业的改革重视不够，农业生产日渐被“边缘化”。拉美国家在经济转型过程中没有采取有效的措施来解决改革所带来的社会矛盾，建立与之相适应的社会保障体系。结果城市失业不断上升、收入分配差距日益拉大、贫困人口增加造成社会矛盾不断恶化，严重影响了经济和社会的稳定发展。② 由于经济结构和分配结构极不合理，各国国内市场都显得狭小。拉美 40% 左右的人口由于购买力低下，实际上被排斥在市场之外。

自 20 世纪 90 年代中期起，拉美国家开始酝酿“第二代改革”，经济学界和一些国际机构在一些重大问题上已初步形成共识。1998 年 4 月，第二届美洲国家首脑会议签署了《圣地亚哥宣言》，提出了“圣地亚哥共识”以替代“华盛顿共识”，其基本框架是必须减少经济改革的“社会成本”，使每一个人都能从改革中受益；大力发展教育事业和卫生事业；不应该降低国家在社会发展进程中的作用；等等。同年，世界银行的一批经济学家发表了题为《长征：拉美和加勒比下个十年的改革议程》的研究报告，比较系统地提出了“第二代改革计划”。拉美经委会在 2000 年发表的《增长、就业与公正——拉美和加勒比地区经济改革的效果》研究报告中，基

---

①　苏振兴等：《拉丁美洲国家经济发展战略研究》，经济管理出版社 2007 年版，第 52 页。

②　《拉美经济改革来给我们的启示》（http：//www. people. com. cn/GB/guandian/8213/8309/28296/2171300. html）。

于“第一代改革”的经验教训，提出了第二代改革的政策框架。其主要趋向是：摈弃以“华盛顿共识”为样板的新自由主义教条，在保持发展市场经济、推进贸易和投资自由化的改革方向的同时，加强政府对经济的干预，增加社会支出，更加注重就业、减贫、收入分配、教育、医疗和社会公平。拉美经委会在2005年6月发表的一份评估报告指出：“设计经济政策时再也不可能不考虑社会目标，制定相应的社会政策时也不可能不考虑经济目标”，并且进一步提出，制定经济政策时，特别是制定财政、金融和收入政策时，必须将降低收入分配不公考虑在内，特别重要的是减少获得生产性资产中的不公正；必须把社会目标放在经济政策的中心地位，否则社会发展目标就不可能实现。该报告据此提出“实现有社会公正的增长战略”，而这个战略必须“把社会政策置于发展政策的中心”。

拉美国家经过总结20世纪90年代之前改革开放的经验教训，实现了改革开放新的突破升级。2008—2009年的金融危机，拉美经济表现出了较强的抵御能力，其复苏进程也快于包括OECD成员在内的世界其他地区和国家。最近十年拉美地区的公共财政取得了巨大进步。公共债务占国内生产总值的比重有所下降（从20世纪90年代初的80%下降到近年来的30%），而且国内部分不断增加。①

（三）苏联东欧国家处理改革开放关系的经验教训

1. “剧变”之前的苏东改革开放概述

（1）“剧变”之前的苏联改革

赫鲁晓夫的改革。1953年，赫鲁晓夫当选苏共中央第一书记，开始对苏联内外政策进行调整。在此基础上，1956年2月，召开了苏共“二十大”，在政治、经济领域启动了一系列改革。政治方面包括：平反冤假错案，为受迫害者恢复名誉；破除对斯大林的个人迷信，强调集体领导原则。经济方面包括：对农业进行一系列改革，提高农产品收购价格、削减农业税、增加国家对农业的投资、扩大集体农庄经营自主权等。改革之后，工业发展很快，1913—1950年增加12倍。但农业却徘徊不前，只提高了40%，1953年全苏人均的粮食低于1913年，而苏联人口比1913年

① 经济合作与发展组织发展中心等：《2012年拉丁美洲经济展望》，当代世界出版社2012年版，第70页。

增加了 20%。因此改革总体上并不成功。

勃列日涅夫的改革。在政治方面，主要是强调加强党的集体领导，同时提出扩大党内外民主，实行集体领导原则。经济方面包括：恢复部门管理体制，加强对经济的集中领导；扩大企业自主权，运用经济刺激企业改进经营管理。前期取得一些成果，但最终失败。

戈尔巴乔夫的改革。1985 年，戈尔巴乔夫上台执政，开始所谓的新一轮改革。在经济方面：首先进行经济体制的改革，重点是用经济管理方法代替原来的行政命令，这实际上是承认市场对经济的调节作用。但改革未达到预期的效果。后把重点转向政治改革。1988 年首先提出“人道的、民主的社会主义”以取代科学社会主义作为指导思想。在实践中主张“公开性，民主化和社会主义意识形态多元化”。1990 年，苏联人民代表大会通过决议，从宪法中删去了关于共产党领导作用的条文。同年（1990 年）苏共“二十八大”通过一系列文件对“人道的、民主的社会主义”作了全面阐述，宣布要在苏联实行议会制、总统制、多党制；在意识形态上抛弃以马克思主义为指导，放弃党在政治和思想方面的“垄断地位”，实行政治多元化和意识形态多元化等等。至此，苏联结束了以马克思主义为指导思想、由共产党领导的历史。1991 年 8 月，戈尔巴乔夫辞去苏共中央总书记职务，并建议苏共中央“自行解放”。12 月 21 日苏联的 11 个加盟共和国共同签署了建立“独联体”的《阿拉木图协议》，苏联实际上解体。12 月 25 日，戈尔巴乔夫发表电视讲话，宣布辞去苏联总统的职务，将核武器的控制权交给叶利钦。

（2）“剧变”之前的东欧国家改革

“二战”后，东欧和亚洲的一系列国家走上了社会主义道路。它们在学习苏联建设经验的基础上取得了一定成就，但由于照搬苏联的社会主义建设模式，其弊端日渐暴露出来，改革势在必行。下面以匈牙利、波兰和捷克斯洛伐克为例进行简单分析。

匈牙利的改革。1956 年 10 月，发生了著名的“匈牙利事件”。在卡达尔的领导下，匈牙利社会主义工人党政府总结了事件发生的原因和教训，对政治经济体制进行了局部改革和调整。政治上，改善党的领导，发扬社会主义民主，健全法制，稳定政治局势。在经济上，针对国民经济比例严重失调的现象，降低积累率，放慢重工业的发展速度，优先发展农业和轻工业。调整农业政策，废除农产品的义务交售制，提高农产品的收购价格，国家取消对合作社和国营农场的指令性计划，改用价格，税收等经济手段进行调节。在工业方面也进行了管理体制的改革。这些改革措施，使匈牙利的政治经济形势逐步稳定，为六七十年代的全面经济改革奠定了较好的基础。但由于70年代大量借外债，到80年代，匈牙利又面临新的经济困难。改革使得匈牙利的国民经济有了较大发展，人民生活水平明显提高，社会稳定，但此次改革终究未能探索出适合本国国情的社会主义市场运行机制，最终失败。

波兰的改革。波兰的改革经历了三个阶段。1）50年代。1956年10月19日，波党召开了三届八中全会，全会决议指出：“机械地抄袭和搬用其他国家的样式和方法的做法是不正确的。党将根据波兰工人阶级和波兰人民的利益，寻求从我国的具体情况和我国历史产生的特殊条件下，形成的道路和解决办法。”全会提出了发扬社会主义民主，充分发挥最高国家权力机关议会的作用，建立工人自治机构，改革国民经济计划和管理体制，纠正农业合作化运动过程中所犯的冒进错误等一系列新的方针政策。2）60年代。首先，对工人委员会进行改组，企业中建立了“工人自治会议”，它的组成中增加了工会和党组织的代表，实际上是把工人委员会置于党委的直接监督之下，失去了自治机构的职权；其次，1962年撤销了负责经济体制改革的经济委员会；再次，加强了部长会议计划委员会的职权，企业的自主权受到很大限制。这段时期的改革尽管有明确的方针，但是，对中央计划的作用、企业自主权的范围，以及物质刺激制度等主要环节缺乏具体的规定和措施。与此同时，经济政策的失误，仅注重了生产，而忽视了消费，在国民收入增长的情况下，满足社会需要的速度却不断下降，特别是采取了限制工资增长和冻结工资的政策，职工的生产积极性受到很大影响，致使企业的经营效果逐步下降。3）80年代的改革。1981年7月召开的波党第九次特别代表大会正式提出了社会主义革新、协商路线。经济体制改革的根本原则是，废弃指令和统配体制，实行中央计划与运用市场机制相结合的体制；企业实行自主、自治和自负盈亏原则。

捷克斯洛伐克的改革。面对复杂的国内国际形势，经过党内深入辩论后，1968年4月通过了指导政治经济体制改革的《捷克斯洛伐克共产党行动纲领》。改革的目标是“创立一个新的 、符合捷克斯洛伐克条件的、民主和人道的社会主义模式”。改革的内容主要有：1）改革党的领导体制，加强党内民主；2）改革国家政治体制，充分实现公民权利。3）改革经济体制。强调计划与市场相结合，扩大企业的权限，企业作为相对独立的商品生产者有经营自主权，自负盈亏；允许企业自愿结合，自由竞争，独立地进行外贸活动；成立工厂委员会。4）改革民族关系。将国家体制改为捷克和斯洛伐克两个共和国的联邦制，保证斯洛伐克族同捷克族平等地参与国家的政治生活。

2. “苏东剧变”对苏东改革开放的影响

苏东剧变，西方社会也称为1989年革命。指从20世纪80年代末到90年代初，东欧各个社会主义国家的政治经济制度发生根本性的改变，是斯大林模式的社会主义制度最终演变为西方欧美资本主义制度的剧烈动荡。最先在波兰出现，后来扩展到东德、捷克斯洛伐克、匈牙利、保加利亚、罗马尼亚等前华沙条约组织国家。这个事件以苏联解体告终，一般被认为标志着“冷战”的结束。除苏联解体之外，在保加利亚、匈牙利、捷克斯洛伐克、阿尔巴尼亚、南斯拉夫等东欧国家，都发生了政权更迭、社会制度剧变的类似事件。而且南斯拉夫一分为五，分为了波斯尼亚和黑塞哥维那、南斯拉夫联盟（2003年2月4日，南斯拉夫联盟更名为塞尔维亚和黑山。2006年6月3日，黑山宣布独立）、斯洛文尼亚、克罗地亚、马其顿五个国家；捷克斯洛伐克一分为二；民主德国和联邦德国实现了统一。

苏东剧变在短时期内对有关国家经济带来了严重的负面影响。以俄罗斯为例，首先是经济的急速负增长。1992—1994年，俄罗斯的国内生产总值（GDP）比上一年分别减少了19%、12%和15%；工业生产比上一年度减少了18%、14.9%、20.9%。1994年的GDP相当于1991年的61%；工矿业生产为56%。总投资1994年比上一年减少了26%，仅相当于1991年的39%。[①] 其次是导致了物价和失业的同时上升。消费者物价在1992年以后分别比上一年度上涨26.1倍、9.4倍和3.2倍。[②] 符合国际劳工组织标准的失业人数到1994年底达530万人，占全部劳动人口的7.1%，如包括潜在的失业者人数则达1010万人，占全部劳动人口的13.5%。[③] 再次是导致了贫富差距的急剧扩大。10%的高收入阶层与10%的低收入阶层的实际收入差距在1995年4月已达13.3倍。[④] “东欧向市

① 日本经济新闻社：《世界经济大视野》，商务印书馆国际有限公司1997年版，第154页。

② 同上。

③ 同上书，第159页。

④ 同上书，第156页。

场资本主义的过渡以迅雷不及掩耳的速度引发了灾难。灾难一开始就以真正毁灭性的经济衰退形式表现出来，其破坏程度之强为当代历史所仅见。之后，这场灾难又表现为自毁自灭，几乎分文不取地将自己的大部分国有固定财产出让给外国人。”①

苏东剧变从根本上来说改变了这些国家自20世纪50年代以来的改革方向。一是改革的性质发生根本改变。“可以用‘两个激进’来概括：政治上激进转型，由原来的共产党体制迅速转变为西方式的多党制；经济上采用激进的‘休克疗法’，由原来的计划经济迅速地转向私有化、市场化。”②二是对外开放由原来的主要向苏联开放转向主要向其他欧美国家开放。

3. “剧变”之后的俄罗斯和东欧国家改革开放

“剧变”之后的俄罗斯和东欧国家改革开放的特点简单说就是实行“休克疗法”（shock therapy）。“休克疗法”这一医学术语于20世纪80年代中期被美国经济学家杰弗里·萨克斯（Jeffrey Sachs）引入经济领域。“休克疗法”的最早提出，是萨克斯被聘担任玻利维亚政府经济顾问期间所为。玻利维亚是南美一个经济落后的小国，由于长期政治局势动荡不安，政府经济政策不断失误，由此引发的经济问题大量积累而又得不到解决，终于导致了一场严重的经济危机。1985年玻利维亚政府的预算赤字达485.9万亿比索，占国内生产总值的约1/3，通货膨胀率高达24000%。1984年的外债为50亿美元，应付利息近10亿美元，超过了出口收入。1980—1985年期间居民生活水平下降了30%，国民经济几乎到了崩溃边缘。正是面对这样一种险恶的经济形势，受聘于危难之际的萨克斯，大胆地提出了一整套经济纲领和经济政策，其主要内容是：实行紧缩的金融和财政政策，压缩政府开支，取消补贴，放开价格，实行贸易自由化，通过货币贬值实现汇率稳定，进一步改革行政和税收制度，将部分公营部门和企业民营化，重新安排债务和接受外援等等。由于这套经济纲领和政策的实施，具有较强的冲击力，在短期内可能使社会的经济生活产生巨大的震荡，甚至导致出现“休克”状态，因此，人们借用医学上的名词，把萨克斯提出的这套稳定经济、治理通货膨胀的经济纲领和政策称为“休克疗法”。具体而言，在宏观政策方面，“休克疗法”紧缩财政更为严厉；

① 李新：《转型经济研究》，上海财经大学出版社2007年版，第18页。

② 张维为：《东欧剧变20年前后》，《决策与信息》2011年第7期。

在经济自由化上，“休克疗法”主张采取一步到位的方式实现价格、外贸的自由化和货币的自由兑换；在私有化方面，强调迅速实现，为此不惜采取无偿分配的办法。俄罗斯和东欧各国对萨克斯兜售的这种极具诱惑力的“休克疗法”，表现出异常浓厚的兴趣，纷纷向萨克斯发出邀请，聘请其担任这些国家的政府经济顾问，参与制定并实施“休克疗法”。

进入20世纪90年代以来，俄罗斯和东欧大部分国家都迫不及待地先后正式实施了“休克疗法”。1992年初，一场以“休克疗法”为模式的改革，在俄罗斯联邦全面铺开，并具体分三步展开。

第一步：放开物价。俄罗斯政府规定，从1992年1月2日起，放开90%的消费品价格和80%的生产资料价格。与此同时，取消对收入增长的限制，公职人员工资提高90%，退休人员补助金提高到每月900卢布，家庭补助、失业救济金也随之水涨船高。物价放开的头三个月，似乎立竿见影，收效明显。购物长队不见了，货架上的商品琳琅满目，习惯了凭票供应排长队的俄罗斯人，仿佛看到了改革带来的实惠。可没过多久，物价像断了线的风筝扶摇直上，到了4月份，消费品价格比1991年12月上涨65倍。政府原想通过国营商店平抑物价，不料黑市商贩与国营商店职工沆瀣一气，将商品转手倒卖，牟取暴利，政府的如意算盘落了空，市场秩序乱成一锅粥。由于燃料、原料价格过早放开，企业生产成本骤增，到6月份，工业品批发价格上涨14倍，如此高价令买家望而生畏，消费市场持续低迷，需求不旺反过来抑制了供给，企业纷纷压缩生产，市场供求进入了死循环。东欧各国和苏联都在自愿或不自愿地实行激进的物价改革，全面放开物价。“例如波兰于1990年1月1日起把90%的物价全部放开使之由市场形成；俄罗斯也从1992年1月1日起把90%的消费品和80%的生产资料完全放开价格。实行激进的物价改革带来的是物价飞涨，通货膨胀加剧，人民生活水平下降。”①

第二步：财政、货币“双紧”政策与物价改革几乎同步出台。财政紧缩主要是开源节流、增收节支。税收优惠统统取消，所有商品一律缴纳28%的增值税，同时加征进口商品消费税。与增收措施配套，政府削减了公共投资、军费和办公费用，将预算外基金纳入联邦预算，限制地方政府

① 蔡福安、燕德泉：《东欧国家体制改革的经验教训及其对我国经济改革的启示》，《石油大学学报》（社会科学版）1994年第2期。

用银行贷款弥补赤字。紧缩的货币政策，包括提高央行贷款利率，建立存款准备金制，实行贷款限额管理，以此控制货币流量，从源头上抑制通货膨胀。可是，这一次政府再次失算。由于税负过重，企业生产进一步萎缩，失业人数激增，政府不得不加大救济补贴和直接投资，财政赤字不降反升。紧缩信贷造成企业流动资金严重短缺，企业间相互拖欠，三角债日益严重。政府被迫放松银根，1992 年增发货币 18 万亿卢布，是 1991 年发行量的 20 倍。在印钞机的轰鸣中，财政货币紧缩政策流产了。

第三步：大规模推行私有化。所谓私有化，也就是将国有企业卖给私人经营。东欧国有企业的私有化分为小私有化和大私有化。小私有化是指商业、饮食业、服务业和修理业等的私有化，大私有化则是指大中型国有企业的私有化。迄今为止，一些国家已经把成千上万的国有商店、饭店和小工厂拍卖给了个人，小私有化进展顺利，而大私有化则普遍处于起步状态，一般做法是将大中型企业转变为国家控股的股份公司。当时俄罗斯总理盖达尔认为，改革之所以险象环生，危机重重，主要在于国有企业不是市场主体，竞争机制不起作用，价格改革如同沙中建塔，一遇到风吹草动，便会轰然倒塌。为了加快私有化进程，政府最初采取的办法是无偿赠送。经有关专家评估，俄罗斯的国有财产总值的 1/3 约为 1. 5 万亿卢布，刚好人口是 1. 5 亿，以前财产是大家的，现在分到个人，也要童叟无欺，人人有份。于是每个俄罗斯人领到一张 1 万卢布的私有化证券，可以凭证自由购股。可是，到私有化正式启动，已是 1992 年 10 月，时过境迁，此时的 1 万卢布，只够买一双高档皮鞋。因此这个措施使大批国有企业落入特权阶层和暴发户手中，他们最关心的不是企业的长远发展，而是尽快转手盈利，职工既领不到股息，又无权参与决策，做一天和尚撞一天钟，生产经营无人过问，企业效益每况愈下。1992 年 12 月，盖达尔政府解散。“1991 年 12 月所做的调查表明，1/4 以上的俄罗斯人不同意人民从私有制的实施中受益的说法。1995 年 3 月不同意这一说法的人增加到了 2/3 以上。”①

“剧变”的苏东国家大多选择了“休克疗法”，原因是多方面的。

第一，稳定宏观经济的需要。这些国家自发生政治剧变以来，宏观经

① ［巴西］特奥托尼奥·多斯桑托斯：《新自由主义的兴衰》，社会科学文献出版社 2012 年版，第 68 页。

济形势大都急剧恶化。如波兰在休克疗法实施之前，年通货膨胀率达到2000%，财政赤字达4万亿兹罗提（当时1美元换6500兹罗提），外债400多亿美元，2/3的国有大中型企业亏损，国民生产总值连年下降，市场极度萧条，经济状况几乎达到20世纪30年代初资本主义世界经济危机的水平。俄罗斯在实施"休克疗法"之前宏观经济情况同样不好。年通货膨胀率达到90%以上，预算赤字占国内生产总值的25%，外债达800多亿美元，生产持续下降。遏制宏观经济继续恶化的势头是这些国家的当务之急。因为没有宏观经济的稳定，经济转轨就无从谈起。而"休克疗法"在这方面的奇效和示范效应，无疑是促使它们采纳这一疗法的重要动因。

第二，对以往修修补补的渐进式改革失去信心和耐心。这些国家的改革已经搞了几十年，由于缺乏明确的市场经济目标，跳不出传统经济体制的框框，加之改革政策的失误和不断反复，使改革不仅未能取得明显的突破性进展，反而产生了一系列新的疑难病症，严重阻碍了社会经济的发展，拉大了与发达国家的差距，甚至使整个国家陷入经济发展的困境。长期无效的改革挫伤了人民群众的积极性，使他们对改革丧失了信心，并产生了一种对改革的淡漠甚至敌视的心理，这显然对经济转轨是极为不利的。而萨克斯倡导的"休克疗法"，却使他们在经济困境中似乎见到了一线曙光。萨克斯在波兰曾夸下海口，如果波兰实行"休克疗法"，保证其半年内消除通货膨胀，半年后生活水平回升，10年后完全达到欧洲水平。这对上述国家的新政府显然具有极强的吸引力，急功近利促使它们不加选择地接受了"休克疗法"。

第三，对经济转轨存在一系列认识上的误区。由于受西方舆论宣传的误导，在上述国家中存在一系列对经济转轨的不正确认识，以及一些不切实际的幻想。比如认为只要放开价格，市场经济便会自发形成，市场机制就会自动启动；经济转轨必须要进行全面彻底的私有化改革，国有经济统统不能要；市场经济就是全面放开的完全自由的市场经济，不要任何的宏观管理和调控，等等。"休克疗法"恰恰能够满足这样一些想法，迎合了颇为流行的社会心理，其被这些国家所迅速接纳并付诸实施，也就不足为奇了。

叶利钦政府在1992年激进路线遭到挫折后调整了市场经济化政策，将其修改为缓速的分阶段的逐步渐进路线。由于接受了国际金融的支持，表面上俄罗斯表示接受IMF有关控制通货膨胀和紧缩财政的指导，另一方面于1994年至1995年采取了暂不将大部分国营部门民营化的措施。

总结“休克疗法”的教训，大多数国家纷纷调整政策，经济也逐渐趋向好转。据维也纳比较经济研究所统计，1994 年，捷克、斯洛伐克、保加利亚、罗马尼亚、匈牙利五国的 GDP 较 1993 年增加了 4.2%。捷克、斯洛伐克、保加利亚三国的国内生产总值在转换体制后首次从负增长转为正增长。匈牙利 1993 年已恢复到零增长，而 1994 年则增长 2%（据匈牙利中央统计局资料。据维也纳比较经济研究所资料，1993 年为 -2.3%，1994 年为 3%）。罗马尼亚经济也于 1993 年转为增长；1994 年出现高增长。波兰自 1992 年以来一直保持增长势头，斯洛文尼亚也几乎相同。①

俄罗斯经济自 1999 年 5 月起呈现强劲复苏态势。1999 年，其国内生产总值达到 4.47 万亿卢布（按当年汇率折算约合 2400 亿美元），年增长率为 3.2%；工农业产值分别增长 8.1% 和 2.4%；通货膨胀率为 36.5%，大大低于 1998 年的 84.4%；外贸进出口总额为 1154 亿美元，其中出口 743 亿美元（石油出口为 305 亿美元，占出口总额大约 50%），进口 411 亿美元，贸易顺差达到 332 亿美元。②

小结：对中国的启示

发展中国家陷入“中等收入陷阱”带给我们最大的启示就是，发展中国家在开放和改革过程中，必须坚持走自己的路。

东南亚、拉丁美洲和苏东地区都选择了“新自由主义”，其中拉丁美洲是被动的；苏东地区是主动的；而东南亚部分国家是被误导的（受“四小龙”的影响）。“新自由主义”看上去也是改革开放，但它并不是从自己实际出发的改革开放，把改革和开放简单化了。其结果基本一致，就是陷入“中等收入陷阱”之中。“诺斯认为，目前还没有任何一种经济理论可以令人信服地解释从计划经济向市场经济的过渡。从制度变迁的角度，所谓经济体制的转轨，至少要包括三个方面的内容。第一，建立有效

---

① 日本经济新闻社：《世界经济大视野》，商务印书馆国际有限公司 1997 年版，第 162 页。

② 王洛林等：《2000—2001 年：世界经济形势分析与预测》，社会科学文献出版社 2001 年版，第 106 页。

的经济市场，使资源得到有效利用，实现高效率、低成本。第二，建立有效的政治市场。政治体制要支持、促进与保障经济市场的建立与有效运作。第三，建立有效的执行和监督系统，即独立的、自治的、不受其他系统干预的立法和司法系统，以保证市场的公平竞争。诺斯同时指出，单纯改变正式的制度不可能自然导致相同的结果。除了正式的制度外，非正式的约束机制也必须随之改变，比如一些规则、法则和习惯必须发生相应的变化。"①

① 瑜琳:《美国学者诺斯谈东欧的经济改革对未来中国改革的借鉴意义》,《世界经济与政治》1995 年第 5 期。

从金融危机和主权债务危机看发达国家改革与开放的关系

2007年以来，以美国次贷危机和欧洲主权债务危机为代表的经济危机，反映了发达国家自20世纪80年代以来在改革和开放方面存在的深层次问题。这些国家在应对经济危机时所采取的对策和措施，又反映了发达国家改革开放的一些新动向。

一 “二战”后发达国家经济社会的发展

这里所说的发达国家主要是指与发展中国家相对的经济上比较发达的国家。通常指参加经济合作与发展组织的24个成员国，其中以澳、美、日、德、英、法、意和加拿大8国最为发达。“二战”后，在第三次科技革命推动下，一些经济实力比较雄厚的资本主义国家，率先采用最新的科学技术，使资本主义的劳动生产率提高，经济增长，成为经济发达国家。这些国家的经济在世界上占据重要地位，对世界经济、政治有较大的影响。从世界经济政治地理的角度看，发达国家大致位于北半球，所以又常被称为北方国家；第三世界国家大致位于南半球，因此被称为南方国家。

发达国家经济社会的主要特征有：

第一，生产力水平高度发达，国民生产总值和人均国内生产总值远高于其他国家，产业结构先进，劳动生产率普遍较高，在国民经济结构中第三产业所占比重一般大于60%。

第二，普遍实行以私有制为基础的市场经济体制，经济运行机制比较成熟，市场机制和市场体系健全，并有比较完善的宏观经济调控体系。

第三，国家垄断资本主义高度发达，国家垄断资本主义在社会经济生活中占有重要的地位和起着重要作用，社会保障制度比较完善，保障水平较高。

第四，经济国际化程度较高，外贸在世界贸易总额中占据较大份额，金融市场高度国际化，跨国公司高度发展，主要发达国家在全球化中占据着主导地位。

当今的资本主义发达国家普遍表现在经济实力和竞争力很强，人民生活水平很高，社会比较稳定，社会和谐程度高，应对社会各种矛盾和问题都有一套成熟的应对和解决办法。当然也普遍面对着一些日益复杂的问题。

“二战”后国际社会有一段比较长时期的稳定环境，主要发达国家都取得了较好的发展。

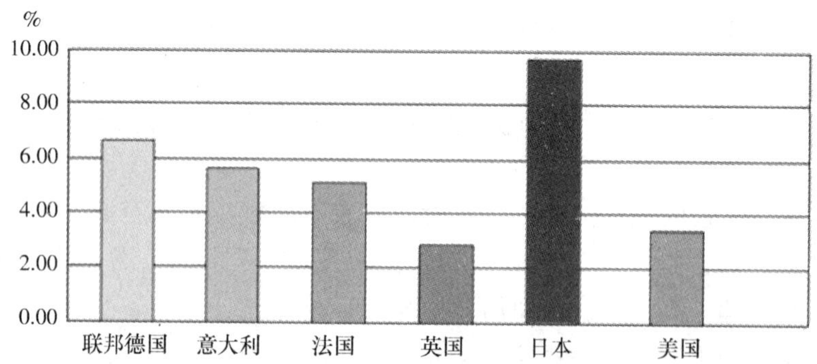

1950—1970 年主要资本主义国家经济年平均增长率统计图

资料来源：http：//www. pep. com. cn/czls/js/tbjx/ck/9x/u4/201108/t20110805_ 1062211. htm

“二战”后主要资本主义国家经济的高速增长，从根本上源自于这些国家政府采取的一系列改革和开放措施。改革和开放可以说成为资本主义社会的“主旋律”和“关键词”，并可以追溯到 20 世纪 30 年代的美国“国家干预”阶段。为了摆脱 1929 年开始的资本主义大危机，美国罗斯福政府实施了国家对经济实行干预的“新政”。这次社会经济政策调整的指导思想是凯恩斯经济学说，主张政府应当对经济实行干预和调节，运用扩大预算政策刺激有效需求，从而实现“充分就业”和经济增长。这一思想在“二战”后成为西方各国政府官方的经济指导思想。在这次社会经济政策调整中，各国政府职能急剧扩张，对经济生活干预的范围较广、力度较大。主要措施有：加大国有化程度；尽量扩大就业；普遍建立福利制度；政府直接参与并支配国民收入再分配等。这些政策一直持续到70年代末。

20世纪70年代中期，西方主要国家发生了被称为“滞胀”的新一轮经济危机，各国经济增长迟缓甚至停滞，失业人数猛增，通货膨胀严重，物价飞涨，各国GDP的年平均增长率还不到60年代的一半。1979年英国保守党撒切尔夫人上台执政；1981年美国共和党里根总统就职，资本主义改革开放进入一个新的阶段。他们以新保守主义的货币主义和供应学派的经济理论为指导，大刀阔斧地对社会经济政策进行调整。这次社会经济政策调整的主要措施有：紧缩货币，削减国家的直接社会福利支出，推行社会福利计划多元化、私人化和市场化；实行国有企业私有化，推行以股权分散化为特征的“人民资本主义”；实行有利于富人和企业的税制改革，刺激投资等。

但是，到了90年代，西方国家经过七八十年代实行反通货膨胀政策后普遍陷入“双高”状态，即政府公共财政赤字和公共债务居高不下。比如，1990年，美国财政赤字2204亿美元，1991年上升至2687亿美元；仅1992年美国国债就超过3万亿美元，相当于当年国民生产总值的51%。发达资本主义国家这次社会经济调整的指导思想是凯恩斯主义经济学、货币主义经济学、供应学派理论的混合物。克林顿上台后，放弃“里根经济学”发动“新政府运动”，决心“重振美国经济”。克林顿在谈到他的纲领时说过，这一纲领“既不是保守派的纲领，也不是自由派的纲领，而是两者兼有的一种纲领”。克林顿两手齐下调控美国经济：一手是削减财政赤字，减少政府开支；另一手是调整税收，降低利率，以此来刺激消费与投资。其实行的“宏观调控，微观自主”的经济政策，其宗旨是既反对完全的自由放任，又反对过度的干预。美国进入所谓的“新经济时代”。

二 美国次贷危机与欧洲主权债务危机的发生

（一）美国次贷危机的发生

次贷危机的含义。次贷是次级按揭贷款的简称。也就是给收入水平不高，也没有收入证明或者还款能力证明，信用状况很差的个人提供的住房按揭贷款。由于这种贷款风险很大，因此与给信用良好的个人发放的贷款相比，利率会更高，因而收益也更大。放款机构为了回笼资金，于是把这些次级贷款进行打包，发行债券。当然，这些债券的利率也比其他优质贷款更高，从而受到了像投资银行、对冲基金以及其他基金的青睐。但它必须有一个前提条件，就是房价会不断上涨。因为在房价不断上涨的情况下，即使这些次级按揭贷款违约了，贷出去的款收不回也不要紧，它同样可以把抵押出去的房子收回来，然后再卖出去同样能赚到钱。

但是，从2006年开始，美国楼市就掉转头来，价格由上升转向下跌。大多数购房者再难以将房屋售出或通过抵押获得资金。随着价格的不断下跌，大量放贷出去的钱收不回来，即便收回并出售抵押的房子，已经很难弥补放贷出去的损失了，并且关键是连想卖也都很难卖得出去了。以此为基础发行的债券，价值跟着大打折扣，购买这些债券的机构，开始出现大量亏损，很多投资银行，持有大量这些债券的对冲基金，或者是由这些债券构成的各种投资组合，开始出现大量亏损，并且像多米诺骨牌似接连发生。

2007年2月13日，美国第二大次级抵押贷款公司——美国新世纪金融公司（New Century Finance）发出2006年第四季度盈利预警；汇丰控股为在美次级房贷业务增加18亿美元坏账拨备；4月2日，面对来自华尔街的174亿美元逼债，新世纪金融公司宣布申请破产保护、裁减54%的员工；8月2日，德国工业银行对外宣布，因为旗下的一个规模为127亿欧元的“莱茵兰基金”（Rhineland Funding）以及银行本身参与了美国房地产次级抵押贷款市场业务而遭到巨大损失，可能出现82亿欧元亏损。德国央行紧急召集全国银行同业商讨拯救德国工业银行的计划；8月6日，美国第十大抵押贷款机构——美国住房抵押贷款投资公司正式向法院申请破产保护，成为继新世纪金融公司之后美国又一家申请破产的大型抵押贷款机构；8月8日，美国第五大投行贝尔斯登宣布旗下两支基金倒闭；8月9日，法国第一大银行巴黎银行宣布冻结旗下三支基金，导致欧洲股市重挫；8月13日，日本第二大银行瑞穗银行的母公司瑞穗集团宣布与美国次贷相关的损失为6亿日元。据瑞银证券日本公司的估计，日本九大银行持有美国次级房贷担保证券超过1万亿日元。此外，包括Woori在内的五家韩国银行总计投资5.65亿美元的担保债权凭证（CDO）；其后花旗集团也宣布，7月份由次贷引起的损失达7亿美元。

次贷风暴引起的资金危机，很快就影响到了各国资金的流动性。在次贷问题前景不明的情况下，各银行纷纷选择收紧信贷，尽量避免放贷，从而导致了银行间短期同业拆借利率大涨。由于同业拆借利率大增带来的资金筹集成本大幅提升，连银行自身也不愿意再从其他银行借钱。这就导致了资金的流动性大幅降低，严重影响了各实体产业发展所需资金。美联储、欧洲央行、日本央行等都紧急向市场注入巨额资金，数日内注入的资金就超过了3000亿美元。

美国次贷危机发生的基本进程（根据有关媒体公开资料整理）

2007年2月13日	美国抵押贷款风险开始浮出水面　汇丰控股为在美次级房贷业务增18亿美元坏账拨备　美最大次级房贷公司 Countrywide Financial Corp 减少放贷　美国第二大次级抵押贷款机构 New Century Financial 发布盈利预警。
2007年3月13日	New Century Financial 宣布濒临破产美股大跌，道指跌2%、标普跌2.04%、纳指跌2.15%
2007年4月4日	裁减半数员工后，New Century Financial 申请破产保护
2007年7月10日	标普降低次级抵押贷款债券评级，全球金融市场大震荡
2007年7月19日	贝尔斯登旗下对冲基金濒临瓦解
2007年8月5日	美国第五大投行贝尔斯登总裁沃伦 - 斯佩克特辞职
2007年8月6日	房地产投资信托公司 American Home Mortgage 申请破产保护
2007年8月9日	法国最大银行巴黎银行宣布卷入美国次级债，全球大部分股指下跌金属原油期货和现货黄金价格大幅跳水
2007年8月10日	美次级债危机蔓延，欧洲央行出手干预
2007年8月11日	世界各地央行48小时内注资超3262亿美元救市　美联储一天三次向银行注资380亿美元以稳定股市
2007年8月14日	沃尔玛和家得宝等数十家公司公布因次级债危机蒙受巨大损失　美股很快应声大跌至数月来的低点
2007年8月16日	全美最大商业抵押贷款公司股价暴跌，面临破产；美次级债危机恶化　亚太股市遭遇“9·11”以来最严重下跌
2007年8月17日	美联储降低窗口贴现利率50个基点至5.75%
2007年8月20日	日本央行再向银行系统注资1万亿日元 欧洲央行拟加大救市力度

续表

2007 年 8 月 21 日	日本央行再向银行系统注资 8000 亿日元　澳联储向金融系统注入 35.7 亿澳元
2007 年 8 月 22 日	美联储再向金融系统注资 37.5 亿美元 欧洲央行追加 400 亿欧元再融资操作
2007 年 8 月 23 日	英央行向商业银行贷出 3.14 亿英镑应对危机　美联储再向金融系统注资 70 亿美元
2007 年 8 月 28 日	联储再向金融系统注资 95 亿美元
2007 年 8 月 29 日	美联储再向金融系统注资 52.5 亿美元
2007 年 8 月 30 日	美联储再向金融系统注资 100 亿美元
2007 年 8 月 31 日	伯南克表示美联储将努力避免信贷危机损害经济发展　布什承诺政府将采取一揽子计划挽救次级房贷危机
2007 年 9 月 18 日	美联储将联邦基金利率下调 50 个基点至 4.75% 美次级债危机波及英国北岩银行遭挤兑拟分拆出售
2007 年 11 月 1 日	美联储再度降息 0.25 个百分点
2007 年 12 月 6 日	英国央行宣布降息 25 个基点 布什宣布次级房贷解困计划
2007 年 12 月 12 日	美联储宣布降息 25 个基点，将贴现率下调至 4.75%
2007 年 12 月 13 日	美欧央行联手应对信贷危机
2008 年 1 月 15 日	花旗宣布，该行四季度亏损 98.3 亿美元，并表示将通过公开发行及私人配售方式筹资 125 亿美元
2008 年 1 月 17 日	美林公司第四季度亏损 98.3 亿美元，每股由同比的 2.41 亿收益转而亏损 12.01 美元
2008 年 1 月 22 日	美联储宣布将联邦基金利率下调 75 基点至 3.50%，隔夜拆借利率下调 75 个基点至 4.00%
2008 年 1 月 30 日	瑞士银行宣布，受高达 140 亿美元的次贷资产冲减拖累，去年第四季度预计出现约 114 亿美元亏损
2008 年 1 月 31 日	美联储将联邦基金利率下调 50 个基点，至 3.0%，将贴现率下调 0.5%，至 3.5%
2008 年 3 月 12 日	美联储宣布，将扩大证券借贷项目，向其一级交易商出借最多 2000 亿美元的国债
2008 年 3 月 16 日	美联储决定，将贴现率由 3.5% 下调至 3.25%，并为初级交易商创设新的贴现窗口融资工具

续表

2008 年 9 月 7 日	美国联邦住房金融管理局将出面接管房利美和房地美
2008 年 9 月 14 日	美国银行 14 日与美国第三大投资银行美林证券已达成协议，将以约 440 亿美元收购后者
2008 年 9 月 15 日	雷曼申请美史上最大破产保护债务逾 6130 亿美元
2008 年 9 月 17 日	美联储公开市场委员会（FOMC）决定维持联邦基金基准利率 2% 不变 美政府正式接管 AIG 美联储提供 850 亿拯救 AIG

为应对这次金融危机，美国政府在危机的不同阶段连续出台了一系列救市措施。包括两轮金融救援计划、两轮量化宽松的非常规货币政策以及一系列经济刺激计划。2008 年 10 月 3 日，布什总统批准了《2008 年紧急经济稳定法案》，推出有史以来最大规模的 7000 亿美元计划。为了刺激消费、投资和借贷信心，奥巴马上台后将解决危机的着眼点从挽救问题银行转移到修复金融系统以促进实体经济复苏方面，实施了总额高达 1. 5 万亿美元的新一轮综合金融援助计划（FSP）。尽管如此，美国金融市场风险溢价仍居高不下，信贷市场紧缩严重，以短期利率为主的传统货币政策传导机制不畅。在此情况下，以“量化宽松，流动性援助”为特点的超常规货币政策成为美联储应对危机的主要工具。美国超常规的量化宽松的货币政策分两轮，共向经济注资 2. 3 万亿美元，其中第一轮（QE1）1. 7 万亿美元；第二轮（QE2）0. 6 万亿美元。在金融救援的同时，为刺激实体经济，美国财政政策在减税、增加公共开支等方面不遗余力，经济刺激计划与财政政策主要围绕美国两届政府的经济刺激方案来展开。

奥巴马为自己的经济计划设定的目标是“不仅要振兴经济，还要为持久的经济繁荣奠定新的基础”。因此，在促进经济复苏的同时，美国政府也着眼于实现后危机时代经济可持续发展的改革与长远规划，其措施包括金融监管改革、医疗保险改革、“出口倍增”计划和新能源计划。① 问题是这些能把美国真正从危机中解救出来吗?

（二）次贷危机发生的原因

顾名思义，次贷危机就是由次级贷款发放过多引发的危机。美国自

① 崔绍忠：《美国应对金融危机的措施研究：问题与启示》，《西华大学学报》（哲社版）2011 年第 6 期。

1976年以来，房地产市场经历了三轮波动，每一轮波动之后，房价都会创出新高度，2007年洛城的同等房屋，价格已是1976年的26倍，而最高时则达36倍。10年来，房价伴随美国经济的复苏更是连创新高，尽管美国本土的监管者和相关人士不断地发出警告，但金融领域势不可挡的投机组织的影响力已远远超越现有的监管和约束能力，而更有意思的是，在房地产投机行为成为次贷主导后，美国的监管机构到最后也成了吹鼓手，对次贷没有采取任何行之有效的防范手段。

次贷危机是新自由主义的产物。“二战”后诞生的国际和各国国内金融体制，使金融市场受到了限制，也实现了长达30年的稳定。但20世纪70年代后期“滞胀危机”的发生，使得新自由主义回到了资本主义的前台。忠实信奉新自由主义的格林斯潘因此而极力鼓吹并大力推进市场的自由化。进入90年代，通过刺激金融业和IT行业的发展，美国经济再次实现了一轮快速增长并进而带动了世界经济的增长，被称为“新经济”。“过去30年中，在宽松的宏观政策和金融管制不断放松的背景下，美国曾屡次出现局部性的资产价格泡沫和危机。资料显示，美国金融体系中衍生品的名义价值超过1000万亿美元，仅美国的商业银行就持有令人难以置信的202万亿美元衍生品，最大的5家商业银行持有其中的96%。高盛一家的衍生品敞口就达到39万亿美元，这相当于美国GDP的3倍还多。在这些泡沫的累积下，终于形成了21世纪以来的一个超级房地产和金融衍生品泡沫，这次的金融危机就是长期积累的问题的总爆发。”①

从根本上说，次贷危机源自于资本主义生产方式，是资本主义制度的产物。

次贷危机也是现行国际金融体系的产物。“1971年8月15日，尼克松关闭了‘黄金兑换窗口’。在有史以来的5000年里，每个国家都是头一回用纯粹的纸币交易。”②“1989年所有纸币的‘牛市’是从前的政治家和经济学家始料未及的。当时尼克松总统切断美元和黄金的联系还不到20年，世界各国已成功掌握管理纯法定货币体系的方法。20世纪20年代，凯恩斯斥责全球货币体系对黄金的依赖，将其称为‘野蛮的遗迹’。

① 方晋：《美国金融危机的六个问题》，中国发展出版社2010年版，第163页。

② ［英］阿纳托莱·卡列茨基：《资本主义4.0—— 一种新经济的诞生》，中信出版社2011年版，第46页。

但即便是他也未能料到有朝一日政府会彻底摆脱长期奴役，自由印刷货币，不再受到国际协议或任何外部纪律的约束。”①

（三）欧洲债务危机

1. 欧洲债务危机的发生

欧洲债务危机是欧洲主权债务危机的简称。具体来说，是指在2008年金融危机发生后，希腊等欧盟国家所发生的严重的债务危机。欧洲主权债务危机爆发的导火索是希腊。此后，爱尔兰、葡萄牙、意大利、西班牙先后出现危机，严重影响到了欧盟整体的主权债务信誉。

2009年12月8日，全球三大评级机构之一惠誉国际信用评级有限公司宣布，降低希腊主权债务和相关银行长期债务的评级水平，并将希腊公共财政状况前景展望确定为“负面”。惠誉将希腊主权信用评级由“A－”降为“BBB＋”，这是希腊主权信用级别在过去10年中首次跌落到A级以下。同一天，同为全球三大评级机构的标准普尔也将希腊列入负面观察名单。14天后，穆迪则将希腊短期主权信用级别由A－1下调至A－2级。至此，希腊债务危机全面爆发。

欧洲债务危机的重大事件列表（根据有关媒体公开资料整理）

时　间	事　件
2009年12月8日	惠誉将希腊信贷评级由A－下调至BBB＋，前景展望为负面
2009年12月11日	希腊政府表示，国家负债高达3000亿欧元，创下历史新高
2009年12月15日	希腊发售20亿欧元国债
2009年12月16日	标准普尔将希腊的长期主权信用评级由“A－”下调为“BBB＋”
2009年12月17日	希腊数千人游行 抗议财政紧缩
2009年12月22日	穆迪宣布将希腊主权评级从“A1”下调到“A2”，评级展望为负面
2009年12月23日	希腊通过2010年度危机预算案
2010年1月14日	希腊承诺将把2010财年赤字减少145亿美元
2010年1月15日	希腊称不会退出欧元区或寻求IMF帮助
2010年1月19日	希腊财长表示，税收改革草案将在2月底提交议会

① ［英］阿纳托莱·卡列茨基：《资本主义4.0——一种新经济的诞生》，中信出版社2011年版，第47页。

续表

时　间	事　件
2010 年 1 月 26 日	希腊发售五年期国债筹资 113 亿美元
2010 年 1 月 29 日	希腊财长：未与中国达成希腊债券购买协议
2010 年 1 月 30 日	受累希腊财政危机欧元兑美元创 6 个月新低
2010 年 2 月 2 日	希腊总理帕潘德里欧晚发表电视讲话，公布了一系列更加务实的措施以应对困扰希腊的经济危机
2010 年 2 月 3 日	欧盟委员会支持希腊削减赤字计划
2010 年 4 月 9 日	惠誉下调希腊政府债务信用评级
2010 年 4 月 23 日	穆迪将希腊主权债务评级下调至 A3
2010 年 4 月 23 日	希腊正式向欧盟与 IMF 申请援助
2010 年 4 月 27 日	标普下调希腊评级至垃圾级别
2010 年 5 月 2 日	希腊救助机制启动 欧盟与 IMF 提供总额达 1100 亿欧元
2010 年 5 月 3 日	德内阁批 224 亿欧元援希计划，这是欧盟、IMF 等主导的范围更大的援助计划的一部分
2010 年 5 月 10 日	欧盟批准 7500 亿欧元希腊援助计划，IMF 可能提供 2500 亿欧元资金救助希腊
2010 年 9 月 7 日	欧元区财长批准为希腊提供第二笔贷款，总额 65 亿欧元
2011 年 1 月 14 日	惠誉下调希腊主权信贷评级由 BBB－级下调至 BB＋级，评级展望为负面
2011 年 3 月 7 日	穆迪 3 月 7 日将希腊国债评级从"Ba1"下调至"B1"，评级前景为负面
2011 年 3 月 29 日	标普将希腊主权信用评级由"BB＋"下调至"BB－"
2011 年 6 月 29 日	希腊议会通过了为期 5 年的财政紧缩方案，这为欧元区出台新一轮救助方案奠定了坚实的基础
2011 年 7 月 4 日	标普将希腊长期评级从"B"下调至"CCC"，指出以新债换旧债计划或令希腊处于选择性违约境地
2011 年 7 月 21 日	欧元区通过紧急峰会再向希腊提供 1090 亿欧元贷款的第二次援助。贷款到期时间从 7 年半延长到 15 年至 30 年；利率从 4.5% 降低至 3.5%。银行等私营机构同意在 2014 年前经由回购希腊债券等方式出资大约 500 亿欧元援助希腊

续表

时间	事件
2011年7月27日	标普下调希腊评级至“CC”，展望为负面。标普认为欧盟的希腊债务重组计划是“廉价交换”，看似希腊债务交换和展期选项“对投资者不利”，希腊债务重组相当于“选择性违约”
2011年10月26日到27日	欧盟各国领导人召开了21月内的第14次危机峰会。延长一项价值1300亿欧元的希腊最新援助计划
2011年10月31日	希腊总理帕潘德里欧提议对第二项希腊援助计划进行全民公投，此举令欧盟官员和希腊国会感到震惊
2011年11月2日	欧盟各国领导人切断向希腊提供的援助付款，称希腊必须很快决定是否想要继续留在欧元区中
2011年11月3日	希腊总理帕潘德里欧撤回全民公投提议。6日，帕潘德里欧同意下台，为新的国家统一政府的组建让路
2011年11月11日	希腊总统府宣布，授权欧洲央行前副总裁帕帕季莫斯筹组新政府
2011年11月14日	意大利总理贝卢斯科尼辞职，前任欧盟竞争专员蒙蒂被任命为意大利新政府总理
2011年11月15日	德国总理默克尔领导的基督民主联盟党投票决定，容许欧元国家在保留欧盟会员国资格的前提下退出欧元区。该法案成为政策前，需要先得到默克尔其他两个联盟政党的支持
2011年11月19日	西班牙财政部发行的新一轮十年期国债收益率超过7%的警戒线，拉响西班牙债务危机警报
2011年11月20日	西班牙提前举行大选，萨帕特罗政府下台，拉霍伊领导的人民党以压倒性优势赢得选举。至此，“欧洲五国”都已完成政权更迭
2011年11月21日	匈牙利政府向国际货币基金组织和欧盟提出金融援助的申请
2011年11月21日	欧盟委员会、欧洲央行及国际货币基金组织代表，在雅典与希腊最大的反对党新民主党领袖会谈时，未能劝服反对党领导人签署支持紧缩措施协议，令希债危机继续困扰金融市场，使得希腊在12月获批首轮第六笔80亿贷款存在变数，届时，金融市场将有新一波动荡
2011年11月23日	德国拍卖60亿欧元10年期国债，最终只出售六成，受消息拖累，德国债券早市场抛售，10年期债息一度升至2.26厘，2年多来首次超越英债。表明随着危机扩散，欧元区已经没有零风险国债，唯一称得上零风险的只有瑞士国债

续表

时　间	事　件
2011 年 11 月 23 日	国际货币基金组织监于欧洲各国领导未能终止债务混乱状况，决定修改其信贷计划，鼓励面对外部风险的国家寻求只附带少数条件的 IMF 资金
2011 年 11 月 24 日	法德领导人与新任意大利总理蒙蒂会面，商讨如何应对欧债危机。德国总理默克尔依然坚持拒绝改变欧央行职能，并反对设立欧元区共同债券
2011 年 11 月 25 日	葡萄牙主权评级遭惠誉降至垃圾级别，即由 BBB - 调降 1 级至 BB +，前景展望为负面
2011 年 11 月 25 日	穆迪下调匈牙利本外币债券评级一个级别至 Ba1，是垃圾级中最高一级，前景展望负面。该国目前在标准普尔和惠誉的评级均是投资级别中最低一级
2011 年 11 月 28 日	穆迪称，欧洲的债务危机正在威胁全部欧洲主权国家的信贷情况，意味即使 Aaa 评级的德国、法国、奥地利和荷兰都有危险

2012 年，就在人们以为欧洲经济最坏的时期已经过去之时，欧洲债务危机再次以迅雷不及掩耳之势袭来，欧债危机正在步入全面升级的“下半场”。欧债危机全面升级有三大标志：一是希腊退出欧元区倒计时；二是西班牙将转向全面救助；三是欧洲面临新一轮降级潮。

2012 年 1 月 30 日，欧盟成员国领导人在欧盟峰会上宣布，除英国和捷克以外的欧盟 25 国通过了旨在加强财政纪律的“财政契约”草案。此后，25 个成员国在 3 月的春季峰会上正式签署草案，实施更为严厉的财政规则。按照这一规则，2012 年，各国需要纠正的赤字规模非常显著。14 个相关国家（除了爱沙尼亚、芬兰和卢森堡）的计划紧缩规模平均约为 GDP 的 2.75%。这意味着每年的紧缩规模大约是 1.4 个百分点。但是，其中，西班牙、斯洛文尼亚、塞浦路斯、斯洛伐克、法国和荷兰需要采取额外紧缩措施。西班牙总的紧缩规模为 GDP 的 6.6%；塞浦路斯是 6.1%；斯洛文尼亚是 4.7%；法国、斯洛伐克和荷兰相对温和，分别为 2.3%、2% 和 1.9%。如此严厉的赤字削减计划显然已经超出了欧元区各国政府的能力范围。在欧元区失业率高企，私人消费严重不足的前提下，2012 年欧元区政府消费对经济增长的贡献为 0，而各国财政整顿速度与经济衰退密切相关。财政整顿力度越大的国家，经济增长率下降得也越快，如希腊、意大利、葡萄牙、西班牙。

2012 年，尽管经历了希腊大选风波、西班牙银行业和国债危机等重大事件冲击，但受益于欧洲中央银行执行的一系列非常规货币政策，欧元区金融市场逐步趋于稳定，财政风险分担机制初现雏形。与此同时，欧元区出台了一系列措施，在财政联盟、银行业联盟等欧元区一体化项目上取得重大进展。但是，欧元区内部财政整顿压力尚存，且依然存在非常严重的金融分化现象，这将制约欧元区经济增长，并可能拖延欧元区一体化进程。

2. 欧洲债务危机发生的原因

欧洲债务危机的主要发生国希腊、爱尔兰、葡萄牙、意大利、西班牙，均经历了从快速经济增长到危机的过程。各个国家发生债务危机的原因既有共性，也有特殊性，总体上能反映出欧洲债务危机的共同原因。

一是五国经济发展方面的原因。

希腊。该国国土面积 13. 25 万平方公里，人口约 1093. 96 万。在加入欧元区之前，希腊是欧盟经济欠发达国家之一，经济基础比较薄弱，是典型的农业国。加入欧元区之后，希腊政府积极推行经济和社会福利改革。同时得益于加入欧元区后货币汇率稳定的形势，希腊经济不断好转。“2000—2008 年，美国次贷危机爆发前，希腊年均 GDP 增速约为 4. 1%，略高于欧元区平均 GDP 增速 1 个百分点。GDP 从 2001 年的 1400 亿美元上升至 2009 年的 3400 亿美元，人均 GDP 从 2001 年 12300 美元升至 2008 年的 31000 美元。”[①] 希腊的债务一直较高。在加入欧元区之前，希腊的公共债务已经占 GDP 的 100% 以上。受美国次贷危机的影响，希腊的债务水平从 2008 年开始快速上扬，在 2008 年和 2009 年分别达到 GDP 的 110. 7% 和 127. 1% 的高位，2010 年更是达到 142. 8% 的历史新高。2008 年财政赤字占到 GDP 的 9. 8%，2009 年达到占 GDP 的 15. 4%。[②]

爱尔兰。20 世纪 90 年代以来，由于实施了一系列有针对性的政策，爱尔兰走上了快速发展道路。“1996—2007 年，爱尔兰年均经济增长率达到了 7. 2%，人均收入从 4 万多欧元增加到近 15 万欧元。著名的洛桑国

---

① 张志前等：《欧债危机》，社会科学文献出版社 2012 年版，第 13 页。

② 同上书，第 15 页。

际竞争力评比认为爱尔兰的引资能力已连续多年保持世界前三名的地位。”① 经济增长保证了充足的财政收入，从欧盟统计局有统计记录的1995年算起，截至2007年的13年间，仅有3年出现过财政赤字，并且没有一年预算赤字超过国内生产总值的3%。但是，经济的快速增长带来了房地产的泡沫。1995—2007年，爱尔兰房价平均上涨了3—4倍，房价相对于家庭年均收入的系数也从4增长到10，增幅达250%。2008年，国际货币基金组织的调查警示，爱尔兰房价涨幅已脱离基本面支撑，房价位居全球16个脱离基本面支持的高房价国家之首。2008年全球金融危机爆发后，爱尔兰房地产泡沫破裂。自2008年起，爱尔兰的实际经济增长率连续3年呈现负增长。2010年，整个银行业的损失高达350亿欧元，占爱尔兰年度GDP的20%。银行资产缩水70%，导致了许多银行处于破产边缘。据爱尔兰政府于2010年9月底公布的数字，救助本国五大银行所需要的支出达到500亿欧元，爱尔兰当年的财政赤字猛增到占国内生产总值的32%，由此拉开了债务危机的序幕。

葡萄牙。“葡萄牙是一个现代化的较发达国家，在欧洲处于中等发达程度。2010年国内生产总值为1725.5亿欧元，是全球第34大经济体，与爱尔兰相当；人均GDP为16223欧元，排名全球第28位；人文发展指数为0.795，排名全球第40位。葡萄牙的综合竞争力排名全球30位上下，1999年达到最高位27位；2010年排名第37位。”② 葡萄牙在达到发达国家水平后，开始步入平稳发展阶段，企业效率较低，经济发展动力不足，相对实力开始下降。长期竞争力衰退和金融危机的打击，使葡萄牙陷入了债务危机的泥沼。2010年4月，已经呈现主权债务危机的苗头。葡萄牙当时的公共债务为GDP的77%，与法国处于相同水平，但是企业和家庭的人均债务超过了希腊和意大利，高达GDP的236%。③

意大利。算得上是欧盟中的一个实力较强的国家。意大利有比较发达的工业。以中小企业为主是意大利经济的突出特点，被称为“中小企业王国”。意大利的机械工业和化工工业非常发达，都灵是世界四大汽车城之一，也有“欧洲炼油厂”之称。纺织产品的出口居世界第一位。2011

---

① 张志前等：《欧债危机》，社会科学文献出版社2012年版，第29页。

② 同上书，第35页。

③ 同上书，第36页。

年 9 月 19 日，标准普尔在近 5 年以来首次下调意大利的主权信用评级，从“A+”下调至“A”。接着，穆迪、惠誉也下调意大利评级。“全民逃税”是导致意大利财政困难的一大原因。“据意大利官方提供的最新数据显示，意大利目前已经成为发达国家逃税漏税较高的国家，仅逃税漏税一项，政府一年的损失就高达 1000 亿欧元。”[①] 养老负担重也是一大障碍。每年国家总开支的近 30% 被用于支付退休金。

西班牙。西班牙是欧盟中一个工业较为发达的国家。20 世纪 80 年代初，西班牙实行紧缩、调整、改革政策，采取了一系列经济自由化措施，以 1986 年加入欧共体为契机，经济发展出现高潮。90 年代初经济表现出过热现象，经济增速放缓。但是，债务问题也比较突出。随着欧美金融危机的恶化，隐藏在深处的西班牙债务问题逐步曝光。根据西班牙银行数据显示，截至 2011 年第二季度净外债首次突破 1 万亿美元，按相对价值占 GDP 比例为 93.7%，按名义价值计算占 GDP 的比例则为 163%。西班牙已成为继美国之后的全球第二大债务国，其外债总额相当于美国的 41%，但 GDP 仅为美国的 9%。[②] 据欧洲统计局的数字，包括家庭和非金融企业部门的私人部门债务水平在 2010 年底达到 GDP 的 227.3%，是公共债务的 4 倍。此外，还有数额巨大的地方债务。数据显示，截至 2011 年 9 月，地方债务已经从 2010 年的 1440 亿美元涨至 1760 亿美元，涨幅 22%。有西班牙经济学家指出，还可能有数百亿美元的“隐藏”地方债尚未发现。

二是欧盟国家社会发展方面的原因。欧盟国家普遍给国民提供着优厚的社会保障待遇。几年来欧盟各国的社会福利占 GDP 的比重有趋同的趋势，许多南欧国家由占比小于 20% 逐渐上升到 20% 以上，其中希腊和爱尔兰较为突出。2010 年希腊社会福利支出占 GDP 的比重为 20.6%，而社会福利在政府总支出中的占比更是高达 41.6%。在经济发展良好的时候并不会出现问题，但在外在冲击下，本国经济增长停滞时，就出现了问题。从 2008 年到 2010 年，爱尔兰和希腊 GDP 都出现了负增长，而西班牙也连续两年出现负增长，这些国家的社会福利支出并没有因此减少，导致其财政赤字猛增，2010 年希腊财政赤字占 GDP 比重达到了 10.4%，而爱尔兰这一比重更是高达 32.4%。

---

① 张志前等：《欧债危机》，社会科学文献出版社 2012 年版，第 42 页。

② 同上书，第 46 页。

三是欧盟组织和协调机制方面的原因。欧盟一方面对各成员国的财务状况制定了非常严格的要求，当成员国经济出现问题需要帮助时程序又非常繁琐。为了帮助像希腊这样的重债国，核心国与边缘国、债务国与债权国进行了长达两年多的博弈与角力。等待希腊的也许就有两条路，要么继续将僵局持续下去；要么选择债务违约，甚至退出欧元区。当地时间2013年6月11日，作为应对希腊债务危机举措之一，希腊政府宣布关闭有着70多年历史的国家广播电视公司（ERT）。根据希腊与欧盟和国际货币基金组织达成的救助协议，希腊承诺当年裁减4000名国有部门员工，在2015年底前将总共裁减1.5万个岗位。希腊政府希望此举能降低国家财政赤字，提高公共部门的工作效率。由于欧盟在解决债务危机上的效率低下，使得爱尔兰、葡萄牙、意大利、西班牙的债务问题迅速蔓延并放大开来。由于欧洲各国之间相互持有债务，英、法、德、意等财务状况良好的国家都很难幸免。英国、法国和德国是“欧猪五国”最主要的债权人，持有的债务总量占五国债务总量的一半左右，意大利、葡萄牙等重债国会受到牵连，欧债危机的“火烧连营”之势恐怕难以幸免。穆迪已将德国、荷兰和卢森堡这三个具有最高“AAA”主权信用评级的欧元区国家的评级展望由“稳定”下调至“负面”，随后德国国债收益率与意、西齐升，这进一步增加了市场对危机扩散至欧元区核心国家的担忧。由于德、法两国遭到穆迪的降级警告，这将对EFSF的救助机制产生重大冲击。按照目前的救助框架，德国在7800亿欧元的EFSF中所占份额达到29%；法国1580亿欧元担保也占到20%左右，欧洲金融稳定基金将丧失很大的信贷能力，甚至可能导致EFSF救助机制破产，全球市场恐慌情绪将会大爆发。这对已经陷入债务危机中不能自拔的欧元区来说，无异于一场更大的灾难。

四是国际金融危机及国际协调机制方面的因素的影响。全球金融危机推动私人企业去杠杆化、政府增加杠杆。这些国家的政府财政原本处于一种弱平衡的境地，由于国际宏观经济的冲击，恶化了其国家集群产业的盈利能力，公共财政现金流呈现出趋于枯竭的恶性循环，债务负担成为不能承受之重。加上刚性的社会福利制度，一旦危机发生，国际社会基本上无能为力。

不管是美国次贷危机还是欧洲债务危机，尽管都有许多具体原因，但其实都可以归结到改革开放方面。总结为一句话，就是“改革不够、开放过头”。

三 近年来发达国家处理改革与开放关系的经验教训

总体而言，发达国家的经济都是实行的私有制为基础，以开放和自由竞争为主要特征的市场经济体制。但是从20世纪30年代大危机之后，这些国家也对它们的市场经济体制不断进行调整改革，在开放方面也不断取得新的突破。

（一）美国

1. 美国经济发展和改革开放经历的三个阶段

第一阶段：从建国到20世纪30年代“大萧条”。作为一个典型的资本主义国家，美国从建国之日起就一直奉行斯密“看不见的手”的学说。期间，虽然和其他资本主义国家一样，经济危机周期性爆发，但是，始终没有动摇坚持自由竞争的理念，自由竞争也确实有效地释放出了美国生产力发展的潜能，从而在一段较长时期内实现了经济的迅速发展，可以说，自由放任的经济理论为美国经济带来了活力和财富。自由竞争理论也就是开放理论，其核心是对内对外全面开放。1929年，一场世界性的经济大萧条发生，美国也未能幸免，经济转而进入衰退。

第二阶段：从“罗斯福新政”到20世纪70年代“滞胀危机”。为了帮助美国尽快走出危机，罗斯福就任总统后实行了一套刺激经济全新政策，俗称“罗斯福新政”。其核心是政府全面干预经济，包括设定经济目标，采取一系列经济调节手段。即以国民生产总值、通货膨胀率、失业率等作为宏观调控的主要目标，以财政政策、货币政策、经济立法和一定的经济计划为主要手段。同时，为保障民众的基本生活权利，政府出资建立起相应的收入分配和社会保障体系。在一整套政策手段的作用下，到“二战”前，美国经济开始恢复元气。此后直到70年代的前期美国一直奉行的是“凯恩斯主义”的国家干预政策。很显然这一段时期，美国政府政策的主基调是“改革”。直到20世纪70年代中期开始的资本主义的“滞涨”危机，全面动摇了人们对凯恩斯主义的信任，美国也开始进入一个新历史时期。这一段时期，可以说是对传统自由主义的一次重大改革。

第三阶段：从20世纪80年代初里根当选总统至今。里根当选总统后，为了让美国走出“滞胀危机”，抛弃传统的凯恩斯主义理论，开始奉行供给学派和货币主义的理论。里根政府上台伊始就提出了“经济复兴计划”的四条纲领：一是减税；二是放松管制；三是紧缩通货；四是削减政府开支。这些政策实施后经济开始复苏，并带来了从1983年开始的此后持续六七年的平稳较快增长。但到80年代末，美国经济又开始进入衰退阶段，联邦赤字不断增加，经济陷入了新的困境。90年代初克林顿政府上台后，总结凯恩斯主义和里根政策两方面的经验教训，采取较为折中的经济政策，一方面加强政府对经济的调控能力；另一方面重点放在提升美国的竞争力方面。一改过去政府调控主要限于克服市场缺陷的功能，转为全面提升美国的竞争力。克林顿成立并领导了国家科学技术委员会，负责协调联邦政府的科学、空间和技术政策。1993年2月克林顿在硅谷发表政策声明《技术为经济增长服务：建设经济实力的新方针》，根据该声明中确定的政策框架，美国政府制定和实施了综合性、系统的国家技术政策。90年代美国经济迎来了一个新的黄金期，并被称为“新经济”。美国的自由市场经济模式再次赢得了很高声誉，成为各国学习的榜样。里根和克林顿实行的政策都属于“新自由主义”的理论主张，其实质也就是改革与开放相结合，尽管其具体内容有所不同而已。

2. 美国处理改革与开放关系的经验

美国作为一个新兴的资本主义国家，能够在建国后不到两百年时间里迅速成长为世界头号老大，除了继承了欧洲老牌资本主义国家的一些“优秀传统”外，不断坚持改革和开放，无疑是其取得成功的最重要因素。特别是20世纪80年代以来的改革和开放给美国经济带来了巨大动力。从1982年底开始的美国经济增长持续了8年之久。1982年底，美国经济摆脱了长达3年之久的严重衰退后，经济回升较快。1983—1989年，美国的年均经济增长率为3.9%，其中1984年和1988年的增长率分别达到6.8%和4.4%。[①] 1990—1998年美国GDP增长率年均高达2.7%，大大高于欧盟的1.7%和日本的1.2%，也高于世界平均2.3%的增长速度。[②] 与此同时，美国通货膨胀率一直保持在3%以下的低水平。1992—

---

① 郭吴新：《90年代美国经济》，山西经济出版社2000年版，第34页。

② 同上书，第66页。

1997 年，美国消费物价上涨率由 3% 下降至 2%，是 1965 年以来的最低涨幅，1998 年则进一步下降至 1% 的新低。①

（1）以“如何发挥好政府作用”作为主题

“事实上，美利坚合众国最初两百年的意识形态话语，在很大程度上就是围绕着如何避免强大的政府这一主题的。”② 但罗斯福上任遇到“大萧条”，当时一种观点认为美国经济的困难是由于缺乏计划造成的。在 1933 年至 1939 年间，在华盛顿出现了一系列计划机构——国家计划署、国家资源管理署、国家资源委员会，以及国家资源计划署等。同时联邦政府开始建立大规模转移支付制度。“1929 年，各级政府——联邦、州和地方政府的转移支付总额约为 2.5 亿美元，退役军人和政府退休人员的退休金不计在内。10 年以后，剔除通货膨胀的因素，转移支付略多于 17.5 亿美元，约为 1929 年的 7 倍，占国民生产总值的比重从 1929 年的 0.25% 上升到约为 2%。”③ 在凯恩斯主义的影响下，“人们接受了经济不会自行稳定，也不会自行维持一个满意的低失业水平的观点，因此，政府有责任为稳定经济、维持高就业而竭尽全力。要达到这个目的，必要条件是稳定总需求的增长。”④ 使得凯恩斯主义在此后几十年中成为一种常态，特别是在 60 年代肯尼迪执政时期达到了顶点。

（2）不断推动结构改革

20 世纪 30 年代以来美国政府对经济的干预不仅表现在总量上，而且在结构上。在 80 年代甚至成为改革的一条主线。面对汽车、钢铁等传统产业的比较优势开始丧失，美国政府从贸易、科技政策上做文章，推动企业兼并重组，充分发挥企业技术创新的灵活机制，不但为高技术产业提供相对宽松的国内外市场环境，而且也为传统产业注入新的活力。1985 年，里根政府宣布“贸易政策行动计划”，开始实行外贸政策的全面调整，核心内容是变自由贸易为“自由和公平贸易”，以保证外国市场对美国开放，确保美国获得更多的出口机会。克林顿更是把外贸政策放在美国对外政策

---

① 郭吴新：《90 年代美国经济》，山西经济出版社 2000 年版，第 69 页。

② ［挪］文安立：《全球冷战——美苏对第三世界的干涉与当代世界的形成》，世界图书出版公司 2012 年版，第 5 页。

③ ［美］赫伯特·斯坦：《美国总统经济史——从罗斯福到克林顿》，吉林人民出版社 1997 年版，第 31、38 页。

④ 同上书，第 60 页。

的首位，实施更具进攻性、手段更强硬的战略贸易政策，其主要内容是运用出口补贴、优惠税收、进口壁垒等措施，扶持美国战略性产业的成长。

（3）把政府调控和提高国家竞争力相结合

20世纪90年代，美国成立了由总统和副总统亲自领导的国家科学技术委员会，不断增加研究与开发的投入。90年代之后，美国每年的研究与开发投入约占当年国内生产总值的2.8%，并提出到2000年要提高到3%。美国历届政府都非常重视教育事业的发展，教育支出占GDP的比重在战后一直保持着6%—7%的高水平。著名的瑞士洛桑国际管理学院公布的1998年度国家竞争力评比结果显示，美国在全球保持大幅领先优势，这是美国自1994年取代日本成为全球经济竞争力最强的国家之后，连续第5年保持世界排名第一。1993年9月，克林顿率先提出了“信息高速公路”计划，即“美国全国信息基础设施计划”，其目标是用20年时间，投资4000亿美元，完成全国信息基础设施建设，将全美各地的企业、学校、图书馆、医院、政府机关和大部分家庭借助电脑联成一体，实现信息资源共享。

（4）政府调控注重长短期结合

以所谓“克林顿经济学”为例，其主要内容包括：“以维持充分就业、保持长期经济增长、削减财政赤字和减少国际收支逆差为政策目标，实行既要积极发挥政府职能又要充分重视市场作用的折衷主义路线。具体内容包括：在短期内采取能刺激经济增长、扩大就业的措施；从长期看则强调科技进步和劳动生产率提高对经济增长的重要性，重视社会贫富分化，主张大幅削减联邦财政赤字，以便为美国经济的长期稳定发展奠定坚实基础。”①

20世纪80年代后期以来，由于美国企业劳动生产率的提高和政府以“公平贸易”为口号，积极推行管理贸易政策，美国对外贸易取得迅猛发展，对外贸易占GDP比重从1980年的20.2%提高到1996年的23.6%左右。美国的服务贸易在全球具有绝对的优势地位。

3. 美国处理改革和开放关系的教训

正如巴西著名学者特奥托尼奥·多斯桑托斯所指出的，“2008年9月15日那一天所崩溃的，绝不仅仅是一家银行或者一个金融体系。那一天

① 郭吴新：《90年代美国经济》，山西经济出版社2000年版，第88页。

崩溃的，是一种政治哲学和经济体系，是一种思维方式和生存方式。”[①] 事实上从20世纪80年代美国一方面重新走上了一条排斥政府、“神化”市场的道路；另一方面为了维持庞大军事开支和社会保障支出，一直实行大规模的财政赤字政策。

（1）财政政策方面的短期问题长期化

战后美国政府把凯恩斯所分析的萧条情况当成成熟经济的一般状况和长期趋势。60年代兴起的加尔布雷思主义则走得更远。“它根本不顾‘消费者至上’的原则——自由市场经济的主要构成部分。”[②] 约翰逊时期制订向贫穷宣战的计划对未来数年的财政预算以及美国经济产生巨大影响。“1965年，在联邦财政支出中，占首位的是计划开支，约为300亿美元，占预算的25%，占国民生产总值的4.5%。到1980年，这些计划开支为2800亿美元，相当于预算的48%，占国民生产总值的11%。”[③] 此后上台的尼克松开始视自己为政府管制经济的反对者，但是他的政府“或许要比自新政以来任何其他总统的管制都要多，即使不包括暂时的工资和物价管制。”[④] 80年代之后里根政府尽管对凯恩斯主义政策进行了反思，推行了一系列与其完全不同的政策，但他在任职期间不仅未能如其上任之初提出的实现联邦财政收支平衡目标，反而创下了联邦财政赤字的最高纪录。战后几十年，美国历届政府造成的财政赤字累计是4484亿美元。而里根仅在任职的前6年就比历届政府造成的财政赤字总和还大一倍多，总计达9817亿美元。[⑤] 不仅如此，联邦政府债务还快速扩张。1980年底美国联邦政府债务为9062亿美元，而1987年底却达23477亿美元。[⑥] 1990年已增至将近13万亿美元，相当于同年美国国内生产总值的2倍多。[⑦]

（2）货币政策的扩张和运用，导致金融业的无序和盲目发展

在财政政策受到的限制越来越大的情况下，美国转而更多地扩张货币

---

① ［英］阿纳托莱·卡列茨基：《资本主义4.0—— 一种新经济的诞生》，中信出版社2011年版，第X页。

② ［美］赫伯特·斯坦：《美国总统经济史——从罗斯福到克林顿》，吉林人民出版社1997年版，第72页。

③ 同上书，第89页。

④ 同上书，第150页。

⑤ 郭吴新：《90年代美国经济》，山西经济出版社2000年版，第27页。

⑥ 同上书，第25页。

⑦ 同上书，第37页。

政策。“80 年代的里根繁荣是建立在债务经济基础之上。金融业是债务经济的杠杆，它支持了美国经济 92 个月的扩张，但是债务的盲目扩张也削弱了金融业的根基，孕育了金融业的危机。”① 由于缺乏有效管制，“一些人用各种办法借钱购买股票和房地产，许多公司并购成风，垃圾债券迅猛增长。70 年代末，垃圾债券在所有公司债务中所占的比重为 2.3%，流通额为 78 亿美元，而到 1989 年，其比重已增至 22.8%，流通额则剧增到 2262 亿美元。”② 如果说银行界还受制于比较严格的标准和监管的话，“非银行的金融机构却是规则和监管缺失的范例。这个例子如此令人震惊，是因为脱离监管的金融市场额度几乎是接受监管的市场的 10 倍。比如，不遵守任何规则的投机基金所进行的交易大约占美国金融市场全部交易的 30%。大量的金融活动是在调控领域之外进行的。因此，不足为奇的是，当金融冲击或危机到来的时候，人们很难识别风险或采取必要的应对措施。不仅仅是规则或监管的缺失，在制定规则或进行监管时所出现的失误使局势更加恶化，至少是具有同样的破坏性。”③

（3）改革与开放存在多方面失衡

包括消费与生产的失衡、实体经济与虚拟经济的失衡、对内经济与对外经济的失衡等。美国长期实行的是高消费、低投资，高虚拟经济、低实体经济，以及贸易赤字方式，使得经济长期高负债经营。不仅大量个人、企业破产，政府也存在随时破产的危险。

（二）欧洲联盟

欧洲联盟（简称欧盟）的改革开放是与一体化的进程密切联系在一起的。

1. 欧洲联盟发展的三个阶段

（1）1951—1993 年，“欧共体”阶段

1951 年 4 月 18 日，法国、联邦德国、意大利、荷兰、比利时和卢森堡 6 国在法国首都巴黎签署关于建立欧洲煤钢共同体条约（又称《巴黎条约》），1952 年 7 月 25 日，欧洲煤钢共同体正式成立。

---

① 郭吴新：《90 年代美国经济》，山西经济出版社 2000 年版，第 49 页。

② 同上书，第 37 页。

③ ［比利时］居伊·伏思达：《欧洲如何走出危机》，新星出版社 2010 年版，第 47 页。

1957 年 3 月 25 日，法国、联邦德国、意大利、荷兰、比利时和卢森堡 6 国在意大利首都罗马签署旨在建立欧洲经济共同体和欧洲原子能共同体的条约（又称《罗马条约》）。1958 年 1 月 1 日，欧盟的前身欧洲经济共同体（共同市场）和欧洲原子能共同体正式组建。

1965 年 4 月 8 日，法国、联邦德国、意大利、荷兰、比利时和卢森堡 6 国在比利时首都布鲁塞尔又签署《布鲁塞尔条约》，决定将欧洲煤钢共同体、欧洲经济共同体和欧洲原子能共同体合并，统称“欧洲共同体”。1967 年 7 月 1 日，《布鲁塞尔条约》生效，欧共体正式诞生。

1973 年英国、丹麦和爱尔兰加入欧共体。1981 年希腊加入欧共体，成为欧共体第十个成员国。1986 年葡萄牙和西班牙加入欧共体，使欧共体成员国增至 12 个。

（2）1993—2000 年，“欧盟”阶段

1993 年 11 月 1 日，根据内外发展的需要，欧共体正式易名为欧洲联盟。1995 年奥地利、瑞典和芬兰加入欧盟。

（3）2002 年至今，“欧元”阶段

2002 年，欧元的纸币以及硬币取代了 12 个成员国家的货币。2013 年 7 月 9 日，欧盟 28 个成员国的经济和财政部长正式批准拉脱维亚于 2014 年 1 月 1 日加入欧元区。拉脱维亚成为欧元区的第 18 个成员国。

2003 年 4 月 16 日，在希腊首都雅典举行的欧盟首脑会议上，马耳他、塞浦路斯、波兰、匈牙利、捷克、斯洛伐克、斯洛文尼亚、爱沙尼亚、拉脱维亚、立陶宛 10 国正式签署加入欧盟协议。2004 年 5 月 1 日，10 个新成员国正式加入欧盟。2007 年 1 月 1 日，罗马尼亚，保加利亚加入欧盟。2013 年 7 月 1 日，克罗地亚加入欧盟，至此，欧盟已有 28 个成员国。

欧盟成立后，经济快速发展，1995 年至 2000 年，经济增速达 3%，人均国内生产总值由 1997 年的 1.9 万美元上升到 1999 年的 2.06 万美元。欧盟的经济总量从 1993 年的约 6.7 万亿美元增长到 2002 年的近 10 万亿美元。2007 年，欧盟 27 个成员国国民生产总值达到 165744 亿美元，人均国民生产总值为 33416 美元。欧盟为世界货物贸易第一大出口方和第二大进口方，服务贸易第一大供应方。除克罗地亚外的欧盟 27 个成员国的总人口超过 4.8 亿，国民生产总值高达 12 万亿美元。

2. 欧盟国家处理改革与开放关系的重要经验

（1）注重改革与开放是欧盟国家发展的一个重要特点

传统欧洲老牌资本主义国家形成了一些独特的经济发展模式，对这些国家和欧洲的发展具有十分重要的意义和作用。法国的经济理论认为，自由和竞争是市场经济活动的主要方式和必须遵守的基本经济原则，而计划和集中则是能够弥补自由与竞争本身缺陷的重要管理手段。因此自由和竞争与计划和集中是互为补充、相辅相成的。法国是以生产资料私有制为主体的国家，但其国有企业在国民经济中占有相当大的比重。第二次世界大战后，法国经历了 1946 年和 1982 年两次国有化浪潮，公共企业逐步成为法国经济的重要组成部分和法国政府对整个国家经济与社会生活实施宏观控制与有效干预的重要手段。1986 年开始的公共企业私有化改造，特别是 1993 年掀起的新的私有化浪潮，虽然导致其公共企业数量明显减少及其在国民经济中所占的比重明显降低，但公共企业在法国国家经济生活中的特殊重要地位却依然没有改变。1995 年，法国国有企业占全国企业总份额的 20%，职工人数的 22%，增加值的 28%，出口额的 30%，投资额的 40%，国家资本的 52%。

德国实行的是“社会市场经济模式”。所谓社会市场经济，就是一方面充分尊重市场经济规律，发挥市场的竞争作用；另一方面，国家通过立法建立经济秩序，推动和维护正常竞争，保障利益分配上的社会公平，促进宏观经济协调、稳定运行。德国的社会市场经济体制是 1948 年货币改革后建立的。早在 1948 年 6 月 18 日颁布的货币改革方案中，就已经对社会市场经济的基本原则作了说明，诸如全面开放市场、鼓励竞争、保护私有制和国家对经济的适度干预等。1949 年公布的《基本法》又进一步规定了契约、协议、联合、生产、贸易、职业选择、受教育均等和迁居等一系列自由。这一阶段，德国经济体制建设的主要任务是形成和保护自由竞争的市场秩序，国家对经济生活的干预和调节比较有限。为了实施社会市场经济的基本原则，德国曾制定了许多重要法律，如 1951 年和 1952 年关于职工参与企业管理的法律，1957 年的《反对限制竞争法》和《德意志联邦银行法》，1961 年的《对外经济法》等。

（2）以开放引导改革

欧洲联盟的成立本身就是以英、法、德为代表的主要欧洲国家 20 世纪 50 年代之后改革与开放的产物。很显然，这些国家的改革是典型的

“开放引导型”的。欧盟对其成员有严格的准入条件，因此每一个成员加入欧盟的过程，也都是这些国家改革和开放的过程。

（3）开放和改革的过程始终以严格法律制度为基础

欧洲联盟的前身是欧洲共同体，欧洲共同体又是由欧洲煤钢共同体转变而来。该共同体于 1957 年 3 月 25 日正式签订《罗马条约》，并于 1958 年 1 月 1 日开始生效和实施。从欧洲煤钢共同体到欧洲联盟，五个条约文件发挥了里程碑作用，它们分别是 1951 年的《巴黎条约》、1957 年的《罗马条约》、1987 年的《欧洲统一法》、1991 年的《马斯特里赫特条约》、1997 年的《阿姆斯特丹条约》。《巴黎条约》主要是规定了各成员国在政治上加强联合的事项。其目的在于建立一个团结的、巩固的欧洲。《罗马条约》明确规定了成员国应在就业、生活条件和工作环境等社会福利领域进行协调的义务。《欧洲统一法》为建立欧洲内部市场建设提供了法律的框架。《马斯特里赫特条约》作出了创立欧洲统一货币的决议，并对欧元实施的时间进程和具体要求作出了具体规定。《欧洲联盟条约》（又称《阿姆斯特丹条约》），包括为保证经济货币联盟的实现而重新增加三个协议，即《稳定与增长公约》、《欧元的法律地位》和《新货币汇率机制》，以取代从 1993 年底生效的《马斯特里赫特条约》。

3. 欧盟处理改革与开放关系的主要教训

欧盟在形成和发展的初期，有力地促进了各成员国的经济发展。但是进入 21 世纪以来，欧盟的经济增长速度明显放慢。欧盟统计局数据显示，2003 年至 2010 年，欧元区年均经济增长率只有 1.1%，25 岁至 64 岁人群的失业率却高达 11.1%，欧洲国家原先引以为豪的福利制度已成为经济发展的重负。2012 年，欧盟经济持续低迷不振，欧元区经济甚至陷入了 3 年来的第二次衰退。欧盟统计局的统计数据显示，2012 年前三个季度，欧盟国内生产总值环比增长率分别为 0%、-0.2% 和 0.1%，欧元区国内生产总值环比增长率分别为 0%、-0.2% 和 -0.1%。欧元区经济在 2013 年二、三季度连续两个季度出现负增长，表明欧元区经济正式陷入衰退。

欧债危机对处理改革与开放的关系，至少留下了以下教训：

一是如何处理好促进开放与加强管理的关系。自人类社会产生以来，民主和集中始终是一个主题。事实表明，无论是一个国家还是一个组织，其威力既来自于民主，也来自于集中。欧盟是一个由 28 个独立主权国家组成的联合体，但无论在经济上还是政治、外交上都更像一个协商机构，可以说是国际民主的典范。但它的缺点就是集中不够。2008 年起源于美国的次贷危机演变而来的全球性金融危机，充分暴露出了欧盟金融监管各国条块分割的弊端，由此造成的后果是欧盟对于在欧洲金融市场上不断蔓延的风险缺乏全面认识、反应迟钝，等到危机爆发时又各自为战，几乎没有统一应对的有效手段。欧元区一直以来都是世界上区域货币合作最成功的案例，美国次贷危机的爆发使得欧元区长期被隐藏的问题凸现出来。欧洲中央银行在制定和实施货币政策时，需要平衡各成员国的利益，导致利率政策调整总是比其他国家慢半拍，调整也不够到位，在统一的货币政策应对危机滞后的情况下，各国政府为了尽早走出危机，只能通过扩张性的财政政策来调节经济，许多欧元区成员国违反了《稳定与增长公约》中公共债务占 GDP 比重上限 60% 的标准，但是并没有真正意义上的惩罚措施，由此形成了负向激励机制，加强了成员国的预算赤字冲动，道德风险不断加剧。

二是如何处理各种政策的配套。欧元区制度固有缺陷是“潜伏的恶因”。首先，货币制度与财政制度不统一，导致政策调整滞后。欧元区一直以来都是世界上区域货币合作最成功的案例，然而 2008 年美国次贷危机的爆发使得欧元区长期被隐藏的问题凸现出来。欧洲央行在制定和实施货币政策时，需要平衡各成员国的利益，导致利率政策调整总是比其他国家慢半拍。因此，在统一的货币政策应对危机滞后的情况下，各国政府为了尽早走出危机，无奈只能通过扩张性的财政政策来调节经济。其次，各国的税收制度不统一，引发资本同趋势流动。欧盟国家只统一了对外关税税率，并没有让渡公司税税率。目前各国公司税税率高低不一，法国、比利时、意大利、德国均在 30% 左右，其他边缘国家及东欧国家的公司税税率则普遍低于 20%，引发资本的大量流入。而这些税率较低的国家本来就不发达的工业和制造业很少受到资金的青睐，资金便主要集中在房地产业和旅游业上，从而导致了经济的泡沫化，并在国际金融危机下由于需求不足，而出现破裂，造成经济发展乏力。最后，缺乏退出机制，导致协商成本很高。由于在欧元区建立的时候没有充分考虑退出机制，这给危机处理留下了难题。目前个别成员国在遇到问题后，只能通过欧盟的内部开会讨论协商来解决，从而降低了效率和效果。在此次救助中，法国坚决支持救援，而德国却左右摇摆，这使得欧债危机长时间处于胶着状态，市场也随着一次次的讨论而跌宕起伏，并最终延缓了问题的解决。

三是如何处理好民族经济与区域经济的关系。欧盟在形成和扩展过程中，意味着所有加入欧盟的国家都在按一个模式进行开放和改革。而实际上，欧盟 28 个国家类型各异，特别是随着东欧和南欧一系列国家的加入，经济实力差别越来越大，但是欧盟执行的却是一套标准和政策，使得这些国家根本不可能从自己的实际出发来采取有针对性的改革措施。后来的事实表明，国家经济结构失衡是“危机的元凶”。总体看来，最先出现债务危机的“欧猪五国”属于欧元区中相对落后的国家，它们经济更多依赖于劳动密集型制造业出口和旅游业。随着它们加入欧元区，生产要素成本大幅上升，劳动力优势不复存在，而这些国家又不能及时调整产业结构，使得经济国际竞争力不断下降。以希腊为例，2010 年服务业在其 GDP 中占比达到 52.57%，而工业占 GDP 的比重仅有 14.62%。希腊的支柱产业属于典型依靠外需拉动的产业，这些产业过度依赖外部需求，因此经济在后金融危机时代变得举步维艰。在这样的窘境下，为了拉动经济快速发展，反而加大了对旅游业及其相关的房地产业的投资力度，投资规模很快就超过了自身能力，导致负债提高。截至 2010 年年末，希腊政府的债务总量达到 3286 亿欧元，占 GDP 的 142.8%，财政整体上“减收增支”，不堪重负。

四是开放与改革中的国家差异问题。欧盟各国劳动力无法自由流动，各国不同的公司税税率导致资本的流入，从而造成经济的泡沫化。最初蒙代尔的最优货币区理论是以生产要素完全自由流动为前提，并以要素的自由流动来代替汇率的浮动。欧元体系只是在制度上放松了人员流动的管制，而由于语言、文化、生活习惯、社会保障等因素的存在，欧盟内部劳动力并不能完全自由流动。从各国的失业率水平来看，德国目前的失业率已经下降到 7% 以下，低于危机前水平，但是西班牙的失业率高达 21.2%。另外，欧盟国家只统一了对外关税税率，并没有让渡公司税税率，目前法国的公司税率最高为 34.4%，比利时为 34%，意大利为 31%，德国为 29.8%，英国为 28%，其他边缘国家及东欧国家的公司税税率普遍低于 20%，这些税率较低的国家也正是劳动力比较充足的国家，资金和劳动的结合使得这些国家的经济不断膨胀，资金主要投资在支柱性的产业上，比如加工制造业，房地产业和旅游业，从而导致了国内经济的泡沫化。从欧元兑美元走势可以看出，次贷危机前的很长一段时间欧元一直是处于一个上升通道，出口受到一定程度的打击，南欧国家本来就不发达的工业和制造业更少受到资金的青睐，造成这些国家贸易赤字连年增加，各国通过发债弥补，同样是因为欧元的升值，欧债受到投资人的欢迎，举债成本低廉，从而形成一个恶性循环。

五是社会改革难题。受长期低出生率、平均预期寿命延长和“二战”后生育潮人口大规模步入老龄化等因素影响，从20世纪末开始，欧洲大多数国家人口结构开始步入快速老龄化，随之而来的便是欧洲的社会负担越来越重。然而，在面对国家经济不景气，社会压力大的情况下，欧洲公众却不愿改变高消费、高福利的格局，个别成员国政府以及公众不顾本国财政情况，一味寻求与发达国家同样的高福利。数据显示，欧盟各国的社会福利占GDP的比重有趋同的趋势，许多南欧国家由占比低于20%逐渐上升到20%以上，其中希腊和爱尔兰较为突出。2010年，希腊社会福利支出占GDP的比重为20.6%，而社会福利在政府总支出中的占比更是高达41.6%。从长期来看，如果这种福利制度不加以变革，经济差异化、福利趋同化、整体社会负担趋重化等矛盾将愈发突出，各类危机也将持续出现。

经济与政治一体化必须协调进行。欧洲的一体化从经济起步，到逐渐走向政治联合的过程表明，改革与开放都必须是全方位的。欧盟的实践也进一步证明，改革与开放是密不可分的。

小结：对中国的启示

“金融危机的触发机制是什么？每个国家、每次危机都不太一样，但是都有一个共同点：跟资产泡沫、房地产泡沫脱不了干系。每次危机当中，促成泡沫破灭的原因可能不一样，但根本原因都是泡沫的破灭。金融创新的目的原本是分散风险，结果却变成了传播风险的工具。创新有其好处，但也可能由于对风险认识不足、监管不严带来危机。在这种情况下，未来应继续允许鼓励金融创新，同时提高金融监管部门的监管能力，二者缺一不可。”① 自由思想的创始人亚当·斯密曾明确指出，一个没有规则的市场是不可能运行的。次贷危机的教训告诉我们，加强市场监管实在太重要了。经济和金融监管首先是各国的国内监管。另一个重要方面是国际

---

① 林毅：《突围2009：中国金融四十人纵论金融危机》，中国经济出版社2009年版。

监管。美国次贷危机和欧洲债务危机的重要教训同样是改革与开放关系。包括改革与对内开放的关系和改革与对外开放的关系。美国作为一个典型资本主义国家，已经形成了一套比较成熟的体制，并成为一套国际共识，即所谓的“华盛顿共识”。这套共识的核心就是所谓的“自由化”。其实质就是彻底开放，包括对内开放和对外开放。正是这种缺少监管的对内开放和对外开放把美国国内的个人和机构卷入了危机之中，也把其他国家和地区的大量个人和机构卷入了危机之中。

新时期处理中国改革和开放关系的思考

随着改革开放进入攻坚阶段和关键时期，改革与开放的关系变得更加复杂，处理好两者关系的难度也更大。总结中国和其他国家在处理改革与开放关系上的经验教训，需要在计划与市场、政府与企业、对外开放与对内开放、国家与社会等一系列重大关系上取得新的突破，真正实现科学发展、和谐发展、和平发展。以开放促改革，根本上要靠对内开放促改革，充分调动国内人民的积极性，让广大人民群众来决定改革的方向。只有建立在充分开放基础上的改革才是科学的改革，科学的改革才能带来科学发展。十八届三中全会通过的《中共中央关于全面深化改革若干重大问题的决定》，从经济、政治、文化、社会、生态和党的建设六个大的方面，对全面推进改革开放作出了部署，也为新时期正确处理好改革与开放的关系提供了指导思想。

一　立足于完善社会主义市场经济体制处理好改革与开放的关系

改革与开放的结合要体现在经济、政治、文化、社会等各领域。经济是基础，经济领域的改革开放直接决定并影响政治、文化、社会等领域的改革和开放。而经济领域改革与开放的结合点就是社会主义市场经济体制。因此检验改革与开放关系处理得好坏的重要标准就是社会主义市场经济体制的建设状况。改革开放以来，我国经济体制一直朝着市场化方向发展，特别是1992年党的十四大明确提出了经济体制改革的目标就是建立社会主义市场经济体制。此后经过20年的努力，已经建成社会主义市场经济体制的基本框架，一些领域开始逐步完善。但是与发达市场经济相比，还存在比较大的差距。市场经济就是开放经济。市场经济的活力正是来自于开放，这也是我国过去30多年改革开放取得成功的基本经验之一。

（一）确立“开放”在社会中的基础位置

开放不仅是手段，也是目的。把“改革开放”连在一起使用，绝不是说改革比开放重要。只是说明改革是前提，是条件，开放是目的。

1. 树立开放型思维方式

开放型思维是与封闭型思维相对应的，这种思维建立在开放社会基础上的。在这种社会下，人人都是开放社会的一员，任何人的生产、管理和生活都离不开其他人。不仅经济、政治、文化、社会要开放，更重要的是人要开放，人的心灵要开放。它包含着一种从社会、从他人着眼的开放的视野。这种思维方式的基础是开放社会和公民社会，是人人平等，而不是权力社会。开放的基础是平等、公平，其本质是合作，是你中有我、我中有你。而这正是社会主义的本质特征之一。因此首先需要在全社会营造一种平等、公平的氛围。无论是领导干部、一般管理者还是普通民众，都要有开放心态，都要用开放的思维看待世界和社会。

2. 制定开放性政策

一方面，在开放的环境下制定政策，就是要做到科学决策、民主决策、依法决策；另一方面，制定的所有政策的着眼点都是有利于最大限度调动社会的积极性，让最广大受众受益。所有的改革都必须是为了开放，必须有利于促进开放。检验一项改革政策是否正确，其根本标准就是要看其是促进开放还是阻碍了开放，不仅看其是否阻碍了对外开放，更重要的是看其是否阻碍了对内开放。把营造公平竞争环境作为社会主义市场经济体制建设的核心。“经济体制改革的核心问题是处理好政府和市场的关系，必须更加尊重市场规律，更好发挥政府作用。”①

3. 致力于建设开放型经济和开放型社会

随着我国改革开放的不断向前推进，党的十五大报告首次提出了建设开放型经济的目标。这是一种对外开放和对内开放相结合的经济形态。我国作为社会主义国家，建立了社会主义公有制，具备了建设开放经济和开放社会的政治基础。但由于我国现在处于并将长期处于社会主义初级阶段，几千年的封建制度的历史遗留，加上30年计划经济的影响，又为建

① 胡锦涛在党的第十八次全国代表大会上的报告。

立社会主义开放经济和开放社会增加了许多障碍。这就要通过不断改革，去破除这些障碍，不断为建设建设社会主义开放经济和开放社会创造条件。

强调“开放”，就是要强调发挥最广大人民群众的主动性、积极性和创造性，就是要坚持发展为了群众、发展依靠群众，和中央一贯坚持的群众路线是完全一致的。群众路线是中国党和政府的一大优势。中国改革开放本身就是人民群众的伟大创造。在改革进入攻坚阶段的今天，更需要发挥最广大人民群众的优势。

（二）完善促进开放的各项制度

一些西方学者提出开放社会，是针对封建专制社会制度而言的。因此他们认为，要建立开放社会，就必须要推翻传统政府，这是有一定道理的。但如果据此就认为开放社会就不要政府，那就大错特错了。与现代开放经济和开放社会相对应的，是一个为社会提供全面服务的现代政府。政府的主要职能，就是为开放经济和开放社会建立各项制度。我国从党的十一届三中全会以来的过程也是建立和完善各项制度的过程。但是由于多方面因素的影响，至今许多传统制度仍在发挥作用，严重影响开放经济和开放社会的建设。

1. 完善宏观调控和管理制度

在发展社会主义市场经济的过程中，我国政府一直在国民经济运行中发挥着宏观调控作用。但关键是要不断完善包括各项财税制度、现代金融管理制度、企业管理制度、收入分配制度、社会保障制度等在内的各项制度。在开放经济和开放社会下，不仅要求这些制度一方面能让全体社会成员公平公开地受益；另一方面还要能让社会成员便利地受益。这就要求这些制度要尽可能便利化、人性化，以最低的社会成本让百姓受益。通过这些制度，使得社会中的不同企业、不同个人，不论来自什么所有制、什么行业、来自什么地方，都能公平公开地受益。“党的十七大报告强调要加快形成统一开放竞争有序的现代市场体系。第一，要继续完善全国统一的市场。第二，要进一步提高开放型经济水平。第三，健全公平竞争、优胜劣汰的机制。第四，要建立规范有序的市场秩序。”① 要“整顿和规范市

① 《十七大报告辅导读本》，人民出版社2007年版，第106—108页。

场经济秩序，健全现代市场经济的社会信用体系，打破行业垄断和地区封锁，促进商品和生产要素在全国市场自由流动。”① 然而，一个无法回避的事实是，国有经济、外资经济与民营经济在市场准入方面仍然存在着政策差异。尽管有些产业领域国家没有明文规定不准民营资本经营，但由于部门或地区垄断经营的存在，民营资本往往很难进入或者很难充分进入。

2. 完善科技管理制度

随着改革开放的不断向前推进，科学技术在我国经济中的作用已越来越突出。但是与一些创新型国家相比，我国社会的创新能力还不强，我国政府在促进全社会的科技创新的制度方面还存在诸多不足，需要重点在以下两个方面得到加强。一是在科技的支持和奖励制度方面。要淡化政府色彩，强化社会科技界自身的职能。二是在知识产权保护制度方面。对有自主知识产权的产品应该从税收、资金等方面加以支持。对假冒伪劣生产和销售企业实行严厉的制裁和处罚措施。通过一系列制度的实施，在社会上真正形成人人创新，“以创新为荣、以假冒伪劣为耻”的社会氛围。

3. 完善社会管理制度

这是当前改革开放的关键。国内改革与开放的结合点就是就是社会建设。它既是广大人民群众享受改革开放成果的平台，也是广大人民群众平等参与改革开放的舞台。市场有两面性，政府可以弥补市场的不足，但光有政府还不够。“只有社会才能管制权力和金钱，只有赋权与社会，正义才能得到伸张。”② 当然，社会建设是一项重大而复杂的系统工程，需要政府和全社会共同付出艰苦而细致的努力。特别需要是在中央政府领导下，充分发挥各级地方政府尤其是基层政府的作用。为此，首先在政府机构设置上，要重心下移。社会建设的主要任务在基层，要精简中央和省部级机构的设置和人员构成，大大充实基层机构的力量，提升基层管理人员的素质。在社会政策制定方面，要赋予基层更大的自主权，特别是要多听取来自基层的意见。“国际经验表明，来自公民、企业和社会组织及时的反馈信息将有助于政府发现问题并加以解决，从而提高政府的服务和运营

① 《江泽民文选》第3卷，人民出版社2006年版，第549页。

② 郑永年：《中国模式——经验与困局》，浙江出版联合集团、浙江人民出版社2010年版，第186页。

水平”。[①] 最后，在资金使用上也应大幅提升基层社会建设的比重，并尽量减少中间环节和浪费。当然，社会建设的内容事无巨细，也需要在政府的领导下，充分发动社会力量特别是各类社会组织的参与。并且要实现政府管理和社会管理的协调配合。

4. 完善宪法和各项法律

法律是社会的底线，是开放社会和开放经济的基础。我国已经确立了“依法治国”的基本方略。宪法和法律是最规范的制度，宪法则规定了国家的各项根本制度。宪法和法律是开放的基础，也是开放的根本保障。所以首先要坚持和完善宪法和各项法律，要确立宪法和法律的权威。不管是党员还是非党员，是政府工作人员还是一般企事业单位职工，是干部还是一般民众，任何人不能游离于宪法和法律之外。我国已经基本形成了中国特色社会主义法律体系。现在一方面要完善各方面法律的实施细则；另一方面要加大执法的力度，对党员和党员领导干部的违法行为、对各类与法律有关的从业人员的违法行为、对干预法律执行的违法行为，在量刑时应该加大力度。

其实完善企业制度也是完善制度的重要组成部分，但它主要是企业自身的事情。由于国有企业在我国经济中占有特殊重要地位，而管理制度长期又是影响国有企业经营的主要因素。因此在国企改革过程中，各级政府一直把企业制度改革和创新作为一个重要内容加以强调。但毕竟在整个企业中国有企业所占的比重非常有限，因此企业制度问题不应该成为改革的重点问题。政府应该从关注企业制度问题转向关注市场竞争环境。对社会而言，形成公平公开的竞争环境，才是最为重要的任务。国有企业是我国经济的主导力量，但不是主体。主体是非国有企业。因此政府也应该从关注国有企业转向关注各类企业特别是非国有企业的发展上来。特别是在我国经济增长趋缓的情况下，促进和发挥好非国有经济的作用显得尤其重要。

在完善各项具体制度层面，发达资本主义国家有许多经验值得我们学习。相对于奴隶社会、封建社会而言，资本主义社会是一种开放社会。尽管它是以资本为主导的开放，本质是为资本家特别是大资本家服务的，但

---

① 张玉台：《中国发展高层论坛 2011——经济发展方式转变中的中国》，人民出版社 2012 年版，第 38 页。

其核心是市场和法制。在我国社会主义初级阶段，社会主义市场经济是重要基础，完善市场规则和法制同样是我国建设开放经济和开放社会的重要内容。撇开资本主义市场经济和法制的本质，其中的很多具体内容是完全可以借鉴过来的，这也是我们正在跟国际接轨的部分。比如在欧洲，“欧共体竞争法的主体由1957年的《罗马协定》第85条至第86条以及欧共体成员国的国内竞争法所构成，它们是欧共体竞争政策的基础。罗马协定第85条至86条管理欧共体成员国之间的贸易，各国竞争法为其国内的贸易制定规则。”①

二　立足于转变经济发展方式处理政府与企业的关系

政府与企业关系长期以来纠缠于“收权”还是“放权”，这是计划经济和封闭经济的思维；现代市场经济和开放经济的基础是产业。随着改革开放进入到新阶段，我国经济增长速度开始趋缓，其根本原因是经济结构特别是产业结构调整滞后，对改革开放提出了严峻考验。转变经济发展方式成为改革开放的重中之重的内容。“中国国际经济交流中心研究部宏观经济研究处处长王军认为，避免‘中等收入陷阱’最根本的举措就是加快转变发展方式。王军认为，要避开‘中等收入陷阱’，一方面要不断提高居民收入水平，调整收入分配不公，促进个人消费，完善社会保障体系，为经济的发展提供内生动力；另一方面要以可持续的方式保持较高速的增长。”②

产业是国民经济的载体，转变发展方式关键是要实现产业创新和产业升级。在经济国际化和全球化深入发展的情况下，企业竞争本质上是一种国际竞争，国际竞争以国家为基础，国家竞争的核心是产业竞争，这也就决定了政府与企业合作的共同基础就是产业。随着经济全球化和国际化的发展，企业竞争越来越变成国际竞争，国际范围的企业竞争越来越变成了产业竞争。产业升级和产业创新也因此成为新时期处理好政府与企业关系的重点。而实现产业创新和产业升级，是政府、企业和社会的共同责任。

---

① 刘志彪：《现代产业经济学》，高等教育出版社2003年版，第48页。

② http：//www. jscti. edu. cn/article/s/581221 –351177 –0. htm.

在产业的国际竞争中，政府和企业没有旁观者，都是当事人，他们是命运共同体。如果说过去30年理顺政企关系的重点是确立企业在市场中的自主权和独立性的话，下一步应该进一步明确政府和企业的合作关系。

（一）确立企业在产业创新和产业升级中的主体地位

必须明确一点，即直接从事产业竞争的是企业，而非政府。特别是“当国家希望从早期的投资导向阶段进入创新导向阶段时，企业必须成为发展动力的主角。它们必须自行决定想要发展的新产业，而且有足够的自由走向全球化。”“企业改进和创新的能力，才是形成国家优势的关键，它们的重要性远超过汇率、利率和薪资水平。”① 在这个阶段，政府需要做的是“放手”。即给予企业充分的自主权。在波特关于国家竞争优势的“钻石体系”中，“企业的战略、结构及其竞争对手的表现”是四大要素之一。政府能做的是打造或影响企业周边的机制结构，以及从旁提供企业所需要的资源。“政府必须直接投入的部分应该是企业无法行动的领域，譬如贸易政策，或是外部效益过大造成企业不宜投资的领域。会产生外部效益的领域往往是投资所得的好处超过单一企业或个人，它的影响可能遍及全国。在这种情况下，企业倾向低度投资，并指望国家承担起负责的角色。这些领域包括普通教育、环境质量、某些具有提高许多产业生产力的研究发展等。”② 发展经济学大师W. 阿瑟·刘易斯有一句名言：“政府的失败可能是由于它做得太少，也可能是由于它做得太多。”③ 波特的研究表明，政府对产业的干预很少有成功的，即使一向认为在这方面比较成功的韩国和日本也不例外。比如日本竞争力较强的传真机、影印机、机器人和高新材料等产业，往往没有多少政府的影子。而日本政府从1971年开始积极推动的飞机工业以及1978年开始的软件工业，一直未能跃升到国际领导地位。韩国政府野心勃勃地投入石化、机械等产业，但是成绩同样不佳。④

---

① ［美］迈克尔·波特：《国家竞争优势》，华夏出版社2002年版，第603、655页。

② 同上书，第604页。

③ 魏杰：《中国经济之变局》，中国发展出版社2009年版，第124页。

④ ［美］迈克尔·波特：《国家竞争优势》，华夏出版社2002年版，第4页。

（二）政府通过实施相关政策有助于推动产业升级和产业创新

关于产业竞争力的理论，主要有传统比较优势理论、动态比较优势理论和竞争优势理论。三种理论对产业竞争力及其影响因素有着不同的认知角度，因而对政府在产业竞争力提升当中的定位和作用所持的观点也各不相同。但是有一点是共同的，提升产业竞争力离不开政府。传统比较优势理论认为，政府在促进产业竞争力提升方面的主要作用在于维护市场的竞争性和规则性；动态比较优势理论，则认为一国应积极主动地制定和实施适当的产业政策，有选择性地培育新的比较优势产业，尽快实现本国比较优势的高级化和主导产业的转换；迈克尔·波特的竞争优势理论认为，产业的竞争力取决于“钻石体系”中的四要素（生产要素、国内需求、相关与支持性产业以及企业策略、结构与竞争态势），政府的政策主要是影响这四个要素。[①]“在市场经济发达国家，政府对工商企业的政策问题主要涉及反托拉斯政策、经济规制和工商企业的公共所有权等三个方面。”[②]

第一，完善产业政策。一般认为，政府的产业政策包括产业扶持政策和产业限制政策。简单说就是对政府支持和鼓励的产业在财政、金融等方面给予扶持和帮助。对企业的支持包括企业初创阶段进行“雪中送炭”和企业走上正轨之后的“锦上添花”。所谓限制就是“规范产品和制程标准影响需求条件，这类规范包括产品性能、产品安全性、环境影响力（如噪音、污染、回收、视觉等）。”[③] 以及通过设定技术标准，提高产业水平。比如，美国人由于长期关注污染防治工作，这就使得它在污染防治设备和服务方面具备了很强的出口竞争力。一个国家的社会政策也有可能影响产业的发展。比如在瑞典，残疾人士的平等工作权利一直被确定为施政的优先项目。这种高度关心残疾者的做法，使得瑞典在残疾人用品相关产业特别活跃。通过国家的产业政策和其他与产业发展相关的政策，还有助于形成产业集群。当然，波特也认为，“政府的产业政策，应该随国家处于哪个竞争优势阶段而进行调整，亦即任何时间的任何政策，都应该与

---

① 胡昭玲：《经济全球化与中国产业国际竞争力提升》，中国财政经济出版社 2006 年版，第 85 页。

② 刘志彪：《现代产业经济学》，高等教育出版社 2003 年版，第 2 页。

③ ［美］迈克尔·波特：《国家竞争优势》，华夏出版社 2002 年版，第 631 页。

现阶段的产业竞争优势相互辉映和互动。”① 我国当前产业政策的重点应该是围绕国家基础产业、支柱产业和关系到长远竞争力的产业制定有针对性的政策。

第二，完善竞争政策。公平、公正、公开的竞争是市场经济的灵魂。因此，“政府在产业发展中最重要的角色，莫过于保证国内市场处于活跃的竞争状态。国内市场竞争不仅对培养创新能力有帮助，更对本国产业和产业集群带来多项好处。”② 发展中国家的政府应遵循一条基本原则：政府的作用是补充市场，而不是代替市场。换言之，政府应致力于促进市场的发展。最主要经济工作的重点在于如下几个方面：对人力资本投资、使微观经济充满竞争、促进对外开放、保持宏观经济的稳定、保护环境。③ 要制定强有力的反托拉斯法，对各种合并、联盟、共同行为等方面活动进行规范。特别是要明确禁止在产业领先群之间的购并和结盟行为。当然这并不表示政府要一味地保护既无效率又大幅落后的厂商，应该鼓励通过竞争实现优胜劣汰。事实表明，“对产业竞争规范越少的国家，往往也是在国际性产业中，拥有盟主头衔较多的国家。”④ 我国当务之急应该是对各种政策进行清理，对其中的一些不符合公平竞争的政策尽快废除掉，包括对外资的优惠政策、对国企的特殊政策等。

第三，完善政府采购政策。政府通过直接采购有助于提升产业竞争力。一些国家的政府采购占到国内生产总值的10%以上。因为这是一种直接大规模地提升国内需求的方法。事实上，政府单位和国营单位是国防产业、基础设施相关产业（如国营航空公司、电力公司、电信局），以及许多产品和劳务的最主要客户。“政府要使采购成为提升国家竞争优势的正面力量，应该遵循下列原则：抢先性需求、扮演强势挑剔型客户、采购内容要反映国际上的需求趋势、采购程序要有利于创新、竞争。”⑤ 波特同时认为，当本国企业实力不足时，最好的做法就是提供外商一些市场机会，同时制定市场开放时间表，迫使本国企业提升竞争能力。如果一味排除外商而保障本国企业，只会使得本国企业永远无法踏出本国市场的大门。在英、

---

① ［美］迈克尔·波特：《国家竞争优势》，华夏出版社2002年版，第655页。

② 同上书，第645页。

③ 张培刚：《发展经济学教程》，经济科学出版社2001年版，第220页。

④ ［美］迈克尔·波特：《国家竞争优势》，华夏出版社2002年版，第648页。

⑤ 同上书，第630页。

美等发达国家，通过国防采购，是形成某些产业竞争优势的一种有效办法。当然要完成从军用向民用的转移，也不是一件容易的事情。相当于要实现从“政府怀抱”走向“市场海洋”，其中必然需要克服诸多困难。在我国，一方面，政府采购占社会消费总支出的比重不断提升；另一方面，它对提升国家产业整体素质和竞争力方面所发挥的作用却十分有限。因此首先要规范各类采购政策，然后要把政府采购和产业发展进行结合。

第四，完善涉外经济政策。在全球化和经济一体化快速发展的情况下，产业竞争早已变成了一个国际范畴。也是从这个意义上说，一个国家制定的任何与产业有关的政策，都不光会对本国产业产生影响，而且会影响到与之有贸易往来的国家的产业发展。当然，其中最为直接的是涉外经济政策。包括贸易政策、关税政策、投资政策，等等，会对一个国家的产业造成直接影响。我国已是世界上经济对外依存度最高的国家之一。外资外贸也一直伴随着我国的产业升级和产业创新。从我国的现实情况看，外商直接投资在以下几个方面促进了产业结构的优化。“通过资源补缺效应促进了产业结构的升级；通过产业关联效应促进了产业结构升级；通过出口示范效应促进了产业结构的升级；通过就业效应促进产业结构升级。”① 但是在利用贸易促进产业升级中却存在明显不足。实际上，通过有效进口，同样能起到促进产业升级的作用。“这是因为进口中往往包含大量的先进设备、先进技术和战略资源，它虽然不会直接对 GDP 总额产生作用，但将促进科技进步和生产率的提高，促进经济集约化增长，从而提高 GDP 增长率和提升产业竞争力。”②并且通过发展对外贸易也有助于建设国内的公平竞争环境。因为一方面通过扩展对外贸易，可以更好地体会到公平贸易的重要性；另一方面也可以了解到国外建设公平竞争环境的经验。正如波特所指出的，“贸易政策目标不应该片面保护本国产业，而是开放市场与取消不公平措施，政府干预的标准应该参考其他类似国家的贸易限制做法。”③ “虽然外商中不乏持续在本地投资或发展的情形，但很少国家能成为跨国企业核心研究发展或紧密零组件的生产中心，这类型的部门通

① 伍华佳、苏东水：《开放经济条件下中国产业结构的演化研究》，上海财经大学出版社 2007 年版，第 310 页。

② 张幼文：《新开放观——对外开放理论与战略再探索》，人民出版社 2007 年版，第 270 页。

③ ［美］迈克尔·波特：《国家竞争优势》，华夏出版社 2002 年版，第 653 页。

常是设在跨国公司的母国。如果完全依赖跨国企业，这个国家不可能成为任何产业生根落脚之地。本地厂商将把国家竞争力提升到初级生产要素之上。外商的角色还是促成产业集群的种子。它们可以扮演国内市场中的挑剔型客户，刺激本地厂商进入相关产业或朝新的产业环节发展。”① “不过，一个国家想要从先进产业发展中产生国家竞争优势，绝不能只靠外商的经济活动力。外商在当地的国家价值链中的经济活动，往往是本身全球化战略的一部分，他们的投资着眼点在于打开当地市场或基于生产成本考虑，并不是为了提升当地的国家竞争实力。”②

当然，一定要处理好企业作为产业发展主体和发挥政府产业政策在产业发展中重要作用的关系。从根本上说，实施的所有这些政策，目的和作用只有一个，就是为企业发展营造良好的发展环境，包括营造良好的硬环境和软环境两个方面。“政府最传统也最重要的角色就是创造和提升生产要素，这里面包括熟练技术能力的人力资源、基础科学、经济信息和基础设施等。”③ 在营造环境方面，中央政府和地方政府负有共同责任。

（三）政府和企业必须结成共同体

其实本来在现代市场经济中，企业就不可能有所谓的绝对独立性的。我们要摆脱传统体制下政府与企业的“父子关系”，但也绝对不能有要企业和政府脱离关系的想法。在社会化大生产条件下，企业活动必须受到政府的宏观调控。只有政府才能以提升产业结构为突破口，构造经济增长新的动力。跨越“中等收入陷阱”的关键是以可持续的方式保持经济高速增长，这就需要构造新的增长动力。

第一，政府和企业需要在市场环境方面进行合作。把环境问题完全归咎于政府的事，这不仅是不全面的，而且是错误的。在市场经济条件下，市场中的每一个主体，包括政府、企业和个人，都是环境的重要组成部分。政府和企业，作为环境的主要供应者和需求者，在经济环境营造中承担着更为重要的职能，也更需要进行合作。政府清正廉洁和高效管理，企业依法依规经营并高度对消费者和社会负责，都是市场环境的重要组成部

① ［美］迈克尔·波特：《国家竞争优势》，华夏出版社 2002 年版，第 662 页。

② 同上书，第 661 页。

③ 同上书，第 611 页。

分。另外，政府为企业营造好的环境，也不仅仅表现简单地顺从企业需要。波特认为，“政府最适当的角色是推动者和挑战者。在国家竞争优势的创造过程中，它应该站在与企业对立、形成企业压力的角色；这是习惯提供甜头的政府常常忽略的。政府的角色应该引导和充实‘钻石体系’的力量，并协助关键要素的发展。但许多政府往往忽略这些政策的重要性，反而强调补贴、保护、总体经济操控等特效药，这些特效药不仅照顾层面少，甚至还有破坏生产力的倾向。”①在现实中，许多国家的“政府通常利用各种形式的保护政策，以避免本国企业面对国际竞争对手的压力而受挫。这种情况举世皆然，连美国也不例外。”② 这显然不是应该提倡的。针对我国的现实，政府与企业的关系确实有诸多需要调整的内容。

第二，政府和企业需要在生产要素方面进行合作。从发展的角度来看，一个国家的生产要素本身就不是固定的。根据波特的观点，在国家竞争优势形成和发展的几个不同阶段，政府发挥影响最直接也最大的是生产要素导向和投资导向这两个阶段。“政府握有资金、补贴、暂时性保护等政策工具，在这两个阶段的国家竞争优势上，能发挥的效果也最大。在产业发展初期，政府在生产要素的创造上必须扮演领导者的角色。”③ 我国除了一些原材料外，劳动力、资本、土地等生产要素总量上总体还比较充足，基本能够满足企业需要。但是如何将这些生产要素合理高效地配置到现实经济中去，就离不开政府和企业的共同合作。

第三，政府和企业需要在创新方面进行合作。在波特提出的创新导向和富裕导向阶段，政府和企业的合作同样重要。我国经济正处在从投资导向阶段向创新导向阶段过渡的阶段，政府和企业的合作尤其重要。“在此一阶段，政府最重要的影响力在于创造高级的生产要素、提升需求质量，例如，设定严格的产品标准，并提高健康保险和环境保护等领域的水平，使经济权力分散化、保障竞争，并不断提供市场情报。”④ 我们常常认为，创新主要是企业的事，但是波特却告诉我们，“一个国家的科技研发不能完全依赖厂商，原因是科技研发的成果，往往影响层面超过个别企业，而直达国家整体经济能力的表现。技术的进步通常不仅使应用这项技术的产

① ［美］迈克尔·波特：《国家竞争优势》，华夏出版社 2002 年版，第 664 页。
② 同上书，第 648 页。
③ 同上书，第 655 页。
④ 同上书，第 656 页。

业与所属企业受益，还会影响到与该产业相关的其他产业。”① 我国正在建设国家创新体系，已经明确了政府、企业和高校、科研院所等合作方向，但还需要有更多更具体的实施方案。“当国家经济升级时，就必须放弃一些不具竞争力的产业与市场。如果政府以补贴、保护或其他形态的干预手段来强行维持这类产业的生存，只会减缓经济升级的速度与国家整体生活水平的提升。”②

第四，政府和企业需要在对外经济竞争方面进行合作。如果说前面几方面的合作主要是国内合作的话，这里说的是政府和企业怎样合作参与国际竞争。众所周知，企业走出国门进行竞争，已绝不可能是企业的独立行动。一个企业走到一个陌生国家，需要面对这个国家的经济、政治、文化、社会等方方面面的复杂情况，靠企业自身是无法完全解决的。今天中国的对外贸易和对外投资都已占到了世界举足轻重的地位，但是也就是几年时间发生的这种变化，无论是对企业还是中国政府来说，确实都有一个适应的过程，两者的合作也就显得尤其重要。

三 立足于建设开放型经济处理好对外开放和对内开放的关系

在继续扩大对外开放的同时，加快对内开放的步伐，促进国内一体化。“要在经济全球化的条件下坚持实行对外开放，实施好‘引进来’和‘走出去’相结合的开放战略，不断增强我国经济的国际竞争力和对国外企业的吸引力，必须通过改革建立并不断完善社会主义市场经济体制，不断形成有利于对外开放的体制和环境。”③ 清华大学经管学院院长钱颖一认为，“繁荣时期，如何改革？这里面最根本的原因是，仍然来自于竞争，特别是开放”。

（一）深入推动对外开放

我国对外开放取得了巨大成就，但总体而言仍然处在规模扩张和较低

① ［美］迈克尔·波特：《国家竞争优势》，华夏出版社2002年版，第615页。

② 同上书，第7页。

③ 《江泽民文选》第3卷，人民出版社2006年版，第446页。

层次上。为解决国际收支失衡的问题，现在东部沿海等相对发达地区正在全面实施经济转型。转型靠改革，更要靠开放。通过开放，特别是通过“走出去”，提升“引进来”的水平，以促进经济的转型升级。对落后地区而言，则仍然将以“引进来”为主，但是今天中国经济和地区经济发展的环境已发生空前改变，现在的引进不能再只盯着国外了。理论界和实践部门也对进一步扩大对外开放提出了许多好的对策。笔者认为，以下几个方面尤为重要。

1. 培育一批具有国际竞争力的大型企业

对内发展、对外开放，基础都是企业，特别是一批有竞争力的大型企业。改革开放以来，我国在这方面已取得很大成就，2013 年进入世界 500 强的中国内地企业已达 61 家。61 家公司总收入为 28906 亿美元，占国内生产总值的 47.8%，总利润为 1761 亿美元；与此对照，美国 133 家上榜公司总收入为 76628 亿美元，占美国国内生产总值的 52.3%，总利润为 4844 亿美元。入围世界 500 强的中资企业共有 89 家，而民营企业仅为 7 家，占比为 7.87%；2012 年上榜中企为 73 家，其中民企为 5 家，占比为 6.8%。2013 年新上榜中国企业新增 16 家，其中民企仅为两家，占比为 12.5%。而同期美国上榜企业几乎都为私营企业。2013 年财富世界 500 强排行榜上，中国大陆有 9 家银行上榜，占据上榜公司利润总额的 55.2%。与此相比，美国有 8 家商业银行上榜，利润则仅为其所有上榜公司利润的 11.9%。中国上榜的 9 家银行利润占去中国上榜 89 家企业利润总额的半壁江山，足以看出中国整个经济利润“蛋糕”被银行业攫取过多。并且目前中国企业国际受益所占比重过低，对国际经济的影响力有限。和国家一样，大型企业的影响力不能仅表现在规模上，更要通过竞争力和影响力来体现。

2. 加快中国与国际产业一体化步伐

中国经济与世界经济已密不可分，但是中国经济与世界经济的深度融合远远不够。由于中国各大产业的总体质量还不高，结构也不够合理，中国产业主要仍然是靠比较优势在国际上立足，中国作为“世界加工厂”的形象尚未改变。从产业的角度来说，中国对外依赖还是单向的。因为凭借低成本获得的优势具有可替代性，并且难以长期维持。中国的制造业的竞争优势尚未体现出来，中国的经济和产业在世界经济面前的被动局面没有改变。中国国家大，各个地方的资源环境不同，其应选择的优势产业和特色产业也应有所不同。从国家来说，要找到中国产业在世界产业分工的位置；从各个地方来说，也要找到在国家分工中的位置。

3. 促进中国金融业的对外开放

经济的开放包括贸易、投资、金融等的对外交流，其中贸易是基础，投资是保证，而金融是关键。中国的金融业也在一次次国际金融危机洗礼下得到提升。借助东南亚金融危机的影响，中国开始了一轮深刻的金融体制改革。成立金融工委，剥离商业银行的附属公司，成立四大资产管理公司，成立“一行三会”新的分业监管体系，加强金融监管，等等。此后，中国推动了以国有商业银行股份制改革为核心的新一轮金融改革。通过对国有商业银行的清产核资、法律确权、注入新的资本金、剥离不良资产、建立新的公司治理机制、引进战略投资者、在香港和上海两地上市等一系列举动，再次大大提升了国有商业银行的素质。为中国产业升级提供了重要的金融保障。

（二）深入推动对内开放

当前扩大内需是经济发展的重要动力。外需来自于对外开放，扩大内需当然就需要扩大对内开放。如果说过去 10 年的快速增长主要受益于对外开放，未来 10 年或者更长时间将受益于对内开放，即国内市场的一体化。通过扩大对内开放实现发展是大国的共同经验，美国是这方面的典型案例，欧盟同样可以为我们提供经验。“中国和欧盟在两个方面非常相似。首先，区域实体间都有重要的收入差距。中国存在地方差别而欧盟存在国家差别。其次，劳动市场仍然高度分割。”①“要想加速对外开放，更多地利用外资和国际市场，必须首先加速国内的体制改革。”②

根据美国和欧洲内部经济一体化的经验，进一步推动中国的对内开放需要重点在以下几个方面做出努力：

1. 要确立国内市场的基础性地位

国内市场既是一个国家国民经济的基础，丰富和繁荣国内市场也是我国作为一个社会主义国家发展经济的根本目的。“快速的内需成长，可以

---

① 何帆、张斌：《寻找内外平衡的发展战略——未来 10 年的中国和全球经济》，上海财经大学出版社 2006 年版，第 279 页。

② 康绍邦：《金融危机后中国的政策选择》，现代出版社 1999 年版，第 385 页。

鼓励厂商投资、勇敢而果断地引进科技、更新设备，并兴建更大型、更有效率的厂房。反之，当一个国家的市场成长趋缓，厂商的扩张也趋于保守，并担心引进新技术会造成现有设备、人力的闲置。以意大利五金工业为例。比起其他欧洲国家，意大利的五金工业到了第二次世界大战后才开始发展。但是在短短10年间，却已经成为欧洲五金产品出口的盟国。原因之一是20世纪50年代的意大利，五金产品的需求蓬勃。日本是另一个因强势的国内需求而带动其余很多产业发展的例子。比起美国和其他原本领先的欧洲国家，日本的钢铁、轮船、堆高机等产业后来居上，都是因为经过了快速的国内市场成长期。”① “对于大国而言，改变出口导向型经济模式、减少对海外市场依赖是必须的，但是这应当建立在内需逐步启动的基础之上，要依据内需的启动程度而相应缩小出口，使内需逐渐成比例地替补外需，从而实现平稳转型。”② “由于我国的经济增长属于大国经济模式，从中长期角度来考虑，经济增长应实施内外贸相结合、外需与内需相协调的均衡发展战略，在发展对外贸易的同时，坚持将扩大内需作为经济发展的长期战略方针和支撑点。”③ “亚洲金融危机意味着经济增长模式必须转变，从出口导向型转为国内需求拉动的经济增长。”④ “实际上，东亚经济的发展在一定程度上为我们提供了一个在开放经济环境下，如何协调好市场与政府关系，以及发挥好政府的适度职能的范例。因此，从东亚经济发展案例来看，发展中国家政府在经济发展中发挥作用的基本经验和教训，可以概括为如下几个方面：（1）政府在积极参与和有效利用世界市场方面可以发挥主导作用；（2）政府在确保社会政治秩序稳定的同时，应不同程度地参与经济活动；（3）东亚金融危机的教训表明，政府必须随着经济发展阶段和经济环境的变化而及时地转变职能。”⑤

2. 推进单一市场建设

国内市场永远是一个国家经济的基础。要彻底打破垄断，消除国有企业和外资企业的超国民待遇，要让全体公民公平地参与物质财富和精神财

---

① ［美］迈克尔·波特：《国家竞争优势》，华夏出版社2002年版，第89页。

② 魏杰：《中国经济之变局》，中国发展出版社2009年版，第68页。

③ 张幼文：《新开放观——对外开放理论与战略再探索》，人民出版社2007年版，第271页。

④ 何帆、张斌：《寻找内外平衡的发展战略——未来10年的中国和全球经济》，上海财经大学出版社2006年版，第111页。

⑤ 张培刚：《发展经济学教程》，经济科学出版社2001年版，第222页。

富的创造与分配。欧洲内部市场一体化的经验表明，“最重要的是竞争政策。欧洲竞争政策是对付企业的反竞争行为（反托拉斯政策）。它有权力阻止兼并，即使兼并发生于属于同一国家的两家公司间。与包括澳大利亚、加拿大或美国等联邦国家在内的其他国家不同，欧洲竞争政策也包含对付政府的反竞争行为：禁止会造成竞争和贸易扭曲的对公共或私有企业的国家援助。”① 要降低各产业领域民营资本的准入门槛，并优化融资支持平台，为民营资本的成长壮大创造良好的环境。要修订利用外资的政策，可以考虑弱化甚至取消对外资企业外销比例的限制，而代之以“国产化率”，或者是内资企业配套率的指标；以此来引导外资企业加快技术扩散，更好地开展引进、消化、吸收和再创新，达到促进民营经济缩小与国际先进水平技术差距的目的。② “在开放中保护和发展民营经济，让民营企业发展壮大，融入全球化进程是对外开放的重要目标。但是在减轻民企税费负担、市场准入以及融资便利方面仍然存在很大差距。应当借鉴日本与韩国的经验，在控制外资介入、保护国内民营企业方面作出更多的努力。比如基础领域与金融领域的开放，应优先让国内民营企业进入。”③

3. 完善有针对性的区域政策

从邓小平同志的“两个大局”到江泽民同志提出的“西部大开发”再到胡锦涛同志提出的以“五个统筹”为主要内容的科学发展观，中国区域经济协调发展的趋势越来越显现出来。普遍认为，下列两个互补性因素有助于低收入国家赶超高收入国家。“如同其他的区域经济一体化或全球经济一体化进程相比较，欧洲的一体化进程既伴随着消极的一体化，即消除成员国间的自由流通壁垒；也伴随着积极的一体化，即建立统一的法律制度和统一的机构来实施统一的政策。”④ 事实表明，中国各地区企业间的生产效率还存在着巨大的差异。在这种环境下，推动区域间的竞争和相应的区域专业化发展所能取得的收益将是巨大的。比如，“福建区域发展不平衡主要体现在对外开放水平和开放型经济发展的不平衡。因此要强

① 何帆、张斌：《寻找内外平衡的发展战略——未来10年的中国和全球经济》，上海财经大学出版社2006年版，第277页。

② http：//cppcc. people. com. cn/GB/34961/120830/120952/7151808. html.

③ 伍长南、黄继炜等：《转变经济发展方式研究——以福建省为例》，中国经济出版社2010年版，第93页。

④ 何帆、张斌：《寻找内外平衡的发展战略——未来10年的中国和全球经济》，上海财经大学出版社2006年版，第276页。

化山海合作，加快山区发展和对外开放，提高开放型经济发展水平，以开放促进内陆山区的经济发展是对外开放的重要内容。要制定比沿海更加优惠的土地与税收政策，改善山区与闽西老区和沿海发达地区产业向内陆山区转移，形成合理的区域分工。”① 现在不仅在国家层面有统筹发展规划，各省区市内部同样制定了明确的协调发展规划。就湖北来说，鄂西和大别山地区是相对落后地区，但现在已有了明确的发展计划，既有“鄂西生态旅游区”，也有“大别山经济社会发展实验区”。

（三）进一步推动实现对内对外开放的一体化

随着对内对外开放的发展，对内对外开放的一体化是一个必然的趋势和过程，因为对内开放和对外开放两者本身就是密不可分的整体。中国的实践也充分证明了这一点。当然，由于多方面因素的影响，中国这两个方面还存在一定差距，对外开放一直走在对内开放的前面。需要在以下几个方面采取措施进一步加以推动。

一是提升国内经济的国际化水平。一个重要的方面就是按照国际规则和惯例来管理和发展各项事业。不论是在国内还是在国际上，都应该逐步适应国际社会的法律法规和各种习惯。同时，为了使我们在经济全球化中趋利避害，关键是要壮大我们的经济实力，并营造一个能应付风险的国内环境。构成这种环境的重要因素包括良好的宏观经济政策，符合国际规范的健全的经济法规体制，能配合经济发展进度的相应的基础设施，特别是“软设施”，即高效率的教育和科技事业。②

二是减少联结中国和国际社会的各种障碍。在国内要进一步提升外资企业在中国的国民待遇，包括进一步减少和简化外国商品、资金、技术、人员等进入中国的障碍。沿边开放城市的发展远落后沿海开放城市的一个重要原因是缺乏腹地支撑。比如在“大东北”的建设过程中，就应该在不断扩大对外开放水平的同时，积极推进对内开放和协调工作，实现同东北振兴的联动，特别是做好同珠三角、长三角等经济发达地区的链接和产业梯度转移的承接工作，真正发挥“先导区”和面向东北亚开放的“门

① 伍长南、黄继炜等：《转变经济发展方式研究——以福建省为例》，中国经济出版社2010年版，第94页。

② 康绍邦：《金融危机后中国的政策选择》，现代出版社1999年版，第139页。

户”作用。① 而重庆两江新区成立一年来，63 家世界 500 强入驻，经济增长速度高达 23% 以上，成为中国承接全球和沿海产业转移的热点地区，成为推动中西部发展的“新引擎”和“试验田”。②

三是促进中国企业和人员“走出去”。“走出去”是国内国际一体化最彻底的形式。表面上看，“走出去”的是中国人和中国企业，实际上是中国文化和中国经济社会运行的各项制度和方式。因此能够“走出去”的企业和个人，不仅需要了解和接受国外的经济社会运作制度和方式，而且要把国内的经济和文化习俗等与国外的经济文化习俗进行磨合，因此能够成功“走出去”的企业和个人，必然是谙熟国内和所在国经济社会各方面特点的。而这些显然靠个别企业和个人，是不容易做到的。因此随着越来越多的国内企业和个人“走出去”，加强对这些企业和个人对中国和世界有关国家经济文化制度的教育和学习已是刻不容缓。

（四）正确处理国内经济发展和对外开放的关系，为建设互利共赢、持久和平的和谐世界做贡献

建设互利共赢、持久和平的和谐世界，是我国改革开放的必然要求和自然延伸，是处理好改革与开放、对内开放与对外开放的根本目标。随着中国经济与世界经济的联系越来越紧密，一个互利共赢、持久和平的和谐世界对中国越来越重要。当然，随着中国经济社会的持续发展，中国对建设和谐世界所能发挥的作用也越来越大。

建设和谐世界，要求我们从世界视野来看待中国的改革和开放。一方面，要通过改革国际经济政治秩序，使得国际政治经济秩序更加合理，各国能够更公平合理地享受国际经济社会发展成果，特别是也能积极参与到国际政治经济秩序的改革中去。另一方面，我们也要承担更多的国际责任。中国是世界上对外依赖度最大的国家之一。相互贸易投资增加，国际社会对中国的要求也必然会增多。在这种情况下，中国也必然需要在合情合理的情况下给予满足。

---

① http://forum.home.news.cn/thread/74850761/1.html.

② 华龙网 2011 年 6 月 13 日。

四　立足于建设社会主义和谐社会处理好经济、政治、文化、社会和生态领域开放与改革的关系

社会主义和谐社会是民主法治、公平正义、诚信友爱、充满活力、安定有序、人与自然和谐相处的社会，是改革开放的落脚点。

（一）形成和谐社会的开放环境

和谐社会的前提是民主法治。只有在民主法治的氛围下，每个人才能成为独立的个体，才能实现人人自由发展、人人心情舒畅。而这样的社会也必然是开放的社会。“要有效地利用分散在大众中的知识，就必须得给大众经济决策的自主权，这就是所谓的经济自由。因为如果个人（包括地方官员）没有经济决策的自主权，他们就不可能运用信息，也没有激励向计划者披露他们所掌握的信息。那种以为靠专家支持、靠强科学决策过程、靠好人的勤奋加努力，以及廉洁的政府就可以把经济计划好的想法，是根本不可能实现的。……特别是在当前经济不景气的条件下，如果一方面讲扩大需求，另一方面出台一个接一个限制经济自由、不利于发挥人的积极性的措施，就更加有问题了。”[①]只有这样，才能充分发挥每个人的主动性、积极性、创造性，才能实现全体国民个人价值的最大化，进而实现全社会利益的最大化。

随着改革开放与和谐社会建设的不断推进，个人、企业（单位）和社会的重要性更加突出。尽管政府在改革和开放中的作用也更重要，但政府的主要角色不是自己充当主角，冲在前面，而是引导个人、企业（单位）和各种社会组织发挥好作用。政府的主要职能是做好各项保障工作。只有通过经济和政治、文化等方面改革的协调推进，才能真正形成和谐社会的开放环境。

（二）推进各项社会改革

如果说经济体制改革仍然是我国各项改革的核心，在深入推进经济改革的同时加快各项社会改革同样刻不容缓。要通过加快社会改革步伐，将

---

① 钱颖一：《现代经济学与中国经济改革》，中国人民大学出版社2003年版，第60页。

社会保护起来，让社会发展起来，壮大起来。通过各项改革，让老百姓住得起、医得起、更要消费得起；把社会做成“橄榄球”，中间大、两头小，就是要培育强大的中等收入阶层，藏富于民。胡锦涛同志在省部级主要领导干部社会管理及其创新专题研讨班上提出了加快社会改革和社会建设的八点意见，比如加强党的领导、完善协调机制、保障特定群体、夯实基层基础、完善社会组织以及信息和核心价值观建设等，成为社会建设的指路明灯。这些工作都正在落实，还有一些措施，比如国企退出、扶持民企，等等，步伐也正在加快。

事实表明，收入分配和社会保障是社会建设的重要基础，也应该成为我国社会改革和社会建设的突破口。“从世界各国横向比较看，居民消费率（居民消费占 GDP 的比重）世界平均水平在 60% 左右。其中，高收入国家为 60%—65%，中等收入国家约为 55%—60%，低收入国家一般高于 65%。而我国 2008 年仅为 35.3%，明显低于世界平均水平，也低于中等收入国家水平。从世界各国消费率变化的历史趋势看，随着发展阶段的演变，居民消费率呈现出‘先降后升再趋于相对稳定’的特征。我国居民消费率变化符合中低收入国家下降阶段的规律，但下降速度过快、幅度过大。2000—2008 年，我国居民消费率从 46.4% 下降到 35.3%，降低了 11.1 个百分点，平均每年降低 1.4 个百分点。”① 2009 年之后，我国通过一系列刺激消费的手段和政策，使得消费在经济增长中的贡献提升到了 50% 左右，但关键是要有可持续性，并力求出现稳步提升的趋势。

（三）完善和谐社会的各项制度

社会主义和谐社会的关键在于制度。正如党的十八大报告所指出的，“全面建成小康社会，必须以更大的政治勇气和智慧，不失时机深化重要领域改革，坚决破除一切妨碍科学发展的思想观念和体制机制弊端，构建系统完备、科学规范、运行有效的制度体系，使各方面制度更加成熟更加定型。”② 同时另一方面，国家的制度及制度体系也要与构建社会主义和谐社会相适应。社会主义和谐社会的制度供给，要满足构建社会主义和谐

---

① 国务院发展研究中心课题组：《“十二五”发展十二题》，中国发展出版社 2010 年版，第 40 页。

② 胡锦涛在党的第十八次全国代表大会上的报告。

社会的制度需求。它主要表现为以下基本特征：它是社会主义的制度体系，它是市场经济的制度体系，它是规范利益秩序的制度体系，它是可持续发展的制度体系，它是正式制度与非正式制度有机结合的制度体系，它是一个动态的制度体系。从社会发展的历史进程来看，公平与效率相辅相成、相互促进。一方面，公平是效率的根本保证，没有公平就没有效率；另一方面，效率是公平的基础和动力，没有效率，也就没有公平。构建社会主义和谐社会的制度体系，不能把公平和效率对立起来，只有通过制度创新，促进生产力发展，提高效率，才能最终实现公平。社会主义和谐社会的公平，不能也不可能建立在生产力不发达的低效率的基础上。

（四）将生态文明建设贯穿于经济、政治、文化和社会建设之中

党的十八大报告将生态文明建设置于与经济、政治、文化和社会建设同样重要的地位，体现了中国特色社会主义理论与实践的重大发展。自然是人类赖以生存的基础，离开了大自然，一切都无从谈起。因此正确处理经济、政治、文化、社会领域的改革与开放关系背后都贯穿着人与自然的关系。政府在建设和完善经济社会各项制度，在促进对内和对外开放的过程中，必须同步建立和完善资源和环境的保护制度。在中国经济全面开放的情况下，更需要与国际社会合作建立有效的资源环境保护制度。

结束语

正如党的十七大报告所指出的，只有社会主义才能救中国，只有改革开放才能发展中国，发展社会主义，发展马克思主义。但是改革开放作为一条中国人民开创的有自己特色的社会主义道路，其过程也必然是曲折的，前进的道路必然充满坎坷和挑战，必然要面对各种各样的复杂关系。但是，有中国共产党的正确领导，有过去30多年积累的丰富经验，有中国人民的勤劳勇敢和智慧，中国人民一定能够处理好改革开放和社会主义的关系、改革与开放的关系，以及改革开放过程中的各种具体关系，把改革开放的伟大事业不断传承和发展下去，实现中华民族伟大复兴的中国梦。

参考文献

1. 何帆、张斌：《寻找内外平衡的发展战略——未来 10 年的中国和全球经济》，上海财经大学出版社 2006 年版。
2. 财政部、国务院发展研究中心：《经济全球化与中国经济崛起》，中共中央党校出版社 2006 年版。
3. 彭森：《中国经济体制改革的国际比较与借鉴》，中国人民大学出版社 2008 年版。
4. ［美］法里德·扎卡利亚：《后美国世界：大国崛起的经济新秩序时代》，中信出版社 2009 年版。
5. 《邓小平文选》第 3 卷，人民出版社 1993 年版。
6. 张幼文：《新开放观——对外开放理论与战略再探索》，人民出版社 2007 年版。
7. 迟福林：《民富优先：二次转型与改革走向》，中国经济出版社 2011 年版。
8. ［美］迈克尔·波特：《国家竞争优势》，华夏出版社 2002 年版。
9. ［美］杰弗里·萨克斯、费利普·拉雷恩：《全球视角的宏观经济学》，上海三联书店、上海人民出版社 2004 年版。
10. 邹至庄：《中国经济随笔》，中信出版社 2010 年版。
11. 魏杰：《中国经济之变局》，中国发展出版社 2009 年版。
12. 白树强：《全球竞争论——经济全球化下国际竞争理论与政策研究》，中国社会科学出版社 2000 年版。
13. 伍华佳、苏东水：《开放经济条件下中国产业结构的演化研究》，上海财经大学出版社 2007 年版。
14. 国务院发展研究中心课题组：《“十二五”发展十二题》，中国发展出版社 2010 年版。

15. 王梦奎：《中国发展高层论坛：迈向新增长方式的中国》，社会科学文献出版社 2008 年版。
16. 国家发展和改革委员会学术委员会办公室：《转变经济发展方式研究》，中国计划出版社 2009 年版。
17. 唐龙：《体制改革视角下转变经济发展方式研究述评》，《中共中央党校学报》2009 年第 2 期。
18. 张培刚：《发展经济学教程》，经济科学出版社 2001 年版。
19. 胡昭玲：《经济全球化与中国产业国际竞争力提升》，中国财政经济出版社 2006 年版。
20. 刘志彪：《现代产业经济学》，高等教育出版社 2003 年版。
21. 伍长南、黄继炜等：《转变经济发展方式研究——以福建省为例》，中国经济出版社 2010 年版。
22. 唐海燕：《适度开放论》，江西人民出版社 2000 年版。
23. 康绍邦：《金融危机后中国的政策选择》，现代出版社 1999 年版。
24. 张德修：《大接轨——走向全球化的中国开放型经济》，经济日报出版社 2000 年版。
25. 刘国光：《中国十个五年计划研究报告》，人民出版社 2006 年版。
26. 林善浪：《中国核心竞争力问题报告》，中国发展出版社 2005 年版。
27. 刘斌：《产业集聚竞争优势的经济分析》，中国发展出版社 2004 年版。
28. 李新：《转型经济研究》，上海财经大学出版社 2007 年版。
29. ［美］乔治·索罗斯：《开放社会：改革全球资本主义》，商务印书馆 2001 年版。
30. ［奥］A. 哈耶克：《个人主义与经济秩序》，北京经济学院出版社 1989 年版。
31. ［英］阿纳托莱·卡列茨基：《资本主义 4. 0—— 一种新经济的诞生》，中信出版社 2011 年版。
32. 钱颖一：《现代经济学与中国经济改革》，中国人民大学出版社 2003 年版。
33. 郑永年：《中国模式——经验与困局》，浙江出版联合集团、浙江人民出版社 2010 年版。
34. ［英］卡尔·波普尔：《开放社会及其敌人》第一卷，中国社会科学出版社 1999 年版。

35. ［英］安东尼·吉登斯：《失控的世界》，江西人民出版社2001年版。
36. ［美］理查德·隆沃思：《全球经济自由化的危机》，生活·读书·新知三联书店2002年版。
37. ［美］杰里米·里夫金：《第三次工业革命——新经济模式如何改变世界》，中信出版社2012年版。
38. 康绍邦：《金融危机后中国的政策选择》，现代出版社1999年版。
39. 张玉台：《中国发展高层论坛2011——经济发展方式转变中的中国》，人民出版社2012年版。
40. ［美］吉迪恩·拉赫曼：《世界30年——全球政治、权力和繁荣的演变》，中信出版社2012年版。
41. ［英］阿兰·鲁格曼：《全球化的终结》，生活·读书·新知三联书店2001年版。
42. 中国（海南）改革发展研究院：《未来10年的中国：中国如何跨越中等收入陷阱》，中国经济出版社2012年版。
43. 高尚全：《改革是中国最大的红利》，人民出版社2013年版，第204页。
44. 谢世清：《东亚金融危机的根源与启示》，中国金融出版社2009年版，第204页。
45. 苏振兴等：《拉丁美洲国家经济发展战略研究》，经济管理出版社2007年版。
46. 经济合作与发展组织发展中心等：《2012年拉丁美洲经济展望》，当代世界出版社2012年版。
47. 方晋：《美国金融危机的六个问题》，中国发展出版社2010年版。
48. ［日］西口清胜：《现代东亚经济论：奇迹、危机、地区合作》，厦门大学出版社2011年版。
49. 李玉珍：《东亚经济发展模式再研究》，民族出版社2006年版。
50. 李瑞琴：《“改革新思维”与苏联演变》，社会科学文献出版社2012年版。
51. 日本经济新闻社：《世界经济大视野》，商务印书馆国际有限公司1997年版。
52. 王洛林等：《2000—2001年：世界经济形势分析与预测》，社会科学文献出版社2001年版。

53. 张志前等:《欧债危机》，社会科学文献出版社 2012 年版。
54. ［比利时］居伊·伏思达:《欧洲如何走出危机》，新星出版社 2010 年版。
55. ［巴西］特奥托尼奥·多斯桑托斯:《新自由主义的兴衰》，社会科学文献出版社 2012 年版。
56. 郭吴新:《90 年代美国经济》，山西经济出版社 2000 年版。
57. ［美］赫伯特·斯坦:《美国总统经济史——从罗斯福到克林顿》，吉林人民出版社 1997 年版。
58. ［挪］文安立:《全球冷战——美苏对第三世界的干涉与当代世界的形成》，世界图书出版公司 2012 年版。
59. ［意］杰奥瓦尼·阿瑞基:《漫长的 20 世纪》，江苏人民出版社 2011 年版。
60. 蒋一国等:《邓小平改革开放思想研究》，国防大学出版社 1990 年版。
61. 夏振坤等:《社会主义改革的理论探索》，武汉出版社 1993 年版。
62. 欧阳胜等:《邓小平改革思想研究》，中国国际广播出版社 1991 年版。
63. 封祖盛等:《开放与封闭》，河北人民出版社 1992 年版。
64. 中共中央党史研究室:《正确看待改革开放前后两个历史时期——学习习近平总书记关于“两个不能否定”的重要论述》，《中共党史研究》2013 年第 11 期。
65. 万纪耀:《重温邓小平改革开放思想》，《理论与当代》2013 年第 12 期。
66. 朱宗友等:《改革开放与中国特色社会主义道路的选择》，《中国井冈山干部学院学报》2013 年第 6 期。
67. 韩振峰:《中国特色社会主义理论体系的内在逻辑结构》，《河南社会科学》2012 年第 11 期
68. 王怀超:《坚定不移地推进改革开放》，《中共中央党校学报》2012 年第 6 期。
69. 易晓光:《内陆城市开放路径探析》，《重庆大学学报》（社会科学版）2012 年第 6 期。
70. 胡安全等:《中国改革开放历史起源问题研究综述》，《中共党史研究》2012 年第 4 期。
71. 王永风:《徘徊中前进时期党对改革开放的理论探讨》，《上海党史党

建》2011 年第 11 期。

72. 姜西伦:《改革开放与中国特色社会主义理论体系的形成》,《内蒙古师范大学学报》(社会科学版) 2011 年第 3 期。

73. 李娜:《十六大以来中国共产党对外开放的思想及意义》,《中外企业家》2011 年第 16 期。

74. 中国社会科学院经济体制改革 30 年研究课题组:《论中国经济体制改革道路》(上),《经济研究》2008 年第 9 期。

75. 辜胜阻等:《30 年改革开放道路的历史经验及其中国特色》,《统计与决策》2008 年第 24 期。

76. 李晓西:《改革开放 30 年对外开放理论回顾》,《北京师范大学学报》2008 年第 5 期。

77. 张幼文:《双轮驱动:中国应对全球化的历史经验》,《毛泽东邓小平理论研究》2008 年第 3 期。

78. 谢世清:《历次主权债务危机的成因与启示》,《上海金融》2011 年第 4 期。

79. 傅荣:《论欧元及其欧元的积极意义》,《国际政治研究》2002 年第 2 期。

80. Kindleberger, C. P. and Aliber, R. , Manias, Panics, and Crashes: A History of Financial Crises, 5th Edition, John Wiley & Sons, 2005.

81. Krugman, P. , Model of Balance Payment Crisis, Journal of Money, Credit and Banking, Vol. 3: 1979.

82. D. Byerlee, Xinshen Diao and C. Jackson, Agriculture, Rural Development, and Pro-poor Growth: Country Experiences in the Post-Reform Era, DFID-World Bank Joint Study, Department for International Development, London, June 2005.

83. Mckinnon, Ronald I. (2005), Limited Foreign Exchange Flexiblity for China: A Two-Present Solution? Manuscript, Stanford University (May).

84. Nolan, P. , 2001, China and the Global Business Revolution, Basingstoke: Palgrave Radelet, S. and Sachs, J. , The Onset of the East Asian Financial Crisis, Harvard University, 1998.

85. D. Bloom and J. Williamson, Demographic transition and economic miracles in emerging Asia, World Bank Economic Review 12, 1998.

86. Aglietta, Michel, A Theory of Capitalist Regulation: The US Experience, London: New Left Books 1979a.

87. Bakker, A. F. P. ; Cappel, Bryan (2002), Advanced Country Experiences with Capital Account Liberalization, International Monetary Fund, Occasional Paper, No. 181.

88. Tanzi V. , Globalization and the need for fiscal reform in developing countries, Journal of Policy Modeling, 2004. 26.

89. Yao S . J. and Wei K . L . , Economics growth in the presence of FDI: The perspective Of newly industrializing economies, Journal of Comparativev Economics, 2007, 35.

90. Hsiao F. and M. Hsiao, FDI, exports, and GDP in East and Southeast Asia: Panel Data versus time-series Causality analyses, Journal of Asian Eeonomics, 2006, 17.

91. Waeziarg R. , openness, country size and government, Journal of Public Economies, 1998, 69.

后　　记

从宏观层面研究中国的改革开放，对作为一个普通教师的我来说，实在是一件有点不自量力的事情。但是作为一个大学本科阶段就学习“中国社会主义建设”专业，大学毕业后又一直从事中国特色社会主义理论教学工作，并且几乎和30多年改革开放同行的中国人来说，对改革开放常常有一些自己的感悟和思考，也希望能够记录下来，慢慢地就有了这本书中的一些初步观点。随着中国改革开放取得越来越大的成功，加上包括美国在内的发达国家以及其他资本主义国家频频发生金融危机，更进一步坚定了我整理这些思考的动力。当然这本书最终得以完稿并出版，首先要感谢华中科技大学马克思主义学院洪明院长、黄岭峻院长和张传平书记的大力支持，感谢马克思主义学院学术委员会全体成员的支持和鼓励。同时要特别感谢武汉大学丁俊萍教授和陕西师范大学王晓荣教授对本书给予的充分肯定和鼓励，感谢他们对本书提出的宝贵修改意见。